数字时代图书馆学情报学研究论丛

"十一五"国家重点图书

本书为国家社会科学基金项目"网上科技文献出版、利用与评价研究"（04BTQ022）的研究成果

网络科技文献出版、利用与评价

Publishing, utilization and evaluation of online STM documents

罗紫初　刘锦宏　代　杨　著

WUHAN UNIVERSITY PRESS
武汉大学出版社

图书在版编目(CIP)数据

网络科技文献出版、利用与评价/罗紫初,刘锦宏,代杨著.—武汉:武汉大学出版社,2008.8

"十一五"国家重点图书

数字时代图书馆学情报学研究论丛

ISBN 978-7-307-06449-2

Ⅰ.网… Ⅱ.①罗… ②刘… ③代…[等] Ⅲ.计算机网络—应用—科技情报—情报检索—研究 Ⅳ.G252.7

中国版本图书馆 CIP 数据核字(2008)第 110665 号

责任编辑:张 欣 责任校对:刘 欣 版式设计:詹锦玲

出版发行:**武汉大学出版社** (430072 武昌 珞珈山)

(电子邮件:wdp4@whu.edu.cn 网址:www.wdp.com.cn)

印刷:武汉中远印务有限公司

开本:720×980 1/16 印张:22.25 字数:316 千字 插页:2

版次:2008 年 8 月第 1 版 2008 年 8 月第 1 次印刷

ISBN 978-7-307-06449-2/G·1221 定价:35.00 元

《数字时代图书馆学情报学研究论丛》编委会

总　序

“图书馆学情报学”是我国的习惯用法，是涵盖图书馆学、情报学、档案学、出版发行学等学科的名称。在我国台湾被称为“图书馆与资讯科学”，英文为 Library and Information Science。美国也用 Library and Information Studies 来称谓这一学科。

1807 年，德国学者马丁·施莱廷格（Martin Schrettinger，1772～1851 年）首次使用了“图书馆学”这一概念，1808 年他又在《试用图书馆学教科书大全》中建立了以图书馆整理为核心的学科体系，标志着图书馆学学科正式诞生。

自 1887 年美国学者杜威（Melvil Dewey，1851～1931 年）在哥伦比亚大学创办世界第一所图书馆学校，1930 年在卡内基基金的资助下芝加哥大学设立第一门图书馆学博士班课程以来，图书馆学开始走进大学殿堂，成为高等教育中的一个专业。

图书馆学教育在美国的兴起带动了全球图书馆教育的发展。1919 年英国在伦敦大学建立了图书馆学院。目前，美国有 56 所美国图书馆学会（ALA）认可的图书馆学院，每年招收图书馆与情报学学生 26 000 人左右。

在施莱廷格后的两个世纪，图书馆学科不断变化。特别是在 20 世纪 50 年代以来的冷战期间，美苏军备竞赛，两大阵营形成。苏联卫星上天，美国实施阿波罗计划，科技文献激增。科学家对文献信息的获取变得困难。一门新型学科——情报学应运而生。1963 年美国文献工作学会正式更名为美国情报学会（ASIS）。大量增设图书馆学与情报学硕士点、博士点。图书馆学课程表中也增加了大量的情报学课程。

20 世纪 70 年代，计算机技术在图书馆与信息工作中广泛应用，自动化、地区性图书馆网络形成，机读目录广泛应用，国际图联将世界书目控制列为核心计划。图书馆学（Library Science）发展为“图书馆与情报学”（Library and Information Science），后来又进一步演变为“图书馆与情报研究”(Library and Information Studies)。

20 世纪 80 年代高新技术迅速发展，信息时代到来。美国里根政府实施星球大战计划，欧洲实施尤里卡计划等。联机图书馆系统广泛建立，并扩展至世界主要发达国家。商业性联机数据库如 ORBIT，DIALOG 发展迅速，图书馆与情报职业面临挑战。为适应信息时代要求，国际上图书馆学情报学专业开始调整。国际上有较多大学将图书馆学院易名为图书馆与情报学院或信息研究学院，图书馆学、情报学在硕士、博士层次合二为一。

20 世纪 90 年代，全球进入后信息时代——数字时代到来。克林顿政府开始实施国家信息基础设施计划（NII)、全球信息基础设施计划（GII)。新一代互联网投入使用。欧美初步建成信息社会，全球进入无缝信息环境。世贸组织建立和一揽子贸易协定生效，使全球经济一体化并逐步进入知识经济时代。各国继续加强图书馆学、情报学学科调整。图书馆学、情报学学科内容向情报科学汇集。

进入 21 世纪以来，国际上信息管理学科变化很快。自雪城(SYRACUSE）大学将学院更名为信息研究学院（The School of Information Studies）后，在美国立即出现了 iSchool 的浪潮。伊利诺依斯大学、华盛顿大学、密歇根大学、匹兹堡大学、加州大学伯克利分校、北卡罗来那大学等知名大学的图书馆与情报学院宣称自己为 iSchool。这些 iSchools 通过宪章组成 I-Schools 联盟（ISG)。目前共有 20 所美国的大学加入联盟（联盟宪章不允许超过 25 个)。iSchool 强调信息、技术与人的关系（relationship between information, technology and people)。iSchool 的标准包括：必须有杰出的研究和杰出的博士教育；必须能在科学、企业、教育与文化进步过程中提供任何形式的信息所需的专门技术；必须能提供信息技术及其应用、信息使用与用户方面的专门知识。2004～2006年的联盟领导委员会协调人是雪城大学信息研究学院的Raymond von Dran院长，2006～2007年将由匹兹堡大学信息学院院长Ron Larsen担任。联盟成员的标准主要强调研究即实质性承担研究活动（三年中每年研究支出达到100万美元），同时，致力于培养未来的研究者（通常通过研究型的博士点），引领推动信息职业领域。

国际上图书馆与情报学科的发展表现出明显的特征：研究范围由传统的图书馆领域扩大到信息领域（information field），研究视野由实体的图书情报机构扩大到虚拟空间，研究对象由图书文献转向了信息内容。一系列相关学科如图书馆学、情报学、档案学、出版科学、信息管理与系统乃至数字商务汇集于信息科学（Information Sciences）下，从而使图书馆学情报学研究发生了根本的变化。

武汉大学图书馆学科起源于1920年美国学者韦棣华女士创办的武昌文华大学图书科，档案专业起源于1940年的文华图书馆学专科学校的档案管理科。1978年武汉大学创办科技情报学专业，后改为情报学专业。1983年创办图书发行学专业，2002年创办电子商务专业。1984年经教育部批准建立武汉大学图书情报学院。2001年更名为信息管理学院。图书馆学和情报学两个二级学科被国务院学位委员会批准为国家重点学科。“图书馆、情报与档案管理”被国务院学位委员会批准为一级学科博士学位授权点。教育部批准“武汉大学信息资源研究中心”为国家人文社会科学重点研究基地。信息产业部批准成立“国家信息资源管理（武汉）研究基地”。新闻出版总署批准建立“新闻出版总署武汉大学高级出版人才培养基地”。“网络信息资源开发与数字图书馆建设”被国家计委、教育部等批准为“十五”211重点学科建设项目。建立一级学科博士后流动站。武汉大学信息资源研究创新基地被列为国家“985二期工程”建设项目。一批院内校级重点研究基地如武汉大学四库学研究所、武汉大学中国科技评价中心、武汉大学政府信息研究中心、武汉大学数字图书馆研究所、武汉大学出版发行学研究所、武汉大学图书馆学情报学国际合作研究中心也在科研和人才培养中发挥着重要平台作用。

强调一级学科内学科群建设和学科协调发展是武汉大学图书馆与情报学科建设的基本目标。以图书馆学、情报学两个国家重点学科为龙头促进图书馆学、情报学、档案学、信息资源管理、出版发行学等学科的协调发展。

我们深刻认识到信息资源与自然资源、人力资源共同构成支撑现代经济社会发展的资源体系。信息资源是知识经济时代重要的国家战略资源，是实现经济和社会全面、可持续发展的基础条件。对信息资源的拥有、开发和利用水平，是衡量一个国家综合国力和国际竞争力的重要标志之一。消弭信息鸿沟、实现信息公平，是消除贫困、促进经济发展、构建和谐社会的重要条件之一。

信息资源管理人才培养是学院的基本任务。学院每年为国家培养本科生260名，硕士研究生150名，博士研究生55名左右。学院有一支知识结构和年龄结构合理的优秀学术队伍。这支队伍中有武汉大学人文社会科学资深教授1人，博士研究生导师26人，国务院政府特殊津贴专家6人，教育部新世纪优秀人才支持计划3人，武汉大学珞珈特聘教授2人。作为实现研究型学院建设目标的一部分，在教学的同时，广大教师承担了大量的科学研究任务。为了推动本学科领域的前进，分享他们的见解，在武汉大学出版社的大力支持下，并报有关部门批准，我们拟出版《数字时代图书馆学情报学研究论丛》（简称《论丛》）。

为了编辑这套丛书，武汉大学邀请了国内外知名学者担任《论丛》的学术顾问，组建了主要由信息管理学院的博士研究生导师担任委员的编辑委员会。

《论丛》拟用4年时间出版著作共20卷。20卷著作将分为三个系列：(1) 学科年度进展。主要约请信息管理学院图书馆学系、档案与电子政务学系、信息管理科学系、现代出版系、信息系统与电子商务系的有关教师和校外专家共同编写本学科的年度研究进展，主要有《图书馆学研究进展》、《情报学研究进展》、《档案学研究进展》、《出版学研究进展》、《信息资源管理学研究进展》；（2）个人学术专著。涉及图书馆、情报与档案管理基本理论研究、信息组织与检索、信息资源管理、信息资源建设与信息服务、文献编纂与出版、数字图书馆与信息系统工程等研究方向；（3）研究报告系列。我院研究人员共承担教育部哲学社会科学研究重大攻关项目、国家社会科学基金重点项目、教育部人文社会科学重点研究基地重大招标项目、国家自然科学基金项目、国家社会科学基金项目多项。特别是211项目和985项目，围绕数字信息资源开发与管理、数字信息资源服务与保障、信息资源公共获取与知识产权协调管理、数字图书馆关键技术与系统、资源与服务整合、信息构建与知识管理等主题正在进行探索。在信息构建的理论与方法、信息系统与资源整合、元数据知识表达、网络计量与参考、信息服务集成机制、信息资源与服务集成技术、媒体及数字出版、数字内容分销、信息资源的长期保存、商务信息流等关键领域力图实现图书馆学科在数字图书馆领域、情报学科在数字资源管理领域、档案学在数字化政务信息管理领域、出版发行学在数字出版与数字化分销、信息系统科学在集成系统以及数字化商务信息流研究方面取得研究结果。本系列将对部分研究结果进行报告。

丛书的出版是学院广大教师和研究人员辛勤探索的结果，在此，谨向严谨治学、辛勤耕耘的各位著作者表示感谢！对武汉大学出版社的支持表示感谢，对严红女士在策划过程中付出的艰辛劳动表示感谢。同时，还望广大读者不吝批评指正，共同推动图书馆学、情报学、档案学、出版发行学和信息资源管理学科的进步！

武汉大学信息管理学院院长　陈传夫

武汉大学信息资源研究中心主任　马费成

2006年10月8日

前　言

互联网的发展为科技文献的发表、传递与利用提供了极大的便利，也给传统的科技文献出版带来了严峻的挑战。一方面，传统出版物的国民阅读率不断下降，国民上网阅读率却迅速增长。一项调查表明：1999 年我国识字的国民中阅读率为 60.4%，2001 年为 54.2%，2003 年为 51.7，2005 年只有 48.7%；国民上网阅读率却从 1999 年的 3.7% 增加到 2003 年的 18.3%，再到 2005 年的 27.8%，7 年内增长了 7.5 倍（周百义．中小出版社数字出版的困境与对策．出版科学，2007（5）：23）。另据 CNNIC 发布的第 19 次中国互联网络发展状况报告统计，到 2007 年 1 月 23 日止，中国内地网民已达 1.37 亿，占总人口比例首次突破 10%；宽带用户达 1.04 亿，拨号用户 3 900 万，手机上网人数达到 1 700 万人；中国网民每周上网时间长近 17 小时，超部分发达国家；上网计算机 5 940万台，而 1997 年还只有 29.9 万台。互联网领域如此迅猛的发展，必然促使科技文献出版走上网络化发展之路。另一方面，科技文献数量激增。仅以科技论文为例，来自中国科学技术信息研究所的统计显示，2006 年，我国作者发表在国际主要科技期刊和会议上的论文共有 17.2 万篇，已占世界论文总数的 8.4%，比 2005 年的 15.3 万篇增加 12.4%，所占份额较 2005 年增加了 1.5 个百分点。按照国际论文数量排序，我国已跃居为世界第 2 位。国内刊物上发表的科技论文，加上科技专著、专利文献、科技报告等，更是难以数计。如果全靠传统出版来传播，难以充分发挥这些科技文献的作用。基于上述两个方面的背景，网络科技文献的出版也就成了势所必然。网上科技文献出版，与传统的印刷出版相比，具有数据容量大，表现形式丰富生动，出版时效性强，发行方式灵活，信息传播面广，方便读者利用等优势。发展网上科技文献出版，能有效实现科技文献资源的快速共享，提高科技文献的利用效益，因而对于国家科技竞争力的提高，对于整个国民经济的发展，都有着非常重要的意义。这就是我们关注网络科技文献的出版与利用问题，并能克服重重困难最终完成此书稿的原因。

本书以网上科技文献的出版、利用与评价为研究对象，对我国网上科技文献的出版、利用的现状与问题进行了较为系统的分析，并提出了解决办法；对我国目前网络科技文献出版中两个最重要的问题：知识产权保护与质量控制问题进行了剖析，并设计出了具体的评价模型；还对网络科技文献出版与利用的发展趋势进行了描述，并提出了发展思路。

全书共分九章。由罗紫初、刘锦宏负责全书内容构成与框架设计，由罗紫初、刘锦宏、代杨统稿，最后由罗紫初删改定稿。各章的具体撰稿人是：第一章，代杨；第二章，田丽、代杨；第三章，田佳；第四章，王鹏涛、罗紫初；第五章，罗紫初、王鹏涛；第六章，罗晓银；第七章，刘锦宏；第八章，黄晶；第九章，王鹏涛、罗紫初。

我们期望本书的出版能促进广大科技文献的作者、读者、出版者、管理者等主体对网上科技文献出版的重视，能为解决网上科技文献出版与利用中存在的问题提供思路，总之，就是要为我国网上科技文献出版、利用的快速健康发展起到一定的推动作用。

武汉大学出版社的严红编审在本书出版过程中付出了大量辛勤劳动，对此表示衷心感谢。

罗紫初

2008 年 3 月 10 日于珞珈山

目　录

1 网络科技文献概述

网络科技文献是指以数字化方式储存在光、磁等载体上，利用计算机技术、通信技术及多媒体技术在网络上发布、传递，以节点为中心分布，并能在网络终端再现的科技文献信息单元或科技文献信息集合。网络科技文献的内容丰富多样、主次分明，质量良莠并存、差异很大，以多媒体、超文本等多种形式存在，具有分布广、不均匀的分布特点和传播方式多样、交互性强的传播特点。网络科技文献对学术传播模式、图书馆、学术出版机构、读者和学术研究产生了重大影响。无论是在政府扶持和社会基础方面，还是在认识观念和出版运作方面，网络科技文献出版都具有明显优势。

1.1 网络科技文献及其相关概念

为了对网络科技文献的出版、利用与评价有更加全面和更加深入的认识，我们首先需要理解网络科技文献、网络科技出版和网络科技文献利用等一些基本的概念。要明确网络科技文献的概念，首先要明白文献和科技文献的概念。

ISO/DIS5217《文献情报标准化术语》把文献定义为：在存储、检索、利用或传递信息的过程中，可以作为一个单元处理的、在载体内、载体上或依附于载体而存在的存储信息或数据的载体。有学者认为："文献是用文字、图形、符号以及声、视等技术手段记录的人类知识（包括事件）载体。"① 还有学者认为："凡是人

① 胡昌平，邱均平．科技文献学[M]．武汉：武汉大学出版社，1991：3

类所获得的知识或信息以一定的方式（用文字、图形、符号、声频、视频等手段）记录在一定载体上的每一件记录，统称为文献。简言之，文献就是记录在一定载体上的知识或信息。"① 可见，文献有四个构成要素：信息内容、信息符号、记录方式和物质载体。信息内容附着于信息符号，信息符号借助一定的记录方式按照一定的结构附着在物质载体上。这是对"文献"这个概念最简明的概括，也包含了信息内容、信息符号、记录方式和物质载体的概念及其相互关系。

学者认为："科技文献（即科学技术文献）是含有科技知识的文献，是人类科技活动成果和科技发展的记录。"② 也有学者认为："凡是以文字、图形、符号、声像等手段记录科技知识或信息的载体，都称之为科技文献，它是人们从事科学技术活动的劳动成果的表现形式之一。"③ 由此可知，科技文献是专门记录科技信息（包括知识）的文献。

网络科技文献应该是依附于计算机存储设备中，可以在网络上传输、识别、利用，可以稳定获取，在一定时间内可固定访问的科技信息单元。它是计算机、通讯和信息三者相结合的产物。网络科技文献不是指一切网络科技信息。在网络上以 TELNET 协议传递的人机互访信息，如聊天、私人发布的新闻贴等，以及以 FTP、EMAIL 协议传递的私人文件等都不属于网络文献。而是指其中能满足人们科技信息需求、改变人们知识结构的科技文献信息。主要包括网络科技图书、网络科技期刊、各种类型的网络科技数据库、网络科技会议文献、网络科技论文、数字化的标准信息、数字图书馆等。网络科技文献作为一种新的科技文献形式，其构成要素与传统科技文献一样，必须包括四个部分：信息内容、信息符号、记录

---

① 王秀成．科技文献及其处理技术［M］．北京：书目文献出版社，1988：1

② 胡昌平，邱均平．科技文献学［M］．武汉：武汉大学出版社，1991：3

③ 陈国理，陈柏暖，王作池．国外科技信息及文献检索［M］．广州：华南理工大学出版社，1994：1

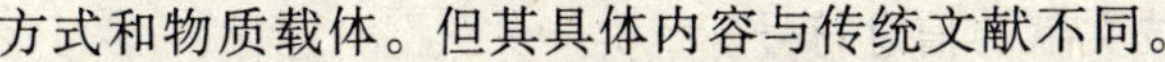

方式和物质载体。但其具体内容与传统文献不同。

(1) 网络科技文献的信息内容。

信息内容是借助一定的信息符号所表达的各种内容。由信息符号组成的网络科技文献的信息内容具有立体结构。首先，数字化的科技信息符号内容是立体的。每个科技信息符号都传达一个科技信息内容，各种类型的科技信息符号都是描述客观事物及其运动的，具有立体性。其次，数字化的句段内容是立体的。句段内容形成与原型世界相符的立体的像。最后，整体网络科技文献内容是立体的。由立体的句段内容构成的整体网络科技文献具有一个很大的空间结构。

网络科技文献与传统科技文献所反映的信息内容是一样的，都是客观地、准确地存储、传递科技信息。但是两者在表现形式、信息流以及产生的效果等方面不同。

从表现形式及其产生的效果来看，网络科技文献在计算机多媒体技术的支持下，不仅可以处理文字、图像等静态信息，还可以处理声音、影像等动态信息。因此，与传统科技文献的单一媒体相比，网络科技文献反映的信息内容更加生动形象，能从不同侧面凸显内容，从而收到更好的效果。例如，网络科技文献可以利用多媒体技术对整个细胞分裂过程进行模拟，将其过程一步一步地演示出来，从而使读者获得形象、逼真、完整、系统的认识，而传统科技文献只能通过文字描述或图片的形式让人们通过想像力去把握这个过程。

从信息流及其产生的效果来看，传统科技文献的信息流是线性的，只能按照固定的线性顺序一行行、一页页读下去，而网络科技文献是一种多维的网状结构，不同的链接方式可以导致不同的路径，因此网络科技文献的信息流是网状的，人们可以根据自己的意愿，沿着信息单元之间的链接进行浏览，从一个信息节点跳到另一个信息节点，打破了传统科技文献线性顺序的阅读方式，允许人们以一种随心所欲的方式查询科技信息。此外，人们在阅读某一网络科技文献时，可以不受时空的限制随时调用其他网络科技文献的信息，可以不受复本量的限制同时阅读同一科技文献。

(2) 网络科技文献的信息符号。

信息符号是记录和表达信息内容的标识符号，主要有文字、图形、代码、声频、视频等形式。网络科技文献是以二进制数字作为记录科技信息内容标识符号，以数字化集成的文本、声音、图像等数据形式存在。我们在网络终端的阅读设备上接收到的由文字、图形、声频等组成的科技文献形态，只是网络科技文献的输出方式，而在网络内部，科技文献的传输和存取都是以二进制数字的形式存在。

(3) 网络科技文献的记录方式。

记录方式是网络科技文献记录过程中采用的技术手段。科技信息符号必须借助一定的记录方式才能附着于一定的物质材料上。网络科技文献是采用数字化技术、通讯技术、超媒体技术、超文本技术在网络上存储、发布、传递，并且在网络终端得以再现的科技文献。超媒体技术、超文本技术的应用使得网络科技文献可以按照自身的逻辑关系形成多维的网状结构和动态的开放式结构。

网络科技文献是一种多维的网状结构。网络科技文献的出现使传统科技文献的表现形式从文字的、固定的平面线性结构变为多维的、虚拟的立体网状结构。网络科技文献的信息符号编排主要由节点、链、网络三个要素组成。文字、声音、图像和影视等多媒体信息通过超文本技术存储在无数的节点上，节点具有交互性和开放型。节点之间用链连接，任何两个节点之间有若干不同的路径，没有固定、单一的顺序。节点间复杂的链结构形成多维的信息网络。网络科技文献主要是通过一个具体的 URL 地址或 IP 地址作为 ID 进行定位。

网络科技文献是一种动态的开放性结构。超媒体、超文本技术使得网络科技文献的瞬时链接成为可能，网络科技文献可以按照用户的需要任意组合，网络科技文献的提供者可以随时修改、删除原有的网络科技文献，而不必产生新的文献形式。

(4) 网络科技文献的物质载体。

文献的物质载体是文献信息所依附的一定的物质材料。网络科技文献的物质载体是整个网络，具有虚拟性，几乎没有空间限制，具体包括各种计算机设备、光盘、磁盘等非纸质材料、网络传递通道、各种传输协议、通讯设备以及计算机程序等。与传统载体相比，网络载体凭借其巨大的存储容量、快捷的存取速度、方便的检索性能和低廉的传递成本等比较性能优势，在科技信息交流的一些环节和领域具有绝对优势。

由此，我们可以将网络科技文献定义为：以数字化方式储存在光、磁等载体上，利用计算机技术、通信技术及多媒体技术在网络上发布、传递，以节点为中心分布，并能在网络终端再现的科技文献信息单元或科技文献信息集合。它包括网络科技报刊、网络科技图书等信息集合，也包括以 HTTP 协议传递的网页、用专门通讯路线访问的科技数据库等。

1.2 网络科技文献的类型

网络科技文献出版在产品形态上表现为网络科技出版物。网络科技出版物按照不同的分类标准可以分为不同类别。以下将按照传统出版物类型、载体类型、信息服务方式以及媒体信息类型对网络科技出版物进行分类研究。

1.2.1 按传统出版物类型分类

网络科技出版是对传统科技的继承，因此按照传统出版物类型对网络科技文献进行分类意义重大。按照传统出版物类型的分类标准，网络科技出版可以分为网络科技专著、网络科技期刊和网络数据库。需要指出的是，这几种分类方式不是相互排斥的，而是相互交叉的，是从不同角度对网络科技出版物的划分。

(1) 网络科技专著。

专著是指专门的学术著作，是作者对特定的主题或研究对象进行深入而系统阐述的论著，可以由个人撰写，也可以是集体著述，但有统一的总体构思和前后一致的观点。网络科技专著，是将科技专著经过数字化处理，存储在磁、光、电等介质上，通过计算机或类似功能的阅读设备使用的信息媒体。

网络科技专著，除了专著本身的内容以外，还应该包括有计算机自动编成的各种索引和检索软件，有对文本进行单项或多项检索的功能。通过一些阅读设备，用户可以方便地对网络科技图书进行类似对普通纸质图书的操作。以科技专著为主要内容的 E-Book 是一类重要的网络科技专著。

严格地说，E-Book 一词涵盖了内容和载体两方面的内容。一方面，E-Book 是电子图书，它以互联网为流通渠道，以数字内容为介质，以网上支付为主要交换方式。另一方面，E-Book 又是专门的硬件阅读器的集成。例如，国外最早推出的 SoftBook 和 RocketBook 等，国内的如掌上书房等。随着 PDA 和液晶显示技术的不断提高，专用阅读器将变得越来越方便、实用。实际上，这两者是电子文本和电子装置的差别。但是，事实上这种电子设备可以容纳成百上千册的图书，而且可以让人们在阅读电子图书时能感到和阅读印刷图书一样的舒适和方便。因此，从这个意义上讲，E-Book虽然分别指内容和载体两个方面，但是只有同时具备了内容和载体，才能完成信息传播的过程，实现其阅读功能。本节中提到的科技类的 E-Book 是基于内容而言的，即通过互联网络，将科技专著以虚拟图书的形式放在网站上，供用户下载或者浏览。

网络科技专著具有很多优越性，在资源利用上，网络科技专著出版不需要纸张、油墨，是一种纯粹的环保、绿色产品。在发行方式上，它不需要运输、库存，而且库存量永远充足。E-Book 的更正、修订、改版等易如反掌，再也不需要进行重新出片、打样、输出、装订等繁琐的过程。同时，对于短版、几乎绝版的科技专著，E-Book 的出版、发行方式，显得更加实用、可行。

当然，E-Book 的容量大、费用低，读者选择图书的自由程度大，有利于环保，但是其发展也受到一些阻碍：①首先是标准化问题，主要是如何使电子图书的文件格式标准化。目前，市面上的电子文件格式多样，还有专门为特定的科技著作 E-Book 开发的文件格式。这往往是出版商保持市场份额的手段，但是这样做的结果对读者而言，要不就是受限于一家 E-Book 供应商，要不就得购买多种阅读器。②版权问题一直以来都是一项非常复杂和专业化的问题。对于科技著作的电子图书而言，由于其发行范围扩大，传播的速度提高，对保护版权的技术要求也越来越高。一旦文献被解密，瞬间被大量复制和传播就非常容易，网络版权所有者及其相关者的利益就会受到伤害。为了解决上述问题，1999 年 9 月，多家电脑软件公司、图书出版商和电子图书阅读器生产厂家共同发布了电子出版物统一格式化的规范。规范中，研制开放电子图书出版物结构 1.0（OEB 1.0 Open E-Book Publication Structure 1.0）之后，为 OEB 规范和 PDF 格式专门发布了电子图书交换规范（EBX, Electronic Book Exchange）。我国“金版工程”的一项重要任务就是建立《中国新闻出版行业 CA 系统》，这一网络系统的成果将成为“网络书号”。

目前国内可以提供网上科技专著的网站包括国家图书馆的超星中文电子图书（http://www.ssreader.com.cn/pdg.html）、书生之家（http://www.202.114.65.35），以及 e 书时空（http://www.eshunet.com）。

（2）网络科技期刊。

期刊有固定名称，用卷、期或年、月顺序编号，成册出版的连续出版物。科技期刊是一类重要的科技文献资料，它能及时反映科学技术的新进展和新的研究成果。网络科技期刊，是一类重要的网络科技出版物。网络科技期刊是将科技文献以数字形式存储在以光、磁为媒介的载体（如 CD-ROM 磁盘）上，并可通过计算机等设备在本地或远程读取使用的连续出版物之一。它包括了互联网可以检索到的期刊和以 CD-ROM 形式发行的期刊。

利用数字媒体的形式出版和发行科技期刊的尝试，在最近 20 年中从未停止，随着计算机技术、海量存储技术和网络技术的进步，网络科技期刊也得到相应发展。以光盘为载体出版的网络科技期刊，可以是单行的期刊，也可以是多种期刊的集合，如 UMI 出版的 AST（Applied Science and Technology）中包括了 300 多种期刊的文摘以及 100 多种期刊的全文。另一种网络科技期刊抛弃了以传统杂志为基础的模式，文章的输入、编辑、审稿、排版、检索和阅读都通过网络由计算机来完成。世界上第一份这样的网络科技期刊是1991年9月由美国科学促进会（AAAS）和OCLC共同开发的名为《最新临床实践联机杂志》（The Online Journal of Current Clinical Trials）。随着Internet的兴起，特别是WWW的迅速发展，上网科技期刊的数量急剧增长。在美国IDG、ID、CMP三大科技期刊出版社的期刊已经全部上网。

网络科技期刊的种类很多，常用的方法就是以是否有印刷版将网络科技期刊分为电子版（Electronic Edition）和只在互联网上出版的纯网络科技期刊（Electronic-only）两种，前者是发行印刷型期刊的同时，在Internet上发行其网络版，但是即使是网络版也各有不同，有些印刷版完全是翻版（内容格式完全一样，纯文本格式），有些则与印刷版有或多或少的不同，如内容作了增删，增加编者和读者的交流，加上了检索、超文本链接、多媒体等；后者则是近几年出现的，并没有相应的印刷版。在互联网上可以检索到的科技期刊，通常也叫网络数据库。

网络科技期刊按照是否收费可以分为免费访问型（Free Access）和收费订阅型（Subscription）；按期刊内容组织形式，分为集中型（Centralized）和发布型（Distributed）两种（集中型网络科技期刊是指内容都放在期刊所在站点的服务器上，分布型网络科技期刊也称虚拟期刊，是期刊的所在站点网页上只有目录和摘要，而文章分散在各个不同的站点上）；按期刊的主要文章是否经过同行评审可将科技网络期刊分成同行评审型（Peer-Reviewed）和非评审型（Unreviewed）两种，按是否定期出版分为定期出版的和不定期出版的网络科技期刊。

网络科技期刊具备了价格低廉、出版周期短、容量无限、使用方便、具备检索功能、表现形式丰富、具有超文本链接功能，以及内容修订方便等诸多优点。但是也面临着许多问题：网络基础设施有待改进；学术界还没有完全接受网络科技期刊；有些网络科技期刊的整体质量不高；缺乏合理的定价；Web文档的页面没有充分利用WWW的优势；文件保存不方便。

（3）网络科技数据库。

网络科技数据库是科技文献数据库出版的产物。数据库是发展历史最久、影响最大的一种网络出版形式，最初以数值数据库为主，逐步涉及了自然科学、社会科学和人文科学领域。网络科技数据库是发展较早的一类数据库。

网络科技数据库按照信息处理的层次，还可以进一步分为存储书目信息的网络科技书目数据库——这类书库中的信息是对文献信息进行加工后的书目数据，主要是提供科技文献的查询、检索功能；网络科技全文数据库，这类数据库存储的是科技文献的原文信息，其信息内容在各类数据库中是最完整的，检索这类数据库的用户可以直接获得原文信息。

1.2.2 按载体类型分类

依据载体的不同类型，网络科技出版物可以分为磁载体网络科技出版物、光载体网络科技出版物和硅片载体网络科技出版物。

（1）磁载体网络科技出版物。

磁带和磁盘是最早使用的网络科技出版物载体材料。其中，磁带特指“计算机机读磁带”或“计算机可读磁带”。它始于20世纪60年代，是通过磁带来记录信息。分为高密度磁带和低密度磁带两种类型。高密度磁带的存储量在100兆字节以上，低密度的磁带存储量为20~30兆字节。这种磁带在当时需要使用大、中型计算机，所以价格昂贵。

软磁盘（Floppy Disk 或 Diskette）是在机读磁带之后于80年代出现的一种新型的出版物，与机读磁带相比，具有体积小、重量轻、使用方便等优点，适用于微型计算机。它的存储量小，高密度软磁盘存储量为1.2兆字节，低密度软磁盘存储量为360千字节。将科技文献记录在这些磁载体上，便形成了磁载体的网络科技出版物。但是，由于磁载体的存储量小，随着技术的发展，逐步被光载体等更为先进的载体材料所取代。

（2）光载体网络科技出版物。

与早期出现的磁载体相比，光盘几乎是最完美的电子出版物载体。光盘容量大、重量轻、造价低廉，读写速度适中，于是很快取代磁载体，成为主流的计算机存储介质。

• LD-激光视盘。最先产生的光介质载体是LD-激光视盘，又称为LCD，直径较大，为12英寸，两面都可以记录信息，但是它记录的信号是模拟信号。模拟信号的处理机制是指模拟的电视图像信号和模拟的声音信号都要经过FM（Frequency Modulation）频率调制、线性叠加，然后进行限幅放大，限幅后的信号以0.5微米宽的凹坑长短来表示。

• CD-DA激光唱盘。由于缺少制定统一的标准，LD的开发和制作一开始就陷入了昂贵的资金投入中。鉴于此，1982年，飞利浦公司制定了CD-DA激光唱盘的红皮书标准。由此，一种新的激光唱盘诞生了。CD-DA激光唱盘记录音响的方法与LD系统不同，CD-DA激光唱盘体统首先把模拟的音响信号进行PCM（脉冲编码调制）数字化处理，再经过EFM（8-14位调制）编码之后记录到盘上。数字记录代替模拟记录的好处是：对干扰和噪音不敏感，因盘本的缺陷、划伤或玷污而引起的错误可以校正。

• 密集型只读光盘（Compact Disc-Read Only Memory，CD-ROM）。20世纪80年代后出现的一种直径为12厘米的金属圆盘，只能读出，不能写入。其优点是信息量大（一张光盘可存储500～600兆字节）、读出速度快、检索效率高、成本低和使用方便。

• 只读存储高密度多用途数字光盘（Digital Versatile Disc-Read Only Memory，DVD-ROM）。通常直径为120厘米的存储容量在7.7～18GB的高密度存储数字信息的只读式光盘出版物，必须通过计算机或类似设备才能读取所存储的信息。

将科技文献记录在这四种不同的光介质材料上，形成了四种不同的光介质网络科技出版物。

1.2.3 按信息服务方式分类

按照信息服务方式的不同，网络科技出版物可以分为联机型网络科技出版物和单机型网络科技出版物。

（1）联机型网络科技出版物。

联机型网络科技出版物又称为网络型科技出版物。它的载体主要是电子计算机的硬盘以及可以移动的硬盘设备。联机型网络科技出版物的出版者将其作品制作成网页或者数据库，或者直接以某种形式存储在互联网的服务器上，提供用户的访问，并根据用户权限及用户自身的需要，通过 E-mail、FTP 等方式为其传输该作品，或者提供用户直接查询、保存、复制、打印等功能。

网络环境中的联机网络科技出版物代表着科技出版物发展的方向。它以时效性强、信息容量大、双向互动性、全球开放性，以及查阅复制方便、费用低廉等优势，一经出现便显示出强大的生命力，并迅速发展。联机型科技出版物因为在所提供的内容服务及成本等因素上所具有的特点使得它的使用比印刷型与光盘型期刊方便。首先，印刷型期刊所能承载的信息容量一般都要受到较严格的版面制约。网络媒体发布的信息则都经过了数字化处理，并以硬盘存储。这样，对科技文献而言，基本不再存在信息量限制的问题。以后对学术论文的发表在理论上就可以做到有稿即发，稿件积压将得到缓解。其次，网络环境下科技出版物信息组织由线性组织扩展到了超文本技术方式。超文本技术的使用实现了信息的非线性联想跳跃结构。这种方式使得信息之间的联系显而易见，更有利于学术视野的开阔和思维的活跃。为学术研究提供参照。再次，目前连入 Internet 的国家和地区已经达 200 多个，可以说 Internet 已经是真正具有全球性的媒体。网络环境的开放为科技文献的传播提供了良好的受众面及交流平台，推动了科技文献在世界范围内的广泛交流，方便了各国学者间互通有无，尽可能避免重复研究的发生。印刷版和光盘型期刊虽然也可以做到广泛地传播，但不可能像网络媒体这样容易与便捷。此外，联机版网络出版物较之光盘出版和传统印刷出版可以不必针对每位读者制作（复制、刻录或印制）和发行拷贝，因此，其在出版时效、成本、操作和订阅的方便程度等诸多方面具有更大优势。尽管如此，由于受技术发展的限制以及考虑实际应用环境对设想的修正，联机型网络科技出版物的优势并没有充分发挥。就目前我国联机型网络科技出版的现状而言，网络不过是为科技出版物更广更快地传播提供了一种新的传播工具。

(2) 单机型网络科技出版物。

单机型网络科技出版物主要指内容信息储存在一定的介质上，可以脱离网络单独使用的网络科技出版物，从载体材料的角度考虑主要包括上述磁载体、光载体和硅片载体的网络科技出版物。

1.2.4 按媒体信息类型分类

按照媒体信息的类型，网络科技出版物可以分为：纯文本型网络科技出版物、图像型网络科技出版物和多媒体型网络科技出版物。

(1) 纯文本型网络科技出版物。

这类网络科技出版物由文本材料组成，按页的方式存储，这些材料已经进行了加工处理，将信息分为适当的大小。信息片段的大小决定了用户显示信息的屏幕的规模和同时需要显示的每一页的信息量的多少。

文本是计算机标识文字和符号等信息的最基本的数据类型，是电子文档的基本构成元素，是一切网络出版物的基础。文本具有字体大小、字体类型、文本格式等表示属性，而电子文档是由文本的表现以及布局信息组成的文件。网络科技出版物在更多的时候体现为电子文档的格式，电子文档又分为三类——纯文本文档、布局导向文档和标记格式文档。

纯文本文档是一类重要的网络出版物。它建立在 HTML、SGML 或者 PDF 等文档格式的编码基础上。纯文本文档直接采用了信息交换码，是标准和规范的体现，有助于信息的查询和语法的分析；同时在长期存档中也是最容易被新的软件所识别的一种网络科技出版物。

(2) 图像型网络科技出版物。

网络中出现的图像和图形实质上是一段能够被计算机还原显示和输出为一幅图像的数字代码。这些图像和图形是以数字方式来记录、处理和保存的，统称为数字图像。通过数字图像表现科技文献的网络出版物，称为图像型网络科技出版物。图像型网络科技出版物可以分为静态图像网络科技出版物和动态图像网络出版物。

静态图像网络科技出版物由按特定主题组织的一组静态图像组成。静态的图像包括位图图像和矢量图形。位图图像是由若干个像素点以矩阵的方式排列而成的，每个像素都被分配到一个特定位置和颜色值。位图能够制作出色彩和色调变化丰富的图像，可以逼真地表现自然界的景象，同时也可以很容易地在不同软件之间交换文件，但是无法制作真正的三维图像，并且图像缩放和旋转时会产生失真的现象。矢量图形是用数学的矢量方式来记录图像内容，以线条和色块为主。矢量图形不易表现色调丰富或色彩变化太大的图像，且绘制出来的图形无法精确地描写自然界的景象，但是比较适合各种图表和工程设计图。

动态图像网络科技出版物由动画或活动的视频片断组成。计算机动画是采用计算机生成一系列可供实时演播的、连续画面的一种技术。网络科技出版物中引用这种技术便构成了动态图像网络科技出版物。在网络科技出版中，以动态文本、动态图像、动态徽标、人物动画、三维动画、交互式动画、Java 程序动画以及 DHTML 表现的动态图像网络科技出版物层出不穷。

动画不仅从视觉上吸引网络科技文献的用户，而且能用来进一步明确主题。动画不仅可以成为网络科技出版物的组件，也可以成为其完整形式，如用于远程教学的课件。

（3）多媒体网络科技出版物。

这里网络科技出版物的信息内容不是单一的，而且包括文字、图像、声音、动画、视频等多种媒体的信息。目前，多媒体技术在电子出版物中的应用越来越多，尤其在百科全书的电子版中更为重视。

从获取方式上分，多媒体网络科技出版物可以分为网络型和单机型，但是二者没有严格的界限，单机型可以安装在网络服务器上，通过局域网或者 Internet 使用，如武汉大学图书馆光盘检索室就提供单机型多媒体电子出版物的网络服务。

多媒体网络科技出版物依赖于网络多媒体技术，包括多媒体技术、网络技术以及通信技术。多媒体系统是指把视听和计算机交互式控制结合起来，对音频信号和视频信号的获取、生成、存储、处理、回收和传输综合数字化所组成的一个完整的系统。这一系统在多媒体内容的处理中有两个非常重要的任务：多媒体数据的压缩和多媒体内容的集成。

多媒体网络科技出版物的出现，大大增加了用户的兴趣，加强了科技文献传播的效果，提高了数据的存储能力。

1.3 网络科技文献的特点

随着科学技术向专业化发展和计算机网络技术向高度复合化发展，网络科技文献显示出许多新特点。以下将对网络科技文献的内容特点、质量特点、形式特点、分布特点和传播特点进行分析和探讨。

1.3.1 网络科技文献的内容特点：丰富多样，主次分明

计算机网络技术的发展与应用对网络科技文献的拓展主要表现在以下三个方面：

(1) 科技文献生产能力的提高是网络科技文献内容丰富多样的基础。网络科技文献是科技信息资源的一部分，只有人类社会的科技信息资源总量多、内容广泛，网络科技文献才能丰富多样。广义上讲，科技信息生产能力包括人们获取零次科技信息，生产一、二、三次科技信息的能力。现代信息技术，尤其是计算机技术、通信技术和网络技术的发展，拓展了作为信息劳动对象的科技文献信息的范围，提高了获取科技文献的速度，优化了科技文献劳动生产工具，缩短了科技文献生产周期，增强了人们整理、加工、分析科技信息的能力。因此，人类社会的科技信息数量庞大、内容丰富，为网络科技文献的信息资源内容的拓展提供了坚实基础。

（2）来源广泛是网络科技文献内容丰富多样的根本原因。在非网络化时代，虽然人类社会的科技文献总量也很多，内容也较为丰富，但是由于这些科技文献都存储在不同的机构和个人手中，只有专门的文献信息机构为社会提供科技文献信息服务，大部分机构和个人不向社会提供科技文献，相当多的科技文献不能被社会利用，可用的科技文献资源贫乏。在网络时代，个人、学术团体、企事业单位、政府部门、行业协会等都可以在网上发布科技信息，各类图书情报机构、档案机构、新闻出版机构也可以将本机构生产和收藏的科技文献数字化后放到网上。网络科技信息资源的来源十分广泛，网络科技文献的内容也可以随之拓展。

（3）科技文献容易上网是网络科技文献内容丰富多样的重要影响因素。传统的科技文献主要是各类科技文件、科技档案、科技图书、科技报刊、科技会议记录、科技专利文献、理工类学位论文、科技产品样本、政府出版物等。其传播要受到一定的审查，且传递不方便。在网络时代，新生产的科技文献基本上是数字化文献，并且大部分科技文献无需审查就可以直接上网。这使得以前一些无法利用的科技文献现在能够被可以方便利用。用户之间在信息网络上所进行的非正式信息交流，如电子邮件、电子公告牌、网络专题小组讨论、网络会议中所包含的科技信息都是网络科技文献的组成部分。

网络科技文献的内容十分丰富，覆盖面广，但是，也并非无所不包，应有尽有。就内容范围而言，网络科技文献基本涉及了数学、物理、化学、天文、地理、生物、医学等各个方面。然而，一些涉及党和国家机密的科技文献、企业商业机密的科技文献都不会上网、有关最新科学发现、技术发明、产品开发等方面的具体信息也很难在网上找到。

网络科技文献的内容是有主次的。就文献内容所涉及的学科领域而言，自然现象类网络科技文献多于科技成果类网络科技文献，非学术性网络科技文献多于学术性网络科技文献。科技成果类文献涉及知识产权问题，而目前对于网络科技文献的知识产权保护还没有完善的法律法规，理论和技术研究成果一般不会首先在网上传播，学术性出版物和研究报告也不会只出版网络版。学术性网络科技文献主要是与印刷版同时发行的网络版学术出版物以及印刷型学术论著上网的数字化科技文献。非学术性网络科技文献不存在知识产权保护问题，可以及时放到网上供他人共享。所以，网络科技文献中的非学术性科技文献大大多于学术性科技文献，从而导致网络科技文献中的自然现象类文献多于科学技术成果类文献。另外，由于学科研究范围的大小、科学发展阶段的差别、研究人员的多少等多方面的原因，不同学科的文献数量相差也十分悬殊。

1.3.2 网络科技文献的质量特点：良莠并存，差异很大

从质量方面来评价，网络科技文献可分为三类：第一类是高质量的科技文献，第二类是质量一般和作用不大的科技文献，第三类是有害的科技文献。

在网络环境中，一方面，现代信息技术能够扩大科技文献生产时的科技信息来源，保证科技资料的充分性，通过多方面科技资料的比较、校正，使科技文献生产的数据准确可靠。另一方面，计算机技术用于文献加工处理能缩短处理过程、提高处理结果的准确性，从而增加科技文献的新颖性和可靠性。此外，有些科技文献在数字化和网络化之前已有较为严格的审校。因此，网络科技文献中有一些全面系统、准确可靠、新颖、价值大的高质量科技文献。这类科技文献主要是与印刷型出版物同时发行的网络出版物（如网络科技报刊）、印刷型科技文献数字化后上网的科技文献、有关机构开发建设的网上科技文献数据库、政府部门的科技政策法规、一些科研机构和高等学校上网的科技研究报告和理工类学位论文等。

互联网具有很大的开放性，在网上发布信息不像传统印刷出版物那样需要经过编辑出版部门和有关管理部门较为严格的筛选、审查、加工和校对，任何人都可以在网上自由地发布信息。部分信息没有经过筛选、没有经过审校也可以在网上传播，质量得不到控制。因此，网络科技文献中包含一些劣质科技文献和无用科技文献。劣质科技文献指具有一定的使用价值但是作用不大、质量较低

的科技文献，包括内容不完整、观点不准确、文字错误较多的科技文献。虽然劣质科技文献也能利用，甚至带来效益，但会给网络科技文献的开发利用增加难度，传播和利用不当还会误导用户。无用科技文献主要指重复科技信息的文献、某些个人的自由言论、在网上对同一问题发表完全相同的观点、部分科技文献数据开发商开发收录范围雷同的数据库网上经营等。这些都导致网络科技文献资源的重复。

有害的科技文献是指利用后会给用户和社会带来不良影响的科技文献。网络不仅为高质量的、有用的科技文献信息的传播提供了便捷的途径，也让有害信息夹杂在其中，造成网络科技文献信息资源的污染。对于有害信息的内容范围，各国有不同的标准和规定。欧洲议会、欧洲委员会、欧洲经济与社会委员会、欧洲地区委员会联合签署的一项对互联网中违法与有害信息的调查与对策的文件中指出，互联网中的非法信息和有害信息主要包括：危害国家安全的信息、伤害未成年人利益和健康的信息、伤害他人尊严的信息、威胁经济动作安全的信息、破坏他人隐私权的信息、破坏他人声誉的信息、破坏知识产权的信息等。我们认为，网上的有害的科技文献包括虚假的科技信息、非法科技信息、破坏性科技信息等。科技文献的信息生产者由于知识水平的限制不能正确认识客观世界而形成的科技文献上网，或科技文献传播者出于政治、军事、经济目的故意歪曲客观事实并在网上传播科技文献，都会产生网上虚假的科技信息。还有一些不法分子和别有用心的人利用网络传播恶意中伤科技工作者、贬低同行或同类科技产品、调动科技学术流派对立情绪、传授科技犯罪伎俩等。

1.3.3 网络科技文献的形式特点：多媒体，超文本

传统的科技文献都是以文字和静态图形显现文献内容，不能用语言和声音显现。传统的文本都是线性的，读者必须一页一页地按顺序阅读。

网络科技文献的内容除了以数字化的文字和静态图形显示外，

还可以用数字化的图像和音频等显现形式。图像是自然界中的客观景物通过某种系统的映射，由像素点构成。与图形相比，图像的数据量相对较大，但表现力较强，层次和色彩较丰富，常用于表现自然景观、人物、动物、植物和一切引起人类视觉感受的事物。图像分静态图像和动态图像两种。网络科技文献中的动态图像包括由人工绘制或计算机产生的以图像形式表现的“动画”和实时获取的自然界的动态图像，即“视频”。动态图像不仅具有时间上的连续性，而且具有强烈的实时性，适合于表现事件的过程，如在生物学上可以表现细胞分裂的过程，比静态图像的表现力更强、更生动、更自然。声音是信息的又一种表现形式，配合文字、图像能达到更好的信息传递和使用效果。

网络科技文献是按照超文本方式组织。超文本是根据人脑的联想思维方式，非线性地组织文献信息的一种先进技术。超文本以节点为基本信息单位，将各种文本、图像、动画等知识信息单元、片段存储在不同的节点中，节点间用关系链链接，构成立体状结构，能够灵活、方便、跳跃地浏览、获取信息。超文本检索不需要检索指令，只需要点击链接点即可方便检索，能满足用户从不同角度浏览、查询科技信息的需要。但是，超文本容易打断读者的思路，分散读者的注意力，难以从整体上把握众多节点和页面的完整的逻辑关系。读者很容易因浏览各种链接而偏离了科技信息查询的初衷。网络科技文献的超链接包括网站之间的链接和网页之间的链接。同一网站内网页之间的链接十分普遍，主页几乎都是通过链接建立与其他每一网页之间的链接，网站内其他网页之间应用链接的也很多。网站之间的链接没有网页之间的链接普遍，不同网站链接其他网站的数量也有很大差别。

1.3.4 网络科技文献的分布特点：分布广，不均匀

从科技文献社会分布方面看，传统印刷型科技文献的社会分布相对集中，图书馆、情报所、档案馆是科技文献的主要分布点，科技文献服务部门的信息主要来自出版社、报刊编辑部、新华书店和

图书进出口公司。网络科技文献的社会分布异常分散。数量众多的网络科技文献广泛地分布在各类社会机构、社会组织、家庭和个人的站点中。出版社、报刊编辑部、新华书店和图书进出口公司、计算机硬件和软件公司、数据库开发公司、科研机构、高等学校、专业学会、行业协会、政府部门、各类企业甚至个人都可以利用网络传播自己的科技研究成果和其他科技信息，成为网络科技文献资源的分布点。

网络科技文献数量分布的非均衡性也十分明显。这主要表现为：

（1）分布于社会组织机构站点中的科技文献多于分布于个人站点中的科技文献。这主要有两个方面的原因：一是社会组织机构网站多于个人网站。绝大部分社会组织机构都建立了网站，而个人建立网站的却不多。在我国，个人网站仅占3%。二是社会组织机构网站中的科技信息多于个人网站中的科技信息。

（2）分布于不同社会组织机构中的科技文献不均衡。大多数的科技信息信息服务机构，如图书馆、档案馆、情报所、编辑出版发行机构、信息中心、调查与咨询中心、统计机构的站点中集中了社会上主要的科技文献。科研机构、技术开发部门、教学单位、管理机关的网站也集中了本单位生产的科技文献和一些外来文献，成为科技文献资源较为丰富的站点。分布于其他机构站点中的网络科技文献较少。

（3）分布于不同地区站点中的科技文献也有较大差异。由于受政治、经济、科技、文化、教育地位与地区的科技文献吸引能力、国家的信息传递能力的影响，一个国家的网络科技文献在不同地区之间的分布极其不平衡。处于国家政治、经济、科技、文化、教育中心地位的地区，集中了大批的科技文献生产者、传播者、管理者和利用者，有较强的科技文献生成、传播、管理与利用的能力，可以形成全国的网络科技文献分布密集区，而其他地区则是网络科技文献分布贫乏区。在我国，网络科技文献最丰富的地区是北京、上海、广州，较丰富的地区是江苏、福建、浙江，较为贫乏的地区是青海、西藏、宁夏、贵州、内蒙、甘肃、江西。

(4) 分布于不同网站上的某一学科的科技文献服从于布拉德福定律。由于科学技术发展的专门化和综合化趋势、最小省力法则、马太效应和网络信息传播本身特点的影响，某一学科科技文献在不同站点上的分布既高度集中，又相对分散。

1.3.5 网络科技文献的传播特点：方式多样，交互性强

网络科技文献的传播方式多种多样，在传播主体、传播介质、传播协议、传播主动性程度等方面都有所区别。

从传播协议的角度分析，网络科技文献由 WWW 科技文献、Telnet 科技文献、FTP 科技文献、Usenet 科技文献和 Gopher 科技文献等组成。WWW 科技文献是指建立在超文本、超媒体技术的基础上，集文本、图形、图像、声音为一体，并以直观的图像在用户界面展现和提供科技信息的网络科技文献。WWW 科技文献是网络科技文献最主要、最常见的形式。Telnet 科技文献是借助远程登录，运用网络通信协议 Telnet，在远程计算机上登录，使自己的计算机暂时成为远程计算机的终端，进而可以实时访问。使用远程计算机中对外开放的资源，包括共享的远程系统中的硬件（如超级计算机、精密绘图仪、高速打印机、高档多媒体输入/输出设备等）和软件资源（如大型的计算程序、图形处理程序以及大型科技文献数据库等）。FTP 科技文献是通过互联网使用的文件传输协议（File Transfer Protocol）传递的科技文献。FTP 的主要功能是完成从一个系统到另一个系统完整的科技文献拷贝，允许从远程计算机上获取、下载科技文献，也可以将科技文献从本地机拷贝传输到远程计算机。Usenet 科技文献，即用户服务组科技文献，包括网上新闻组（Usenet Newsgroup）、邮件列表（Mailing List）、专题讨论组（Discussing Group）、兴趣组（Interest Group）、辩论会（Conference）等形式交流和传递的科技信息。迄今为止，各种用户组已超过 15 000 多个，参与讨论的网络用户数以百万计，几乎任何一个主题都有与之相对应的用户组。用户组科技文献的内容主要包括某个学科领域的新闻、研究动向、最新成果发布、交谈、质疑解惑、讨论、评论

等，是最具有开放性的网络科技信息资源。Gopher 科技文献是一种基于菜单的网络科技文献。Gopher 允许用户以一种简单的、一致的方式快速找到并访问所需的网络科技文献，用户只需要在一级一级的菜单的指引下，在菜单中选择现目和浏览相关内容，就完成了对互联网上远程联机文献信息系统的访问。互联网上有几千个 Gopher 服务器，存储有各种各样的科技文献。许多 Gopher 服务器分布在大学、公司或其他组织机构内，每个 Gopher 服务器内都存放本部门或本地区用户感兴趣的科技信息。

从文献传播者的主动程度分析，网络科技文献由推送式传播科技文献和拉取式传播科技文献组成。互联网的科技文献推送技术，也称为“网播”，即利用其文献推送软件，向互联网的广大用户，主动地发布、推送某些类型的科技文献。网播的科技文献推送方式主要有：①频道式推送，即将某些页面定义为浏览器中的频道，用户可以像选择电视频道那样接收有兴趣的网播科技文献。②邮件式推送，即用电子邮件方式主动将所推送科技文献发布给各用户。③网页式推送，即在一个特定网页内将所推送的科技文献提供给用户。④专用式推送，即采用专门的文献发送和接收软件厂信源将科技文献推送给专门用户。推送式传播及时性好，对用户的要求低，适用于广大公众。拉取式传播方式有视频点播服务和网络教育等。视频点播是电视、计算机、通信网络以及多媒体技术相结合的产物。目前，视频点播服务主要有科教片点播、交互式电视科技新闻等。网络教学是将关于传授科学技术知识的网络课件放到网上，学员可以收看异地教师的课程，并能够做练习，回答老师的问题，使学习者不受地域和时间的限制。

传统的科技文献传播方式，虽能双向交流，但交互性差。网络科技文献的传播方式具有较好的交互性。这首先表现在网络科技文献出版过程中出版者与作者和读者的信息交流上。这种信息交流是反馈性的互动，具有交互性和普遍性。其次，网络科技文献的交互性还表现在最终用户对科技文献内容控制的交互性上。用户与内容的相互作用有观看、浏览、使用和控制四个层次，最后一种作用层次的交互性明显。在动态的、智能的、个性化的网络科技文献出版系统中，用户不仅可以选择文献内容，还可以参与管理，甚至可以根据自己的需要对网络科技文献中的信息进行编辑、修改，按照自己的意愿重新创建新的科技文献。

1.4 网络科技文献的作用

网络科技文献的产生和发展对优化学术传播模式、提高图书馆的信息服务质量、发挥学术出版机构的文化传播功能、进一步满足读者的阅读需求和促进学术研究都具有重要意义。

1.4.1 对学术传播模式的影响

学术从本质上说是一种公共知识，学术传播是学术活动的核心部分之一。学术传播（Scholarly Communication）又称为学术交流，在国外也称之为科学传播（Science Communication）或科技传播（Scientific Communication）。目前广为大家接受的学术传播的定义是美国南加州大学博格曼（C. L. Borgman）教授的定义：所有学科领域（如物理学、生物学、社会学、行为学、人类学）的学者通过正式与非正式途径使用与散布信息的过程。① 学术传播的总目标是通过促进科学研究与教育的顺利进行以达到知识增长的目的。

柯罗佛（W. Crawford）经过研究认为，由学术工作者之间的相互联系和交流所造成的学术信息的自由流通才是学术研究与学术创新的生命线。② 在网络科技出版文献出现以前，以出版为最基本条件的正式交流领域因为受到出版商的控制或其他原因而难以准时或全面地传递到世界各地的学术圈，非正式的交流领域也不可避免

---

① C. L. Borgman. Scholarly communication and bibliometrics. Newbury Park, CA: Sage Publications, 1990: 13-14

② W. Crawford. Creativity and con-nectedness results [EB/OL]. http: // listserv. uh. edu/archives/pacs-1 html, 2007-12-22.

地会面临时间和空间的限制。网络科技文献的横空出世扫除了这种交流的障碍。它不仅成功地绕过了繁琐的传统出版程序，而且使得网上的信息交流和知识传播变得更为方便、快捷、经济、直观。

与此同时，学术传播与交流的体系也开始表现出对网络出版的依赖。第一，学术出版的读者对象相对较少，并缺乏一定的经济规模，所以与大众出版相比，它更适合以数字形式出版。第二，多数高校人员和研究开发人员都具备有关电子出版的专门知识，并且绝大多数研究者都会使用计算机网络。第三，学术期刊（印刷型和电子型）数量和价格的急速增长已经超过了图书馆预算的承受能力，因此，图书馆在个别服务对象需要购买学术期刊时只能不断减少其数量①。这种对网络科技文献的依赖不仅产生了一种广泛的、公开的对大多数研究者有效的交流方式，还开辟了一条迅速高效利用新信息资源和发现潜在合作者的有效途径。随着学术传播主力人群上网时间和频率的继续增加，学术传播逐渐淡化了正式与非正式交流概念的界限。借助于网络技术，传统的学术传播与交流的体系正在逐渐发生变化。

传统的学术传播模式是：作者→出版者→发行机构→图书馆或书店→读者。在这种学术传播模式中，科技学术信息基本上是单向、一维地流动。科技信息的流动速度慢、反馈时间长。在网络出版时代，数字化技术、通讯技术、超媒体技术和超文本技术极大地丰富了科技学术信息的流通渠道，加强了作者、出版者、发行机构、图书馆或书店、读者之间的直接联系，使传统的学术传播模式发生变化。基于网络科技文献，出现了新的学术传播模式。

（1）加维/格里菲斯（Garvey/Griffith）学术传播模式。

其原型是兰开斯特于 1978 年提出的学术传播模式。这种学术传播模式是在充分考虑电子技术对传统纸质学术传播模式的影响的基础上提出的。电子出版技术的引入产生了诸如科技文献电子预印本、电子科技电子报告、电子科技期刊等新的学术传播途径。加

① 克里斯廷·L. 博格曼. 从古腾堡到全球信息基础设施［M］. 北京：中信出版社，2003

维/格里菲斯学术传播模式保留了传统纸质学术传播系统的基本元素，是传统学术传播模式在电子环境下的延伸。科技文献从纸质到电子介质的变化，使学术传播速度加快，传播范围扩大、传播效率提高。

在我国，中国学术期刊电子杂志社实施的中国国家知识基础设施工程（China National Knowledge Infrastructure，简称 CNKI）就是对加维/格里菲斯学术传播模式的应用。它通过全面深入开发利用国内外知识信息资源，在知识的生产、传播、扩散与应用的过程中建立知识与科技创新和应用的社会化学术传播网络环境。CNKI 学术传播模式可以描述为作者通过 CNKI 查阅科技文献生成研究成果，再通过传统出版过程由出版社出版，然后 CNKI 经过审查将传统科技出版物上的研究成果在 KNS 平台上通过收录、编辑、整理生成各类源数据库。数据库资源借助图书情报机构或者以光盘版的形式传送给读者。CNKI 学术出版模式不仅在学术传播的速度和效率方面具有很多优势，而且由于对版面费的收取采取与文献提供者协作和利润分成的方式，所以有利于文献提供者、文献开发者和信息资源服务业之间的相互合作，使学术传播体系变得稳定。

（2）公共域（Public Domain）学术传播模式。

这种学术传播模式是由金斯帕（Ginspang）提出的。它主张把科技文献直接投到互联网上的公共域，并提倡大学、学术性团体和图书馆应该提供安全的文献服务器。科学技术研究者可以通过学术传播网站直接发表其研究成果，也可以查找和使用在学术网站上已发表的科技文献。这样的服务器可以及时对投递过来的科技论文进行永久性标记，然后写进只读内存。所有的互联网上用户都可以访问这些服务器，阅读、下载存储在里面的科技论文。公共域学术传播模式的优势在于：结束了科技知识的无序竞争，改善了科技文献质量的评价体系，保留了科技文献的审阅痕迹，有利于制止科技成果的剽窃。这种学术传播模式只有在技术、安全、法律等方面的问题得到很好解决并被全社会范围内的人们普遍接受的情况下，才能成为一种有效的学术传播方式。

“开放存取”（Open Access）学术传播模式是公共域学术传播

模式的一种。其宗旨是依靠网络实现科技文献的广泛传播与共享，使任何人都能在计算机网络上不受时间、地点、经济条件的限制平等免费地获得和使用学术科研成果。“开放存取”不是取代传统学术传播模式，而是通过网络加速学术成果传播；不是一种排他的学术传播模式，而是传统学术传播模式的补充与发展。“开放存取”科技文献与传统科技文献的主要传播功能是相同的，不同的是商业运作模式。它通过“作者付费出版，读者免费使用”的方式实现对网络科技文献的共享。

概括而言，网络科技文献作为一种全新的文献形态，对学术传播模式的影响主要体现在以下三个方面：

①对学术传播方式的影响。网络科技文献使非正式传播过程在学术传播中的地位大幅度提升。一般而言，非正式传播过程基本上是由科学家和专家通过个人接触进行的学术传播。在印刷出版时代，科学家之间的直接对话、书信往来、交换出版物预印本都是典型的非正式传播方式。网络出版使这种非正式传播方式得到了新的发展。人们可以利用 Internet 和共同的软件进行会话、交谈、会议、信件往来，许多学者在有关学术信息正式出版以前就通过网络从同行专家那里获得了有关资料，一些学者也习惯于在其科学研究信息正式出版之前就在网络上先行发布其部分成果的信息。这些使非正式传播在学术传播系统中的地位大幅度提升。

②对学术传播过程的影响。网络科技文献使正式传播过程增添了新的传播通道。正式传播过程是借助于科技文献进行的科学信息的交流过程。在印刷时代，科技文献主要是指传统的印刷型图书、学术期刊、科技报告等。网络科技文献为“科技文献”赋予这一概念新的内涵。以科技知识、科技信息等为其主要信息内容的封装型电子出版物和网络文献也属于科技文献的范畴。科学家可以通过正式学术传播站点直接发表其研究成果，也可以查找和使用在学术站点上正式出版的科学文献。因此网络出版时代的正式传播过程可以被看成是印刷时代的正式传播在 Internet 上的延伸。正式传播过程在印刷时代的基础上增加了新的正式传播通道，这种正式传播通道就是正式的学术交流站点或学术传播站点。

③对学术传播效果的影响。印刷时代，信息出版周期长，检索不方便，大大影响了科学信息交流的效率。网络出版时代，出版流程大大简化，信息出版周期大大缩短，学术传播时效性大大增强。随着搜索引擎性能的不断完善，查全率和查准率也会有明显改善。

1.4.2 对图书馆的影响

图书馆通过对书刊资料的搜集、整理和传递使用，将一部分人创造的精神财富转移到另一部分人，在文献流通过程中发挥它的服务职能。网络科技文献作为一种特殊的信息媒体，以及它所提供的开放性、流动性的信息，改善了图书馆信息服务的内容、结构、方式和手段。

（1）网络科技文献使图书馆馆藏资源更加丰富。主要表现在以下三个方面：

第一，网络科技文献使图书馆信息传播载体多样化，不仅包括传统形态的图书、期刊、科技报告、会议论文等，而且包括科技全文数据库、网络科技报纸、网络科技期刊、网络科技图书等。图书馆虽然不能垄断科技信息的各种存在形式，但是馆藏资源更加丰富。

第二，各类科技文献提供商及其多种服务方式使图书馆能够通过多种渠道获取科技文献。网络科技文献具有信息分布分散化的特点，这使得图书馆的信息获取渠道多样化。用户可以以自己喜欢、方便的方式获取信息。图书馆虽然不能垄断科技信息的各种服务方式，但是可以通过多样化的文献信息服务尽可能地满足读者的信息需求。

第三，网络科技文献使图书馆在资金有限的情况下能获取更多的科技文献。科技信息的增加、科技文献种类的增加、纸质科技文献成本的上升将使图书馆的科技文献购买力相对下降。与纸质科技文献相比，网络科技文献的性价比更高。图书馆虽然不能保证科技文献收藏的全面性，但是能用相同经费购买到更多科技文献。

（2）网络科技文献使图书馆的信息服务突破了时空局限。网络科技文献克服了科技信息传递的时空限制，使图书馆的信息传播在时空上有更高的自由度。传统的纸介质科技文献使图书馆在传播信息时受到各种客观因素（如时间、地点、馆藏条件等）的影响，使用户不能及时、方便地获取所需的科技信息。网络科技文献使用户可以不受时间、空间的限制，随时、随地获取图书馆电子科技文献，并根据需要选择检索途径、提出检索需求和个性化定制服务，具有较高的自由度。图书馆不再是一个纯粹的物理空间，其工作内容、管理对象发生了变化，它已经变成了集收藏、保存、提供、流通各种电子科技文献的巨大信息资源库。

(3) 网络科技文献使图书馆真正实现了“以读者为中心”的服务模式。主要表现在以下四个方面：

第一，由单纯的“提供服务”转向知识导航服务。网络科技文献的出现使图书馆的馆藏资源扩展到全球范围的虚拟馆藏，也使读者可以直接向网站获取所需的信息。因此，图书馆的读者服务既要让读者了解本馆的实际馆藏，还要让他们看到本馆以外的文献资源，并根据读者的需求引导读者在网络获取各种所需的科技文献。

第二，由分散式服务转向“一站式”服务。传统图书馆的服务工作一般是多部门分块管理，用户需要某一专业科技文献，需要去到外借部、阅览部、期刊部、光盘部等许多部门。网络科技文献使图书馆可以迅速按照学科或专题内容查寻特定文献资料，让用户享受到在一个场所就可以获得从信息检索、信息查寻、信息传递到最终获取科技全文文献的“一站式”服务。

第三，由手工服务转向基于网络的现代服务。网络科技文献自身具备自动化的信息处理能力。这使图书馆馆员的大量工作将由手工操作转为现代化的技术操作，主要是对科技知识的开发、整合，对网络科技信息的检索、筛选、分析和链接。图书馆服务的知识含量和技术水平得到提高。

第四，由封闭式服务转向开放式服务。面对文献资源的快速增长和社会信息需求的不断扩大，图书馆如果把读者对象限定在特定的领域，没有向社会开放，就会造成文献资源的极大浪费。图书馆将会形成以社会用户为中心、以需求为导向的主动服务理念和服务模式。

1.4.3 对学术出版机构的影响

学术出版机构属于传统的学术传播体系的上游，在学术传播中处于主导地位。然而，面对网络科技文献的出现，伴随着学术传播模式的变化，学术出版机构在学术传播中的地位发生了变化，其出版模式也发生了相应的变化。

(1) 网络科技文献加强了学术出版机构在学术传播中原有的特权地位。

在网络传播中，网络科技文献的全球联通性将使读者直接面对广泛而丰富的科技文献。学术出版机构可以减少发行环节中的中间商的数量，将网络科技文献直接传递给读者，从而强化了学术出版机构原有的信息源优势，增强了学术出版机构的学术传播功能。另外，网络传播具有的双向互动特点，使读者不仅可以主动地选择信息，而且可以自由地发布信息和意见，因此，学术出版机构更容易把握读者需求，找到潜在读者群，为读者提供所需的科技文献信息。

(2) 网络科技文献使学术出版机构采用新的出版模式。

从管理角度来看，学术出版机构出版网络科技文献的模式可以分为三种。一是个人出版。这是出版机构通过网络出版作者的学术成果，并通过网络销售。如果出版机构只提供下载服务，不提供物质产品（磁带、光盘等），还可以免除申请商业执照而成为出版发行商。二是按需印刷和补贴出版。按需印刷是补贴出版的一种形式，出版机构将文献以电子形式保存，用户需要时打印成纸质图书形式。补贴出版是学术出版机构收取作者一定费用，按作者要求进行出版的一种模式，补贴出版机构也不负责科技出版物的推销。三是商业出版模式。学术出版机构的商业出版模式很多，从表现形式来看，可以分为主题讨论型、定期或不定期型、数据库型、综合型；从因特网的信息服务功能分，可以分为 Web 出版、电子邮件、新闻组等形式。

目前，为适应网络科技文献的发展，学术出版机构主要实施的网络出版模式是自建网络出版平台和加入权威数据库。

由于科技文献一般定位准确、针对性强，所以科技文献的读者群相对稳定、忠诚度高、与作者群基本重合。由于专业需要，细分市场的读者群对专业科技文献信息的“深”或“专”要求较高，但是网络科技文献各类学科和各种内容混杂，数据库规模庞大，搜索专业性文献信息比较繁琐，没有针对专业人群的服务，不方便同行交流。所以学术出版机构通过自建网络出版平台可以为特定受众提供个性化的出版服务。

这种专业化的网络出版平台虽然具有其他传统学术出版机构和综合性的网络科技文献数据库无法比拟的优点，但是需要大量的人力、物力和资金投入才能搭建，如专业技术人员、专门的制作团队、专用服务器、购置电子商务平台及相关系统软件、专职人员维护、自办广告宣传和发行渠道建设、优化各种资源的配置等。所以，学术出版机构多采用加入权威数据库的网络出版模式。学术出版机构加入权威数据库，可以使用已有的系统和服务，没有前期投入，却能共享市场资源，包括用户和广告宣传；进入知识网络，还可以增加面向最终用户的有效点击率。

随着网络科技文献的进一步发展，学术出版机构将会采取以个人为中心的新型出版模式。虽然网络科技文献的类型众多，特点不同，如博客是拉取式的、维基百科是协同式的、邮件列表是推送式的、科技论坛是社区式的等，但是网络科技文献的这些出版模式有一些共同特点，如高度的开放性，超强的交互性，出版不是靠某个人或某些人而是靠所有网民，实现了出版者与读者的彻底统一。这种全民性的出版模式，具有很多优点，被认为是“网络媒体核心竞争力之所在”①，但是也存在很多问题，如全民参与的非专业性写作基本无人管理，整个网络极其混乱；随意写作的方式会使人失去权威感，从而导致思想混乱；无论是博客还是维基百科都没有可

---

① 喻国明．直面数字化：媒介市场新趋势研究［J］．国际新闻界，2006（6）：19

靠的盈利模式。

1.4.4 对读者的影响

在这场网络科技文献对传统科技文献的革命中，受益最大或者说受影响最深远的也许就是读者。网络科技文献对读者的影响可以归纳为以下五点：

(1) 读者可以获得更丰富的文献信息。网络科技文献的兴起，互联网的广泛应用，使各类虚拟图书馆不断产生。利用网络信息服务的灵活性，读者可以根据自己的兴趣和需要有针对性地选择自己的信息需求。图书馆可以利用其自身的资源优势，应用网络电子文献的技术建立和完善各自的 OPAC 系统（联机公共检索目录），并且与其他网络系统联网。读者借助各种搜索引擎或者直接访问这些站点，就能获得所需信息。网络科技文献拓宽了读者检索科技信息的渠道，使读者以最快的速度，在最短的时间里，了解和掌握科技发展的最新成果和动态。

(2) 读者可以获得更大的阅读自由。利用网络科技文献的共享性，读者可以不受时间地点、不受文献复本的限制随时查阅所需的科技文献。读者还可以对文献进行修改和更新，通过网络与该文献的作者和其他读者进行在线讨论。另外，利用联网的笔记本电脑，读者可以在阅读地点的选择上获得更大的自由。

(3) 读者将获得更多的自主权。利用网络科技文献良好的互动性，读者可以按照自己的需要改变其显示方式，使文献的内容更加直观、丰富、生动和形象。读者还可以根据自己的情况，要求出版社或者图书馆以某种形式提供某些特定信息，而不需要全盘接受。阅读网络科技文献使个性化出版成为事实，可以给读者一种全新的感觉。

(4) 读者的传统阅读习惯和心理接受能力发生了变化。人们习惯于利用印刷型文献，可以随时随手翻看，可使书房增辉，可交换互赠，并且有艺术收藏价值，是一种看得见、摸得着的“实物”。而网络科技文献载体的外形是肉眼看不见的，必须借助计算机等设备才能阅读。人们刚开始接触时会有不适应的感觉。网络科技文献刚刚出现时，国外一些数字出版公司为了鼓励人们使用它，让人们免费使用，并赠送其他电子出版物产品，希望消除人们对网络出版物的陌生感。但是，随着网络科技文献易于检索、信息含量高等特点逐渐明显，越来越多的读者将会改变传统阅读习惯和阅读心理，形成对网络科技文献的偏好。

(5) 网络科技文献要求读者有新的知识结构，必须具备较高的计算机知识和外语知识。在传统的阅览条件下，读者可以直观感觉和翻看每本科技文献，常能明确地判断出是否可以利用，并可以借出继续研究。而网络科技文献的利用，需要读者借助计算机等设备实现其阅读功能。对网络技术和信息检索技术的要求也很高，需要掌握一定的技巧才能快捷查出文献。另外，在互联网上，80%的科技文献都是英文，所以读者必须具备一定的外语水平，才能充分利用网络科技文献。这促使读者努力去学习先进的科技知识，形成良好的社会风气。

1.4.5 对学术研究的影响

网络科技文献已经成为众多科技研究者进行学术研究的重要工具，为学术交流提供了高效、快捷的渠道，对学术进步起到了积极的促进作用。

(1) 使学者查寻信息、创造知识和公布研究成果的行为便捷化。

在网络科技文献出现以前，查找、利用、创造信息的大部分活动都是学者独自开展的。学者检索科技文献需要利用图书馆目录、索引、文摘、书目及其他手工检索工具。公布学术成果的传统方式主要是学术著作的出版、学术论文的刊物发表及学术会议交流等。

网络科技文献的出现改变了研究者们查询信息、沟通交流、开展研究和发布研究成果的方式。网络科技文献具有动态的超链接功能和数据库功能，减少了研究者利用传统科技文献中存在的原文和相关文献查阅之间的困难，使大部分的信息查找、利用、创造都可以利用新方式开展。越来越多的研究者用网络文集文献的形式发布最新研究成果。

(2) 使学术交流的形式多样化。

以往的学术交流大多是以学术交流会议的形式进行，包括伟大的科学家爱因斯坦在很长一段时间内都是通过民间学术组织“奥林比亚学院”与其他科学家互相交流自然科学的最新成果和著作。每举办一次学术会议要耗费很多人力、物力和时间。在网络环境下，学术交流活动不再拘泥于原有形式，越来越多的研究者通过网络交流科技信息，如网络科技论坛、网络科技文献数据库、个人博客或播客、维基百科等。基于网络科技文献的学术交流体系正在形成。网络科技文献为科研人员提供了便捷的学术交流环境，使各种学术新思想不断碰撞。

(3) 使“无形学院”的范围扩大化。

无形学院（Invisible College)，又译成“看不见的学院”。它是以优秀科学家为中心，以学术思想的沟通为宗旨，以学术讨论、文献交流的形式，立足于自由联合的科学家非正式团体。在科学前沿，往往是由少数人的非正式交流系统的“无形学院”创造出新知识，然后由正式的交流系统评价、承认、传播。网络的出现使科技文献形态多样化（如以 BBS、IM、Blog 等形态），也使学术交流更加活跃，形成一种新的基于网络科技文献的“无形学院”。这种“无形学院”比以往交流更加自由、宽松、快捷，规模更大，影响更深远。

(4) 淡化了学术上的门户之见，促进了学科之间的渗透。

如果科学家们形成门户之见，停止学术思想交流，就会阻碍科学和社会的进步。随着网络科技文献和学术期刊网的出现，战略型科学家也随之出现，他们淡化了门户之见，提倡实施学科大联合，使各门户形成互补关系，共同促进学术进步。

随着学科的细化与分工，以及新技术普及，不同学科之间的合作不断增加。一方面，由于分工细化，科学家的研究越来越专，因而减少使用其他学科领域的资料，降低科学发现的几率；另一方面，由于科学家人数的增加，使科技文献种类大增。信息爆炸使科学家无法充分掌握、利用科学信息，因而趋向集体研究。这使一篇科技著作由来自不同学科领域的多名作者完成，边缘交叉学科不断产生。例如，GenBank 协同实验室创造出一个新的科学研究领域——生物信息学就是计算机与生物学结合形成的一个交叉学科。

2 网络科技文献出版概述

网络科技文献出版是网络出版的一种形式，是指社会组织或个人利用网络将自己创作或他人创作的数字化的科技作品经过选择和编辑加工登载在互联网上或者通过互联网发送到用户端，供公众浏览、阅读、使用或者下载的在线传播行为。按照网络信息服务模式分，网络科技出版可以分为 Web 出版、E-mail 出版、UesNet 出版、WAIS 出版等；按照介入网络的方式不同，网络科技文献出版可以分为有线网络出版和无线网络出版；按照经营模式分，网络科技文献出版可以分为作者自助出版、网站代理出版以及出版商网络出版；按照支付模式分，网络科技文献可以分为用户收费模式、网络广告模式和免费模式。

作为信息载体家族中的新成员，网络具有许多传统载体所不具有的优势，同时还较好地弥补了传统信息载体固有的缺陷和不足。根据我们的调查和研究，与传统印刷型科技文献的出版相比，目前我国网络科技文献出版总量大而且出版形式丰富多彩，出版发行方式多样化，出版时效性不断加强，出版时空范围越来越广，此外，网络科技文献出版实现了按需印刷和智能化内容查询，直接面对读者从而方便了读者的互动参与，改变了读者获取知识信息的习惯。

无论是在政府扶持和社会基础方面，还是在认识观念和出版运作方面，网络科技文献出版都具有优势。在政策扶持方面，我国政府制定了一系列政策支持网络科技文献出版，已经把科技文献的网络化出版和传播作为出版业现代化的关键，列为“十一五”期间的攻坚目标。在社会基础设施方面，我国网民数量多且持续增长，同时网民越来越重视通过互联网进行学习和工作，才使我国网络科技文献出版的发展具有了坚实的社会群众基础。从认识观念方面来看，网络科技文献出版理念倡导的科技信息交流和共享模式，可以促进网络环境下科技文献的最广泛的传播和共享。从出版运营方面来看，网络科技文献出版在资源利用方面、出版流程方面、出版技术方面和经费来源方面也具有明显的优势。

2.1 网络科技文献出版的概念

对网络科技出版的定义只能从出版和网络出版上进行界定。出版，是指将作品编辑加工后，经过复制向公众发行。① 《互联网出版管理暂行规定》中明确指出：互联网出版是指互联网信息服务提供者将自己创作或他人创作的作品经过选择和编辑加工，登载在互联网上或通过互联网发送到用户端，供公众浏览、阅读、使用或者下载的在线传播行为。网络出版活动具有以下内涵：①网络出版是将已有作品形成数字化出版物的过程；②网络出版中，原始作品被大量复制，这种复制是用户自己进行的，复制后的作品存储在用户计算机的内存或外存设备上；③网络出版物在网络上发表，任何有条件（包括软硬件条件及访问权限等）的用户都可以通过网络获取。

网络科技文献出版是网络出版的一种形式。为了更准确地理解网络科技出版这个概念，我们将网络科技出版放在更大的时空纬度和更深层次的内部构成中加以考察。

2.1.1 从媒介发展的历史看网络科技出版

人类传播科技信息的活动经历了口语传播时代、文字传播时代、印刷时代和电子传播时代。计算机数字技术的产生与发展是媒介发展史上的一个分水岭，因为它不仅将以往所有的媒介都带入到

---

① 罗紫初，吴赟，王秋林．出版学基础［M］．太原：山西人民出版社，2005：2

数字时代，而且催生了一个新的媒介——网络媒体。网络媒介拥有文字、图像、声音、影像等所有媒体的表现形式，是从不同的侧面对各种媒介功能的分化和整合，因此被认为是一种全新的媒介形式。它虽然在许多功能形态上与纸介质文献的出版一致，但是显然是一种异于出版的新兴传播方式。所以，不能把科技信息通过互联网向大众传播的过程都视为网络科技出版。无论是网络媒介组织发布科技信息，还是网络通路传递科技信息，都不能简单地等同于网络科技出版。至于网络媒体从事的在线科技出版活动和传统出版单位借助网络开展的科技出版业务，则需要具体问题具体分析。

2.1.2 从互联网的广泛应用看网络科技出版

从媒介史的角度为网络科技出版提供了一个纵向的时间维度，我们再从横向的空间维度，即以整个网络时代的宏观发展作为时代背景来考察网络科技出版。网络世界可以被看做是一种以计算机技术、通信网络技术和虚拟现实技术等为基础而建立起来的一个电脑化、网络化和虚拟化的多维信息空间。因此，网络科技出版在本质上可以理解为现实的出版活动在网络空间中的虚拟再现。据此，可以得出两点结论：一是作为数字化信息通道的互联网是各种人类活动的集成平台。网民关于科技的主题讨论、网络上的科技信息流动都是网络虚拟现实的一个并列组成部分，而不能简单地统统归属于网络科技出版之中。二是网络科技出版与传统科技出版的连贯性和继承性，应该包括利用网络完成选题策划、组稿、编辑加工、市场营销中的一个或几个环节，形成数字化的作品，并通过网络发行。网络科技出版的形态和功能会适应数字化的网络条件而发生一定的演进，但绝对不能脱离出版的本质属性，否则就不能视为出版。

网络科技出版在我国的发展大致经历三个阶段。第一阶段是传统科技出版物的简单数字化，如许多科技期刊的网络版。第二阶段是数字科技媒体的泛期刊化和网络科技数据库的开发建设，如许多门户网站在互联网中筛选出主题类似的科技信息，定期以期刊等形式发布。第三阶段的网络科技文献则更强调互动性和多媒体，利用

B2B 平台发送。随着 WEB2.0 时代的到来，网络科技出版被赋予了集体协作、共同创作甚至人际交往等功能。这些变化都是在数字化和网络化所提供的可能空间中发生的，而选题策划、组稿、编辑加工、市场营销，再形成数字化作品并通过网络发行，这些出版的核心要素是不能改变的。

2.1.3 从出版的构成要素看网络科技出版

如前所述，网络科技出版是现实科技出版在网络空间上的虚拟重建。它依靠作品创作的数字化、编辑加工的数字化、印刷复制的数字化、发行销售的数字化，以及阅读消费的数字化。但网络科技出版绝对不是传统科技出版在网络上的一一对应。网络技术使网络科技出版较之传统出版发生了许多新变化，如主题多样化、载体虚拟化、发行同步化等。出版的概念基本可以由五个构成要素组成：已有作品、编辑加工、复制、出版物和向公众传播。网络科技出版的范围也应该限定在这五个要素之内。

在传统科技出版中，出版主题只能是出版社等正式出版机构，而在网络科技出版中，出版主体的范围扩大，不仅原先意义上的各媒体传播者都可以成为出版主体，而且个人都可以成为出版主体。因此，对于网络媒体和个人能否成为网络出版主体的问题需要参照出版的五个构成要素进行具体分析。一个重要的标准就是，出版的客体是否是已有作品，即是否具有独创性和完整性。在网络媒体方面，门户网站和资讯类网站的科技新闻资讯，不具有独创性和完整性，故不属于网络科技出版，应当属于网络科技新闻和网络科技信息服务。网络科技数据库、网络科技期刊以及提供电子科技图书在线阅读和下载的网站，虽然其出版物没有实体形式，但是其传播的对象都是完整的具有独创性的科技作品，我们仍然认为这是网络科技出版。在个人网络传播方面，个人能不能成为出版主体，应视其具体内容和方式作具体分析。如果个人在网络上只言片语的即兴表达，其内容不能构成完整系统的科技作品，并且没有经过编辑加工成为某种形式的出版物，这样的行为不能成为“网络科技出版”。

但是，如果内容是科学领域具有独创性的作品，并经过编辑加工，再以电子出版物的形式面向公众在线阅读和下载，或者以“按需印刷”等方式输出并向人们传播，这样的行为应该是“网络科技出版”的一种。

通过从媒介发展的历史、互联网的广泛应用以及出版的构成要素三个方面对网络科技出版的内涵和外延进行辨析，我们可以得出关于网络科技出版的几点结论：第一，无论是网络媒介组织发布科技信息，还是通过网络传递科技信息，都不能简单地归属于网络科技出版。第二，网络科技出版是现实科技出版在网络空间的虚拟重构，它与传统科技出版的结构和形式有所相同，但又有所超越。第三，网站的科技信息发布、个人发布科技信息等传播方式是否属于网络科技出版，需要按照内容和方式，按照出版的构成要素具体分析，不能一概而言。

由此，我们可以将网络科技出版定义为：网络科技出版是指社会组织或个人利用网络将自己创作或他人创作的数字化的科技作品经过选择和编辑加工，登载在互联网上或者通过互联网发送到用户端，供公众浏览、阅读、使用或者下载的在线传播行为。

2.2 网络科技文献出版的主要形式

由于关注角度的不同，目前国内学者对于网络出版的分类各持己见。

黄元鹏和徐丽芳认为网络出版主要有四种类型：①主题讨论型：电子公告牌系（BBS）、新闻组（Newspaper）和邮递名录（MailingList）。②定期或不定期型（网络报刊）：通讯、电子报纸、电子杂志及电子期刊。③数据库型：主要包括一般在线数据库及电子全文数据库。④综合型：主要包括网址、网页和主页。陈磊认为网络出版的形式可以归纳为：①在网页上发布信息，供读者阅读但不能下载；②将信息制作成文件，以电子邮件的形式定期发送给订阅用户；③在网页上设置下载服务，读者可根据自己的喜好，以有偿或无偿的方式从网上下载文章到个人电脑或阅读器中。此外，有人与陈磊持相近观点，将网络出版的形式概括为订发式——用户“看单点菜加送达”的方式，即网络信息出版者提供一些可供选择的出版栏目，并向广大网络用户宣传；浏览式——“公共陈列供浏览”的方式，即网络信息出版者提供一些相对固定的栏目，并将搜集整理的网上信息放在选定的IPS网站中，供人阅读欣赏，用户只要知道该网址，就可以经常光顾，当时阅读或下载后阅读；交互式——“按要求定制”的方式，在这种方式中，用户提出一定的要求，网络信息出版者根据用户提出的要求，为用户特别制作有特定内容的网络出版物。黄科舫认为网络出版的类型可以有五种：①数据库型：即建立书目数据库提供全文检索和浏览服务，这是目前网络出版的主要形式。②电子邮件型：即网络出版商将自己的出版信息以电子邮件方式广泛发送到网络用户电子信箱中，用户如果对某一种作品感兴趣，就以电子邮件方式回复给出版商，出版商又以电子邮件的方式分发出版物，用户在自己的电子信箱中阅读这些出版物。③网站型：这种类型出版形式的理论依据为信息传播就是网络出版，它包括域名、主页和网页等。这种类型的网络出版具有普遍性。④平台型：即网络服务商在所属网站的赛博空间中，向致力于网络出版的业务机构、组织和个人提供空间，用以进行网络出版。⑤互动型：这种类型充分利用了网络信息传播双向互动的优点，它有可能成为未来网络出版的重要形式之一。

以上种种分类从不同的角度对网络出版进行了划分，但是问题在于网络出版本身是一项极为复杂的事物，单一的标准不能反映其本质特征。目前，周荣庭提出的网络出版分类比较全面。他把网络出版的分类依据集中在信息传播和出版经营两个方面，然后在信息传播上，进一步按网络信息服务模式、信息媒介类型以及信息最终形式分类；在出版经营方面，进一步按经营模式以及支付模式来分类。笔者比较认同周荣庭的分类体系。

下面，我们从三个方面对网络出版的类型进行分析。

2.2.1 按网络信息服务模式分类

互联网与出版的结合，使互联网的一些基本功能直接运用到出版领域，诞生了许多新的出版方式，其中最常见的方式包括：Web出版、E-mail 出版、UesNet 出版、WAIS 出版等。

（1）Web 出版。Web 出版（Web Publishing），又称为“网页出版”、“万维网出版”，是当前网络出版的主流模式。它是指利用Web 系统运行的各种网络开展出版活动的出版形式。Web 出版实际上是基于超文本技术的信息查询技术，将互联网上不同地址的信息有机组织在一起，通过建立 Web 服务器，向网民提供友好的信息浏览界面。

Web 系统是互联网以超文本方式提供的分布式、跨平台、多媒体信息服务系统。它通过 Web 服务器提供信息资源以及相应的软件服务，经由 HTTP 实现 HTML 文档的传输，并通过 Web 浏览器对此文档进行解释和显示。因此，Web 运行机制由浏览器、服务器、HTTP、HTML 以及 URL 等要素组成。Web 系统采用的是典型的客户机/服务器工作模式。客户机就是 Web 浏览器，有时被称为浏览器/服务器模式。HTTP 是 Web 系统的主要协议，属于 TCP/IP 的应用层协议，用于 Web 服务器和浏览器之间超文本信息的传送。Web 服务器是 Web 系统中传送文档给远程访问者的平台，任何一台互联网上的主机，如果运行了 Web 服务软件都可以成为Web 服务器。Web 浏览器是指在最终用户使用的计算机或者其他类似设备上安装的、用来访问浏览 Web 服务器提供的数字内存的程序。

Web 出版最初提供的网页外观是静态的，以文字和静态图像为主要表现形式，后来 GIF 格式的动画改变了这种局面，可以用来点缀和装饰网页，但是无法满足交互的需求。W3C 的出现，促使了动态网页的出现，这种出版形式具备网页动态和交互处理的功能。DHTML 增强了网页的交互性和动态性，同时减轻了 Web 服务器的负担。XML 排除了 HTML 的不足，允许 Web 出版者自己定义标记，从而把用户从浏览器厂商的固定束缚中解脱出来，开创了Web出版的新时代，出现了多媒体出版、专业性出版、推送式出版、网络出版联盟、移动出版和智能网络出版等新兴的出版模式。①跨媒体出版。XML语言定义了多个面向显示的语言，包括了XHTML（Estensible Hypertext Language）、面向Web图形的VML（Vector Markuo Language）、PGML（Precision Graphic Markup Language）和SVG（Scalable Vector Praphic），面向多媒体的SMIL（Synchronized Multimedia Lntegration Language）、面向电子图书的OEB（Open eBook Structure Specification），面向手持设备的WML（Wireless Markup Language）和HDML（Handled Device Markup Language）等。这些功能为实现多种媒体之间的互动出版提供了技术条件。②XML允许不同的行业根据自己独特的需求定指标及规范。以CML为例，它是化学领域中的标记语言，可以精确地在网页上显示分子的晶体结构、化合物的光谱分析等。这也就是说不同专业可以根据自身的专业特色和需要，利用XML的可拓展性实现专业出版。③推送式出版。Internet Explorer 4.0以及之后的版本，微软推出的“频道”概念，为推送式出版提供了前提。用户可以通过订阅频道来实现站点的自动更新，从而自动获取所需要的内容信息。这也就是说网络出版可以将自己的出版产品推送给用户。④网络出版联盟。XML作为标准的交换语言，可以把来源不同的结构化数据通过XML在中层服务器上集成，然后发送给客户或者其他服务器作进一步的处理和分发，担负起描述数据交换的作用，这就意味着今后的网络商可以形成一个交换网络出版物的供应链联盟。⑤移动网络出版。WAP协议作为一个全球性的开放式移动Internet协议，解决了移动设备电话与Internet以及其他计算机应用程序进行通信的标准问题。于是移动网络出版可以满足随时随地从互联网上获取知识信息的需要。现在，已经有一些交互性、实时性的网络出版商已经推出了移动出版产品。出版社是内容提供商或文化事件发起者，而移动通讯设备则成为新型传播渠道。将传统的纸质书籍通过相应的视听软件编辑成手机电子书，在手机增值服务领域创造收益，实现纸质书籍销售和手机下载订阅双向赢利的一种图书营销方式。目前，我国的移动出版主要有五种方式：普通短信型、彩信型、WAP 型、彩 E 型（移动多媒体邮件业务）和掌心型（安装手机软件，通过移动终端连接 Internet 实现各种资讯的动态下载和随身浏览，根据出版物自身的风格特点修改版面）。在我国，普通短信型、WAP 型、彩信型是手机报纸较为常见的出版方式。⑥智能网络出版。网络出版的智能化，是一项庞大的工程，是要建立在 XML 标准中的语义网上。语义网就是能够根据语义进行判断的网络，语义网上的任何一台计算机能够理解词语和概念，也能够理解它们之间的逻辑关系，这是一种能够理解人类语言的智能网络。智能网络出版正是基于这样一种技术。但是由于语义网的研究本身处于刚刚起步阶段，真正的智能网络出版尚未实现。

（2）E-mail 出版。E-mail 出版，又称为电子邮件出版，它通过计算机网络传递邮件，是一种快速、高效、廉价的信息传递工具。E-mail 首先在邮件服务器上建立了用于存储用户 E-mail 的磁盘空间，提供了不同通信网络的计算机交换信息的途径，也允许广播式发送。这样，一个用户可以同时向许多人发送信息，而且可以发送多媒体信息。这使得利用 E-mail 进行出版成为可能。

E-mail 出版包含了电子公告牌系统（BBS，Bulletin Board System）、新闻组（Newspaper）和邮件列表（Mailing List）等。BBS 是一种即时性的双向综合性布告栏系统，用户可以在此与他人分享或交流自己的经验知识。更可以与来自不同地区的使用者谈心或聊天。新闻组是一个通常用来存储来自不同地区的用户所发表的信息的“仓库”。新闻组这个名字本身多少会产生一点歧义，因为它通常是一个讨论组。新闻组与互联网上的论坛在技术上完全不同，但功能上却是比较相似的。邮件列表是互联网上最早的社区形式之一，用于各种群体之间的信息交流和信息发布。早期的邮件列表是一个小组成员通过电子邮件讨论某一个特定话题，一般称为讨论组。讨论组很快就发展演变出另一种形式，即有管理者管制的讨论组，也就是现在通常所说的邮件列表，或者叫狭义的邮件列表。讨论组和邮件列表都是在一组人之间对某一话题通过电子邮件共享信息，但二者之间有一个根本的区别，讨论组中的每个成员都可以向其他成员同时发送邮件，而对于现在通常的邮件列表来说，是由管理者发送信息，一般用户只能接收信息。因此也可以理解为，邮件列表有两种基本形式：公告型（邮件列表）——通常由一个管理者向小组中的所有成员发送信息，如电子杂志、新闻邮件等；讨论型（讨论组）——所有的成员都可以向组内的其他成员发送信息，其操作过程简单来说就是发一个邮件到小组的公共电子邮件，通过系统处理后，将这封邮件分发给组内所有成员。

相比较而言，前者的地域性较强，而后两者参与者分布更为广泛，可能吸引到全世界的人订阅和发表文章。其次，BBS 通常有自己的管理人员对上面的文章作定期的整理；而后者相对来说缺乏一定的整理。但是这三者的共同点是主要的：它们通常都是针对一些主题进行讨论和交流，参加者众多，具有较强的交互性。

（3）UseNet 出版。UseNet 出版是 BBS 在互联网上的发展，是全世界最大的 BBS 系统，它是一项通过网络交换信息的服务，由个人向 UseNet 服务器投递的新闻 E-mail 组成。UseNet 由成千上万个新闻组组成，囊括了整个互联网上几乎所有的电子论坛信息。通过 UseNet，人们可以张贴个人信息，回答其他人的问题等。由于参加 UseNet 新闻组讨论的用户人数众多，而且每个新闻组都按照其内容划分成不同的类别。UseNet 有 6000 多个讨论小组。每个小组围绕一个专题。它涉及的内容包括计算机、生物、数学、哲学、政治、经济、社会问题、笑话、科幻小品、天文地理、时装、旅游等。所以如果用户有什么问题或是希望了解什么信息的话，通过 UseNet 新闻组一定可以找到最全面，最满意的答案。与即时通讯软件不同，UseNet 上的新闻组讨论并不要求通过实时方式实现，因而用户可以在任何自己方便的时间内浏览或答复其他用户发布的信息，从而使用起来更加方便，更加自如。

UseNet 出版通常是一种免费的出版服务，但是由于技术上没有太大的创新，同时受到来自 Web 出版和 MSN、OICQ 等即时消息服务的冲击，用户的人数增加不是很明显，处于一种较为平稳的发展态势。尽管如此，UseNet 的基本思想和服务方式仍旧是当前网络新闻媒体最初的表现形式。

(4) FTP 出版。FTP (File Transfer Protocol) 是互联网上用来传送文件的协议，因此又称为文件传输协议，是 TCP/IP 协议的一种。它是为了能够在互联网上传送文件而制定的文件传送标准，规定了互联网上文件如何传输。也就是说，通过 FTP 协议，可以跟互联网上的 FTP 服务器进行文件交换。当用户从互联网上把文件传送到自己的计算机终端时，称为“下载”(Download)；当用户把自己的文件传送到互联网上时，称为“上传” (Upload)。要连上 FTP 服务器，称为“登录”，必须要有该 FTP 服务器的账号，如果是该服务器主机的注册客户，你将会有一个 FTP 登录账号和密码，就凭这个账号和密码连上服务器。但是，互联网上有很大一部分 FTP 服务器被称为“匿名” (Anonymous) FTP 服务器。这类服务器的目的是向公众提供文件拷贝服务，因此不要求用户事先在该服务器上进行登录注册。现在也有许多系统要求用户将 E-mail 地址作为口令，以便更好地对访问进行跟踪。出于安全的目的，很多匿名 FTP 主机一般只允许“下载”，而不能“上传”。另外，匿名 FTP 主机还采用了其他的保护措施以保护自己的文件不至于被用户更改或者被病毒攻击。

FTP 出版应用广泛，而且普遍采用通过“匿名” FTP 服务器展开。FTP 出版是互联网上软件、非文本文档发布的主要方式，并长期用于互联网自身技术文件的归档和传播。

(5) WAIS 出版。WAIS (Wide Area Information Servers)，又称为广域信息服务。它是一个互联网系统，在这个系统中，需要在多个服务器上创建专用主题数据库，该系统可以通过服务器目录对各个服务器进行跟踪，并且允许用户通过 WAIS 客户端程序对信息进行查找。WAIS 用户可以获得一系列的分布式数据库，当用户输入一个对某一个数据库进行查询的信息时，客户端就会访问所有与该数据库相关的服务器。访问的结果提供给用户的是满足要求的所有文本的描述，此时用户就可以根据这些信息得到整个文本文件了。Web 用户可以下载一个 WAIS 客户机程序和一个“网关”到 Web 浏览器，或者通过远程登录，连接到一个公共的 WAIS 客户机，这样就可以使用 WAIS 了。

WAIS 仅仅适合基于关键词的文本信息查询，不是一个通用的信息检索共组，不能提供超文本链接功能，不能和其他的数据库方便地进行交互式操作。因此，随着越来越丰富的服务器文件以及搜索引擎的涌现，大多数的 Web 用户将会觉得 WAIS 是多余的。但是，对于图书管理员、医学研究员还有其他一些人，他们通过 WAIS 可以得到一些在现有 Web 上没有的专业信息，这也就是意味着 WAIS 出版仍旧存在发展的空间。

2.2.2 按信息媒介分类

网络出版显然离不开网络。这里的网络既包括通过电缆或光缆等设备连接的有线网络，也包括了依靠电磁波等无形信号传送信息的无线网络。因此，网络出版按照介入网络的方式不同，可以分为有线网络出版和无线网络出版。

(1) 有线网络科技文献出版。有线网络科技文献出版，是建立在有线网基础上的科技文献出版模式，它基于互联网的 TCP/IP 协议传递科技文献。目前，网络科技文献出版中使用最多的有线网络包括计算机网络、电话网络以及有线电视网络。

到目前为止，有线网络仍旧是网络科技文献出版最主要途径，以中国知网、超星数字图书等国内著名的科技文献出版供应商为例，其文献都通过计算机或者电话网络传递。随着这些网络基础设施的完善，有线网络的质量不断提升，有线网用户迅猛增长，有线网络科技文献出版的发展势头更加迅猛。

(2) 无线网络科技文献出版。无线网络科技文献出版，是指借助移动网络传递科技文献的出版模式。这种出版模式，可以通过手机、手持个人数字助理（Personal Digital Assistanlt，PDA）、微波接收器，甚至可以通过安装在其他物品上的电子设备来获取数字化的科技文献内容。

这种出版模式满足了对于使用科技文献的移动性需求，存在着巨大的市场潜力。目前，国内无线网络出版已经起步，各种类型的手机报、手机画报开始走进用户的生活，但是以科技文献为主要内容的无线网络科技文献出版还未见起色。中国知网等知名的网络科技文献供应商都未涉足该领域。

2.2.3 按经营模式分类

网络科技文献的出版，脱胎于传统的科技文献出版，因此在经营模式上保持着与传统科技文献出版的密切联系。那时，网络科技文献普遍是传统科技文献经过技术处理后成为电子版或者网络版或者传统的科技文献借助网络通过电子商务实现传播。随着技术的发展，网络科技文献的发展空间日益拓展，衍生出许多新的经营模式，其中包括三种常见的形式：作者自助出版、网站代理出版以及出版商网络出版。

（1）作者自助出版。作者自助出版（Self-publishing），又称为“自行出版”或者“个人出版”。在这种出版模式下，作者个人写书，自己编辑、印刷、发行、投资出版图书。虽然其中并不是每一件事都由自己动手，但基本上绕过了著作经纪人、出版社等中间人，自己直接同编辑、封面艺术家、图书设计师、印刷商和发行商打交道，直至处理营销和发行事宜。自助出书需要作者花很多时间和一定的资金，但回报较丰，可以得到全部盈余收入，更重要的是，将加快出书周期，自己把握对书的控制。建立在网络基础上的作者自助出版，是作者将自己创作和编辑的作品，通过专门的软件制作成电子图书、电子报纸或者主持相应的论坛，放在网站上供读者下载或者浏览。

随着互联网、数码相机和精密数码印刷的持续发展，自助出版在美国迅速发展，并取得相当的成功。产业分析师阿尔·格雷科说：“一本真正的图书是非常好的营销工具。”建筑师、摄影师、室内设计师和日本漫画家利用自助出版网站制作各种展示他们作品的图书，其品质也很有保障。根据美国 Blurb 公司的统计，专业图书的自助出版增长得更快。

（2）网站代理出版。网站代理出版是互联网公司从出版商、作者或者电子图书商店获得制作代理权后，将网络出版物放在该网站上供下载或者读者直接浏览的网络出版模式。这种网络出版模式在科技文献网络出版中使用广泛。

以北大方正电子有限公司开发 Apabi（Author、Press、Artery、Buyer、Internet）系统为例，它以互联网为纽带，将传统出版的供应链连接起来，并强调了电子图书是贯穿始终的元素。在网络出版产业链中，出版者、销售者、读者的地位没有变，整个流程遵循了传统出版业的流程，但是出版产品的形态和产品获取方式发生了改变。

（3）出版商网络出版。与上述两种经营模式不同的是，出版商网络出版的主题是出版商本身。这种网络出版经营模式是传统出版商拓展网络业务的主要方式。通常情况下，出版商会把纸质的图书、期刊、报纸等出版物通过技术处理为网络出版物，获取附加利润，这也是传统出版商增加网络出版业务的重要补充。在网络出版的产业链条中，传统出版商是重要环节之一。传统出版者占有最广大的出版资源，包括最广大的作者队伍、编辑队伍和物质条件等。传统的科技出版社或者期刊社在发展网络出版中的优势主要体现在以下几点：①作者队伍强大。一项好的传统科技文献出版物是作者多年心血的结晶，一项好的网络出版物也是如此。传统的出版商一般都有广泛的相对稳定的作者群，这些作者有丰富的写作经验和学科理论水平，并与出版社建立了良好的合作关系，他们是出版商进行网络出版的重要支持者。②编辑实力雄厚。传统出版商的另一资源是拥有传统出版业经验丰富的编辑人员。网络出版是传统出版在网络上的延伸，最终用户仍然需要采用阅读的方式来消费电子内容，这与普通出版没有什么不同。因此，编辑人员的业务能力和经验对于网络出版同样重要。③读者群成熟、稳定。出版社的最终用户涉及各行各业，有教育界、文艺界、普通人群等，具备一定的消费能力，同时不排斥新的阅读方式，对电子图书也充满期待。④出版审查制度严格。虽然网络出版对传统的图书出版审查制度形成了很大的冲击，人们对其利弊说法不一，但有一点不可否认，没有书号（或刊号）的网络图书或者期刊差错率大大高于传统图书或期刊。质量是产品的生命，因此，必须建立严格的出版审查制度和流程控制制度。

由此看来，出版商网络出版应该大力提倡，形成多媒体的互动机制，使出版资源得到最大程度的开发和利用。

2.2.4 按支付模式分类

按照网络出版的支付模式，网络出版可以划分为用户收费模式、免费模式和网络广告模式。

(1) 用户收费模式。用户收费模式是指用户必须向网络出版物供应商缴纳费用从而获得所需文献资源的模式。这种模式基于传统的商业理论。网络出版商提供了产品和服务，可以换取资金补偿。这种补偿，是弥补网络出版物初期的资金投入、安全投资和知识产权交易费用的必备成本。

目前，国内很多 Web 出版和 E-mail 出版都采用这种方式。收费的网络出版物和传统出版物一样，用户在办理订阅时要通过各种途径缴纳订阅费。常见的缴费方式包括了电子支付、电汇支付、邮汇模式。其中，网络出版的电子支付是实现电子商务功能的核心。

随着网络出版技术的发展和市场发育的完善，支付的方式也更加灵活多样。例如，可以购买或者租用整个出版物（尤其是数据库），也可以按照下载流量付费，或者按照检索次数、获得信息的条数、获取数字作品中的部分章节进行收费，而不考虑使用的时间和下载的方式。

以中国知网为例，针对个人用户是按照流量计费，集体用户可以通过购买，设立镜像站。其付费方式更是多种多样，包括：购买 CNKI 知网卡、银行卡网上支付、购买神州行卡、购买邮政网汇通、互联星空支付、手机银行支付、无忧钱包支付、声讯电话支付、手机短信支付。

(2) 免费模式出版。免费模式是出版商向用户无偿提供网络出版物以及相关服务。采用免费模式出版的网络出版并不是没有成本投资，而是所需成本不由用户补偿，而是通过其他机构或者个人的资助完成。通常情况下，免费模式的出版由政府有关部门、教育机构或者其他非营利性组织团体提供或者企业、个人通过多种形式的捐赠运行。目前，新闻组出版、一部分的 E-mail 出版和大部分的 Web 出版属于这种模式。

在网络出版发展的初期，部分网络出版商为了提高知名度或者出于培养读者阅读习惯的考虑，也会在一定期限内选择免费模式出版。

(3) 网络广告模式出版。网络广告模式出版，是指网络出版商开辟一定的网页空间用于广告版面，从而向广告主收取费用的商业模式。这种出版模式仍然基于网络出版的媒体性质，它与报纸、期刊等传统媒体没有本质的区别。网络广告的价位与网络的点击量有关，这也类似于报刊的发行量与广告价位的关系。

值得指出的是这种模式与前文中提到的两种出版模式并不排斥，在出版者眼中是商业经营，在用户眼中是免费出版，所以网络广告具有混合的优势和潜在的赢利能力。目前，很多网络出版网站提高内容质量的动力是来自于吸引更多的用户，从而提高广告价位，增加广告收入。此外，网络出版商吸引广告主，还要做好以下几方面的工作：①在与广告主洽谈时，要准确地提供网站的浏览量、浏览次数、点击次数、点击率等相关信息，并清楚地表达网站内容和主要读者的情况，以及与同类网站相比具有的优势。②网络出版企业还应重视已发布的广告的监控，利用多种手段掌握广告被读者浏览和点击的情况，同时通过网络调查了解读者对广告内容、设计等方面的评价，并征询读者关于广告产品的意见，及时反馈给广告主。再次，网络出版企业应积极探索数字广告可能的表现形式，以及提供效果更佳的网络广告。另外，在直接的广告服务之外，如果网络出版企业比广告主更易于接近其潜在顾客，就可以代替广告主进行用户调查，帮助广告主把握隐含的商机。

2.3 网络科技文献出版的主要特点

网络科技文献出版作为科技文献在网络信息载体技术环境下的

新型传播形式，随着互联网技术的进步和科技事业的昌盛得到了长足的发展。回顾人类科学信息交流的历史，我们知道，早期人类社会的文化成果主要是以纸质文献的形式来传播交流的，在纸张之前虽然也有其他形式的信息载体，比如石头、竹板、龟甲、兽骨等，但是只有纸张的出现才革命性地改变了人类文明传承的历史，纸张的廉价易得让科技文化的普及更加便利，纸张在人类文明史上的贡献是巨大的，而且在未来相当长的历史时期内，纸张不会退出人类文化传播的舞台，只是其发挥作用的范围会有所调整。随着科技创新的进步和通信技术的发展，科技文献的传播方式正在发生颠覆性的变化，网络由于其自身的诸多优点而成为科技文献出版和传播的重要渠道。越来越多的科技类文献通过互联网得到发布和传播，这是人类理性选择的结果。因为作为信息载体家族中的新成员，网络具有许多传统载体所不具有的优势，同时还较好地弥补了传统信息载体固有的缺陷和不足。在互联网飞速发展的技术背景下，信息资源电子化、网络化、数字化以及网络文献信息数量激增的新趋势使得科技文献的出版呈现出许多不同于以往的新特点。近年来，网络出版作为科技文献出版的新形式发展迅猛，几乎覆盖了科研工作所涉及的各个学科门类。从总体上看，网络的快速发展助推了网络科技文献的出版和传播，虽然科技文献的网络出版还存在这样或者那样的缺陷，但仍然在渐变中改善，在动态中优化，在盘旋中推进。政府主管部门和整个社会都对网络科技文献出版给予了充分重视，各个出版企业从长远考虑也积极地参与到网络出版中来，这些积极因素对于网络科技文献出版事业无疑具有积极的推动作用。为了能够更好地预测和设计网络科技文献出版发展的路径，我们必须对网络科技文献出版的基本情况有一个全面细致的认识。

根据我们的调查和研究，目前我国网络科技文献出版情况与传统印刷型科技文献的出版相比，主要具有下述几个特点。

2.3.1 网络科技文献出版的信息容量大

自中国人蔡伦在公元105年（东汉元兴元年）发明造纸术①以后，纸张就在人类文化的传承中发挥着重要作用，天然制纸材料的廉价易得等特质为文化向大众的普及以及在不同地域间的交流创造了可贵的条件，纸媒介对于人类文明的进步作出了不可磨灭的贡献。及至近代，印刷术的革新让文化传播的效率得到了大大的提高。由于出版流程中印刷环节速度的加快，报刊杂志等时效性很强的文献资料得到了较好的出版，知识信息交流共享的范围和速度都得到了极大的提高。在计算机发明之前，纸媒介在人类的文明传承中一直处于主导地位，厥功甚伟。直至20世纪中叶计算机的出现，以及其后互联网的诞生才给人类带来更加高效的新型信息载体。计算机是人类现代科技发展的标志性成果，也是人类科技事业上里程碑式的进步。尤其是互联网技术，可以在瞬息之间实现全球联通，实现了人们自古以来只有在神话故事中才有的梦想。作为技术平台，互联网为人类知识信息的交流和共享已经并将继续作出非凡的贡献。具体来说，网络传播具有信息量大和表现方式多样化的特征。现简述如下：

网络科技文献的数据量大是指网络载体可以容纳规模巨大、浩如烟海的信息资源。网络作为信息载体家族中的“新贵”，具有信息容量大的特征。网络信息存储在因特网的各个服务器之中，因此网络数据容量的大小是与服务器及网站、网页的数量和各个服务器的存储容量直接相关的。由于因特网是联接世界各国的全球性网络，其服务器的数量之多，简直无法统计，而且这个数量还在不断地增长之中，所以网络文献的数据量是非常庞大的。另外，各个服

① 有学者考证认为，蔡伦在公元105年只是将原有的造纸术进行了改进，而不是从无到有的发明。这里采用“发明”一说，是因为蔡伦对造纸术的贡献是前所未有的，自此以后纸张实现了大范围的普及，对人类文化的传承和交流起到了巨大的推动作用。

务器的存储容量还在随着大型计算机技术的发展而不断扩大。综合来说，网络科技文献的数据量非常庞大而且增长迅速。比如，就信息的存储而言，一个15G的硬盘就可以记录相当于75亿个编码汉字的信息量；一张光盘就可以装数十部甚至上百部中外名著，随着计算机技术的进一步发展，科技文献存取速度的提高，网络科技文献出版物的容量会呈现出几何级数的增长态势。同时网络科技文献的数据量大，不受文献篇幅的限制，读者可以随时调用与内容相关的其他信息资源，可以进行全文检索或者目录检索，查找自己需要的任意内容，可以更加方便地进行摘录和批注，完整地保留读者阅读和学习的过程记录。网络科技文献通过超文本链接，内容相互关联，可以自动跳转，可以直接与图片、软件和数据库等多媒体信息链接；而网络超级链接可以和网络出版平台上的其他信息资源建立符合逻辑的链接，与其他资源互为索引，提高知识表现的效率。这种数据量大的特点满足了读者追求方便、简单的心理要求，可以让读者一次性找到符合需要的全部信息。另外网络自动标引、自动文摘、自动跟踪、自动漫游、机器翻译、多媒体技术、动态链接技术、数据挖掘和信息推拉等硬件和软件技术逐步发展和完善，会越来越方便用户及时、准确、简单地检索到符合需要的文献资源。这种人性化的服务是传统纸质文献所无法比拟的，具有亲和力的用户界面也是吸引读者的重要因素，正是这些相对优势给科技信息的网络传播带来了无限的发展空间，使其成为未来科技信息传播的重要渠道。

网络出版可以实现多媒体传播技术的有机融合，网络出版物大多图、文、声、像并茂，表现力非常丰富。从媒介发展的趋势看，纯文本型出版物的市场占有率将会不断缩减，而网络媒体则综合性地融合了音频、视频、文字、图形、图像等各种媒体的功能，互联网上的流媒体正在包容广播、电视等功能，可谓博采众长、兼容并包。目前，互联网不仅整合了以往的旧媒体，而且它还可以通过B/S软件，实现出版物的生产和加工，因此我们可以称它为平台媒体。网络在信息组织和知识表现方面具有超文本和超媒体的特征，这种新媒体对应的出版物在形式上同样具有前所未有的表现力和与读者的互动性，受众可以全方位地调动感官来理解和领悟文献内容，阅读效果是传统出版物所无法比拟的。目前网络信息检索的主体是文本信息，随着内容检索技术和语音识别技术的完善，将使多媒体信息的检索变得逐渐普及，届时读者查询信息将更加简便。根据传播学大师麦克卢汉的高见，“媒介即讯息”，就是说媒介不仅仅是信息、知识和内容的载体，而且媒介本身对信息、知识和内容表现也具有强烈的反作用；媒介不仅决定信息的结构方式和清晰度，而且媒介本身也是社会、世界、历史的革命力量；媒介本身的演进影响和改变着整个世界，也影响和改变着人们的思维方式和生活习惯。简言之，媒介本身的发展会对读者接受信息的习惯产生颠覆性的影响，会重新塑造人们接受和传播信息的外部环境。多媒体交叉融合是网络信息资源传播一个重要的发展趋势，这极大地推动了读者的信息接受、处理习惯的变迁。随着计算机和网络技术的普及，信息用户主要依赖阅读纸质文献来获取信息的时代将成为过去，图像、符号、声音、画面等成为读者接受信息的重要手段。为了适应这一变革，网络信息资源的传播必须走多媒体融合的道路，网络科技文献出版应该在文献内容的表现形式方面实现多元融合、兼容并包。

必须看到，网络科技文献在迅猛发展和快速增长的同时，带来了读者阅读习惯改变的“时滞问题”。出版的终极目的是满足读者的精神文化需求，为人类文化成果的传播和积累服务，新型网络传播媒介虽然更加富有表现力，但是要在短时间内改变读者长期养成的阅读习惯是非常困难的，读者对于新的传播方式的适应还需要一个漫长的过程，换言之，在相当长的一段时间内纸质出版物和数字出版物会双轨并行。对于网络科技文献而言，无论是通过网络下载后阅读，还是通过电子阅读器即时阅读，不仅在视觉效果上与纸质文献存在很大差距，容易导致视觉疲劳，而且由于出版物缺少物质外壳，以纯粹的数字流形式存在，缺乏纸质载体本身给人们带来的审美愉悦。这个缺点在短时间内还不能有效地克服。例如，对于检索性要求较高的工具书而言，网上阅读、使用具有优势，但是数字化阅读要成为人们享受阅读乐趣的常用手段还需要一段时间。电子纸的推出试图将新兴数字媒体和传统阅读方式相结合，然而目前市场上提供的电子纸还不能完全达到传统纸张的阅读效果。网络科技文献的普及必须首先突破这个技术瓶颈。从信息传播发展的历史来看，网络科技文献与传统纸质科技文献相比具有很多前所未有的优势，可以弥补旧有媒介的许多不足之处，这是网络科技文献发展的客观原因。唯物辩证法告诉我们，新生事物总是在曲折中不断成长的，这是因为旧事物不会自然死亡。新生事物战胜旧事物需要一个漫长的过程，但是新生事物是不可战胜的，最终一定会取得压倒性的优势。网络作为新型传播媒介，具有许多难能可贵的优势，因此可以预见网络科技文献必定会有普及的一天。

2.3.2 网络科技文献出版的发行方式灵活多样

与传统出版相比，网络信息的传递是借助网络通信线路以数字信号的方式实现的。网络传播在信息传递的过程中，只有信息的流动，而没有载体的位移。与传统载体条件下以实物载体的位移为前提的信息传递方式相比，网络信息的传递是虚拟化的。网络信息的这种虚拟化的传递无论是在传递的速率，还是在传递的成本上，都远远优于传统载体条件下以实物载体的位移为前提的信息传递。①正是由于网络信息传递的虚拟化，网络科技文献的发行（销售）方式因此发生了革命性的变化，出现了传统出版发行工作前所未有的几个特征。具体而言，网络科技文献发行方式的多样化特征表现在如下几个方面：

第一，网络科技文献可以通过互联网在线使用或者下载后使用(一般还需要借助专门的阅读设备)。换言之，网络出版物的形式是虚拟的、无形的，因此读者不需要到指定的地点去购买实物，而只要在网络上与商家进行沟通协商就可以完成交易，读者购买的便利性大大提高，这对于工作生活节奏加快的现代消费者来说，既提

---

① 方卿．徐丽芳．科学信息交流研究：载体融合与过程重构［M］．武汉：武汉大学出版社，2005：71

高了他们的购买效率，又节省了时间和精力，符合未来消费过程简易化的发展趋势。

第二，随着国家知识产权和电子商务方面法律法规的建立、健全，读者消费观念的转变、信用体系的改进和网上电子结算等技术瓶颈的突破，网络科技文献可以实现在线支付、在线结算，这样以来完全可以实现网络出版物销售的反中介化——即不需要中间商环节就可以完成从生产到流通的顺利过渡，从而避免了中间商的利润截流，节省下来的成本可以用来优惠读者，提高出版商的利润率。这种中间环节的超越可以简化科技文献的出版流程，缩短了科学信息交流的周期，从全社会的角度来分析也提高了信息传递的整体效率，成本的控制让科学信息在更广范围内的普及具有了经济上的可能。

第三，由于网络科技文献不再以纸张为信息载体，可以大量节省纸张、油墨和水等宝贵资源，这样以来既降低了出版物的生产成本，又实现了生态保护。读者上网通过下载或者在网上直接就可以阅读使用，所以网络科技文献的发行工作不再存在物流仓储问题，节约了运输、配送的费用，降低了经营方面的风险。由此可见科技文献的网络出版是一种环保的、绿色的、可持续发展的出版方式，值得推广。

第四，网络文献资源可以不需要纸张作为印刷载体而为读者所阅读和使用，所以它的发行没有场地上的要求而且库存可以永远保持充足，只要有一台联网的计算机就可以实现网络科技文献的无限复制和不断销售，这对于出版机构来说，可以节省大笔的有关发行场地和仓库管理方面的人力、物力和资金的支出，因此大量短版图书和印数非常小的专业书刊能够以较低的成本出版，既降低了出版企业的风险和压力，又对文化建设和科技进步大有裨益。

第五，网络科技文献的销售可以实现产销合一、批零合一，出版流程的中间环节逐渐减少甚至全部消失。换言之，传统的营销渠道策略在网络出版时代必须加以重新调整，直接面对消费者的直销模式将会盛行，读者与内容提供商之间可以自由地进行沟通交流，顺畅地表达自己的消费意愿，实现买卖双方的良性互动，提高营销工作的效率，双方沟通的顺畅使得按需生产成为可能，避免了出版决策失误导致的资源浪费和机会损失。

第六，在收费方面，由于网络科技文献可以按章节或者条目进行分割销售，所以读者选择的自由度更大，可以根据自己的需要选择产品组合以降低购买成本。读者使用网络数据库一般是按照文章的篇数计费，也有的是按照页数计费。例如，一些专业类数据库、虚拟图书馆或者专题导航库站点可以提供更专业的信息检索服务，这些服务或者是由现有的信息服务机构提供，或者是由一些新生网络信息服务机构提供，并将模仿传统联机服务（如 DIALOG、LEXIS-NEXIS 等）的收费方式，当然前者的收费要便宜得多。此外许多著名科技期刊在提供印刷版的同时提供期刊的网上服务，包括收费检索服务。当然这也可以视为一种新的产品组合策略。

第七，发行工作呈现出国际化的特征。在网络出版时代，内容提供商可以跨国界、跨语言来实现网络科技文献的全球发行，可以低成本地满足国内外读者个性化的阅读需求，甚至提供一对一的营销模式（比如数据库营销）来满足客户日益提高的消费需求。国外的消费者可以通过网络坐在自己家中选购文献资料，而不必通过邮寄或去书店现场购买，而且由于一部图书一旦问世，就可以低成本地无限复制，不存在断档、脱销、绝版等情况，读者购买的成本和难度大大降低了。

第八，网络的出现降低了自助出版的门槛，更多的人可以通过网络渠道来自行出版和发行自己的作品，人们进行科学信息交流和共享的积极性得到了极大的鼓励。这对于科技研究者来说无疑是增添了一条研究成果发布的路径，让他们有了更多的发表成果的机会。当然，为了保障文献的内容质量，科技文献的“DIY 出版”应该有专门的管理部门或者代理机构进行审稿和评价工作，起到把关过滤的作用。

网络技术的发展使得网络科技文献的发行方式发生了颠覆性的变化，网络出版商应该认真研究新的经营环境下营销工作的新特点，根据外部环境的变革改变自己的经营策略和战略定位，从而实现经营上的“突围”，开创出版业发展的新天地。网络技术给出版商提供的不仅仅是挑战更是绝佳的机遇，网络的普及使得阅读市场的规模得到了极大的扩张，比如以前没有受到重视的农村市场具有极大的开发潜力，面对这些新契机，出版商只要认真研究策略，开发合适的产品和服务予以应对，就一定能够获得丰厚的回报。

2.3.3 网络科技文献出版的时效性强

简要地进行分析，我们可以发现网络科技文献出版的成功必须把握好以下几个要素：首先，网络科技文献出版必须保证内容资源的品质优良。网络出版是指以网络为媒介的出版，与传统出版相比，差别主要体现在信息传递的效率方面。在内容资源的择优整合方面则别无二致。“内容为王”的法则在出版领域永远不会过时，因为读者购买出版物（有形的或者虚拟的）的最终目的都是为了获得其中的知识信息，所以说内容的择优和整合是网络出版成功的首要因素，信息资源的有序组织和合理分布是获取读者认可的关键条件。内容品质欠佳的出版物即便传播技术上有再多的突破也无法取得读者的认同和支持。其次，技术的领先、服务的完善是推动网络文献出版的重要因素。技术的进步给网络出版商创造性地改善出版产品的品质提供了坚实的现实基础，读者期望经营者能够充分地利用技术进步改进产品和服务，提高他们的福祉。在产品趋于同质化的今天，要想在激烈的市场竞争中吸引并留住客户，提供精细化的服务成为经营成功的关键，产品同质化使得产品本身不再是决定消费者手中钞票投向的核心筹码，而差异化的售后服务却能够让企业的产品在竞争中如虎添翼、脱颖而出。最后，网络科技文献的出版要高度注意时效性问题，或者说网络科技出版要解决好速度问题。这是因为信息只有及时才具有经济和社会价值，过时信息会成为无用的信息垃圾。

微软公司的总裁比尔·盖茨曾经说过：“有效的信息是竞争取胜的关键因素。”其中有效的信息就是指及时的、符合科研和实践需要的信息。众所周知，人类获取信息资源的目的是为了深化认识和指导实践，一旦错过了时机，那么这些信息将会变得毫无价值。

网络科技文献对信息时效性的要求更高。科学事业的发展至今，其速度已经是日跃千里。学术研究的“首发权”之争更是愈演愈烈，其计时标准已经发展到了以“日”为单位，许多新颖的学术观点层出不穷，网络科技文献的功能就在于迅速准确地传播这些观点和成果。未来的科技创新必须以可靠的、前沿的、及时的知识和信息作为研究的基础，否则，就是在浪费时间、精力和金钱。而这些变化无不要求科技信息传播在时效性上必须有所突破。

网络科技文献出版从一开始就非常重视时效性问题。网络出版可以缩短出版周期，增强文献的时效性和生命力。从技术层面来说，目前网络科技文献出版已经可以达到即时性的要求，文献资源只要得到著作权所有人的同意，在公开发表之后可以立即传播、使用。实际情况是由于版权归属、经济利益等各种因素的干扰，网络文献资源的供给还存在一定的时滞性。从总体情况看，网络科技文献的出版商非常注重速度问题。按需印刷等新型技术的引进，为出版商规避和化解积压、脱销等风险提供了技术上的保障，出版周期因为编辑流程的重组和印刷过程的简化而得到了大大缩短，读者在习惯了网上阅读这种方式之后，甚至连印刷这个实物生产环节可以完全省略。因此，科技文献的出版周期可以进一步缩短，读者在作者完成作品、编辑完成加工审查、把关校对后，就可以立即获取自己需要的文献资源。从读者的角度分析，随着工作生活节奏的加快，读者对时效性的要求只会越来越高，而传播技术和网络出版经营模式的完善，也给满足读者的这个要求提供了客观上的可能。比如，万方数据库下的科技信息子系统信息总量达到1 300多万条，其数据更新快速，许多栏目每日更新，年数据更新量可达到60万条，用户能够及时地看到贴近现实的最新数据。网络出版物的内容能够易如反掌地进行更正、修订和改版等，这对于时效性的提高来说是极大的技术支持。

网络科技文献出版时效性的高标准对传统出版业既有的出版流程提出了变革的要求，如果不对一些陈旧的、不合时宜的做法加以颠覆性的革新，那么这样的出版机构无疑会在未来的竞争中被消费者所抛弃。从市场营销的角度来说，网络科技文献出版核心产品主要包括质量合格的科技文献资源和及时有效的信息传递服务，如果各个出版机构在编校质量上的差别可以不断缩小甚至最终消失的话，那么在一个产品同质化的市场上，竞争取胜的关键在于售后服务的创新和求异。时效性作为读者对科技文献资源的一个重要要求，在读者购买决策的影响因素中占有十分重要的地位，作为信息资源提供者的出版机构必须在文献传播速度的提升上投入更多的资源和精力。

2.3.4 网络科技文献出版不受时空限制

因特网的发展将偌大的地球变成了一个小小村落，人们只要轻点鼠标便可以在瞬间联通整个世界，时间和空间不再是人类交流的障碍和束缚，反而为人类的信息交流提供了巨大的空间和无限的可能。网络科技文献的出版以互联网为技术基础，它的发展方向必然也会超越时间和空间的限制，为人类的知识信息共享提供更加广阔的天地。因特网作为开放性的技术平台，人们通过它可以自由地获取符合需要的信息，同时也可以发布和转载自己想要传播的信息。这大大地提高了人们信息沟通的自由度，为个人更好地获取信息和个性化的传播提供了更多的机会。科技文献同样也可以通过网络来迅速获取或者发布，发达的网络不仅给人们利用和传播科技文献提供了更多可能，而且是出版产业国际化的动力。网络的发展使得人们可以更加积极地进行信息传播，更加积极地发布自己的研究成果。网络为人们的沟通交流架起了一座新的桥梁，借助这座桥梁人们信息交流和共享的效率更高、效果更好。网络作为成本低廉的信息沟通渠道，让每个掌握使用技巧的人都可以利用它来获取和发布信息，从这个意义上讲，网络是“上帝赐予穷人最佳的礼物”，它打破了财富、等级等外界因素对信息交流的限制，让草根阶层拥有了平等的发布和获取信息的权利，通过网络人们可以填平昔日横亘于贫富阶层之间的信息鸿沟，冲破经济和政治地位不等造成的种种藩篱，让寻常百姓获得公平的信息权利。正是这种技术进步的助推，使得包括科技出版在内的传播事业出现了崭新的气象，知识信息的交流与共享不再囿于时空的局限，变得更加迅捷而有效。

从产业的归属来看，网络科技文献出版事业应当属于内容产业。所谓内容产业，是指以数字化为技术手段和主要特征，通过数字化手段和方式向需求者提供各种资源与内容服务的新型产业。内容产业是以技术为依托，以文化创意为核心的产业。内容产业是伴随着数字化传播时代的到来而发展起来的。以网络技术、数字技术为代表的信息技术的发展日新月异，促使出版资源的相互转化更加便捷。互联网、手机等网络通讯工具的出现，为文献传播提供了更为方便的信息载体，越来越多的读者已经开始习惯数字阅读方式，网络出版物正在走向普罗大众。可以说，基于数字和网络等技术的出版方式的变革使出版产业面临着一场大革命。其中超越时空界限，与国外同行合作来共同深入挖掘出版资源就是一个重要的发展趋势。内容产业提法本身就是一个复合型的概念，顾名思义只要是以内容资源的开发为核心，以创意推广为主要对象的生产销售行为都可以纳入内容产业的范畴，这个的含义无疑为网络出版的未来描绘了一幅多彩多姿、富丽堂皇的画卷。

从技术支持的角度来说，网络使得科技文献的出版和传播超越时空局限，“四海一家”不再是虚幻的梦想，个人和组织可以自由地获取和发布信息。从文化事业发展方向来看，跨国界、跨文化、跨语言的出版传播已经具备可行性，而且文化的国际交流也是各国文化事业发展的一个重要目标。建立和谐文化就是要在思想文化方面“以和为贵”，既引进国外先进的科技文化和人文社会科学的优秀成果，又大力输出中华文明特别是改革开放以来科技文化建设的最新成果，通过交流来互通有无、博采众长，促进我国科技文化事业更快更好的发展。在这种思想的指导下，我国网络科技文献的出版正在朝着国际化、全球化的方向发展，许多大型的科技类出版集团比如科学出版集团就正在努力实施国际化发展战略，通过北京国际图书博览会（BIBF）等行业盛会与国外同行进行交流，大力发展国际合作出版，实现内容资源的互通有无。比如，科学出版社积极与施普林格、艾尔斯威尔、克鲁威尔等国际上知名的大型科技出版集团合作出版，进行版权贸易，取得了令人瞩目的成绩。另外，国内其他网络出版机构也正在加大与国外出版机构的合作力度，国际化发展的步伐不断加快。

从国际合作的角度来说，中外出版机构合作出版网络科技文献具有较大的发展空间。主要原因是中国和其他国家，尤其是和西方发达国家在科技事业发展的水平和结构上还存在着较大差异，彼此之间需要学习、借鉴对方的研究成果以为己所用，因此合作出版、版权贸易成为科技文化交流的必需。目前，国内外出版业同仁正在共同努力将中国科技文献的内容资源数字化，利用互联网让我国的科技成果走向世界、造福全球，实现国际间的交流共享。不妨以传统出版物中的期刊为例。众所周知，中文期刊有着优质的内容资源，是中国最具有竞争力的文化产品之一。目前，我国大约有9 000多种传统期刊，其中科技专业类期刊6 000多种，人文大众类期刊不到3 000种，这些期刊通过网络渠道出版，可以让全世界的华文读者受益。目前，这些期刊的主要读者对象包括海外华人、海外的公共图书馆和大学图书馆以及世界各地的中小学等。随着国际出版市场的日益成熟和网络技术的发展完善，我国的科技文献资源将借助国际合作的机会，将优秀的内容译成多种文字版本，进入欧美主流市场，让中华文化走向世界、走向西方。我国历史悠久、幅员辽阔，历朝统治者非常重视文治教化事业，数千年来积累的文化资源取之不尽、用之不竭。传统出版企业经过苦心经营积累了丰富的内容资源和编校经验，现代出版工作者应该通过网络出版的形式将祖国的科技文化发扬光大，让中华民族璀璨的智慧之灯照亮全球。随着改革开放的不断进步，中国在国际上的文化地位会随着经济地位的上升而不断提高，文化产业将具有更大的发展潜力，网络出版作为未来出版产业发展的方向，应该利用这个历史性的机遇来实现自身的蜕变，依托网络平台将中华文化最精粹雅致的一面展现给世人，为提升我国的文化地位作应有的贡献。

在中国出版业规划走出国门的同时，越来越多的国外出版机构也瞄准了国内市场，希望通过它们的商业品牌和管理优势进入中国这个巨大的阅读市场。国外出版机构进入中国主要采取品牌授权或者版权授权的方式，非常注重知识产权在合作出版中盈利潜力的开发。目前，中外出版机构合作出版网络科技文献已经成为业界发展的一个潮流，中外出版界的合作为科技文献资源的深度开发提供了良好的机会，使得科技文献资源可以在不同文化语境下得到更加广泛的传播与利用，从而缩小了中外在科研事业上的差距，有利于人类科学信息的交流和科技事业的进步。网络技术的进步为网络出版的国际化提供了技术上的支持，大大地降低了中外合作出版的难度和成本。通过即时的网络交流，中外出版机构可以迅速地实现设计、生产、定价、销售、宣传等环节的合作，从而实现了优势互补，提高了出版的社会效益和经济效益，有利于科技成果在更大范围的共享。语言文字方面的差异、科技发展程度的不同产生了交流沟通的需要，这是中外合作出版这一话语结构的逻辑起点。中国的网络出版机构走向国际，利用国外资本、开发国际市场、进行版权贸易、实现合作出版等都是网络出版国际化的重要表现。可以预见，科技出版在突破了时间和空间的限制之后，必然具有更加远大的发展前景，实现了蜕变的科技出版会给整个人类的科学信息交流事业带来新的契机。只要善于沟通和创新，网络出版的各种优势都可以在网络科技文献出版中得到良好的体现。

2.3.5 网络科技文献出版的互动性强

随着消费者权利的地位在交易双方博弈过程中的不断提升，经营者在市场营销过程中必须高度重视买方的利益诉求，否则企业的营销工作就可能会徒劳无功。同理，读者的参与也是网络科技文献出版活动中极为重要的环节，网络出版商应该高度重视与读者之间的交互沟通，在双方互动的交流中了解并满足读者的信息需求，只有这样才能实行按需生产、按需销售，从而达成自己的经营目标。未来的出版企业要想在经营中获胜，必须与读者形成良性互动关系，读者的需求是出版企业一切工作的出发点和落脚点。如何在最短的时间内赢得读者情感上的信任和依赖是每一个出版企业必须认真思考并加以解决的问题。而要获得读者的信任和依赖，出版企业首先要搞清楚读者的阅读需求。阅读需求属于精神文化需求的范畴，作为一种复杂的心理活动，精神文化需求具有动态易变、多元趋异的特征，因此对于读者阅读需求的准确把握具有一定难度。要了解读者变化多端的阅读需求，就必须利用各种信息渠道与读者互动沟通，让读者参与到产品的策划设计和生产销售的过程中来，惟有如此，才能保证出版企业的经营活动做到有的放矢，具有经济价值和社会价值。

从消费行为的视角来分析，网络科技文献的目标受众多数是科技工作者、教育工作者、知识分子和专家学者等人群，这类消费者接受过系统良好的教育，自主意识强，凡事较有主见，希望在消费过程中能自由表达内心需求并要求商家予以满足，面对着指数级膨胀的网络信息资源，他们的信息需求将会超越标准化、单一性的大众需求，呈现出差异化、个性化的特征。对于这类读者，出版机构应该直接与他们进行交流，认真地倾听他们想法和感受，及时收集和处理反馈意见及建议，并尽快应对其个人化的服务诉求，按需生产、按需传递、按需销售，唯有如此才能实现自己的经营目标。总之，网络出版商要让读者参与到出版产品的营销过程中来。现代营销哲学强调以消费者的主动参与和亲身体验为重，而非往日的由企业单方面地为消费者确定产品和服务。读者的参与和体验可以提高他们对产品和服务的认同度和满意度，让他们享受整个产品设计、生产、销售的过程，同时也可以降低企业单方面决定产品和服务内涵所带来的不符合用户要求等经营上的风险和弊端，提高了营销工作的针对性、指向性，减少了决策失误导致的经济损失和机会成本。

网络作为互动功能强大的信息交流平台，它为企业与读者的沟通提供了技术上的便利，让读者可以参与到出版物的内容编校、版式设计、物流配送等生产销售的过程中来，因此网络技术可说是提高读者满意度和忠诚度的现实起点。目前，网络科技文献的出版商已经意识到读者参与的重要性，并采取了若干举措来进行沟通工作，以提高网络出版活动的效率。以下举例来说明这个问题。需要指出的是，虽然这里选取的例子是有关信息检索方面的，但是一方面网络科技文献的出版物会涉及内容检索的功能，另一方面网络科技文献更新频率迅速，与一般时效性较强的信息资源的传播具有很多共性，而且网络信息的检索在与用户交互作用的智能化方面进展比较超前，很多方面值得网络科技文献的出版商来学习和借鉴，所以网络信息检索方面的典型案例对于网络科技文献出版商的生产经营活动具有实践上的参考价值。具体来说，Questico 公司（http：//www. questico. co. uk）早在 2000 年就推出了全球第一个人性化搜索引擎服务。这种服务使得用户能够与专家一对一地通过电话交谈，获得所提问题的个性化结果。一些大型的搜索引擎也已经开始提供个性化信息服务。比如，Yahoo 的 My Yahoo；Lycos 的个人化主页（My Start Page）；HotBot 除了现有以个人用户界面个性化的“My HotBot”外，还将出现迎合一组具有相同专业技能和经历的“Our HotBot”；Google（谷歌）的使用者在“我的偏好”（My Preference）一栏中可以对检索用语种、网站语种进行设置，还可以将检索范围限制在商业网站、教育网站、政府网站等域名中；NorthernLight 的特色之一是除了可对流行信息进行检索外，还有一个经过人工筛选、分析、标引的专门资源（Special Collection），收藏自 1995 年以来的 7 100 余种期刊、图书、新闻、公司信息和 Wharton 经济预测协会报告（WEFA 报告，并提供专门资源中文的文献传递服务）。一些中文搜索引擎也开始推出“跟踪式”信息检索服务或提供用户定制功能。目前从总体上看，这些综合性信息服务商提供的个性化服务还不太多，它们没有有效的方法理解读者的准确信息需求，不能提供长期的、主动的信息服务。又如，专业搜索引擎中的 Deja News 具备个性化检索和自动跟踪功能。用户使用了 Deja News 提供的查询功能后，在返回的结果中点击“Track this search for me”（帮我跟踪这一检索），则当有新的文章满足用户的查询条件时，系统将通过电子邮件自动地通知用户，提醒他们可以阅览新的文章；元搜索引擎 Mete Crawler（http://www. metecrawler. com）是公认的功能强大的元搜索引擎。除支持调用 12 个独立搜索引擎外，本身还提供涵盖了近 20 个主题的目录检索服务。其检索特性非常丰富，包括常规检索、高级检索、定制检索、国家或地区的资源检索等检索服务模式。其中高级检索模式可实现：搜索引擎的选择调用；基于域名、地区或国家的检索结果过滤；最长检索时间设置；每页可显示的和允许每个搜索引擎返回的检索结果数量的设定；设定检索结果排序依据（包括相关度、域名、源搜索引擎）等，以上内容均可作为定制检索的个性化选项并予以保存。目前，个性化信息代理技术已经引起了人们的充分重视，如何智能化地理解用户的兴趣和长期的信息需求，如何为用户提供准确、可靠和方便的信息服务，包括诸如此类的功能系统正在研制中，部分已经投入了使用。

总之，读者的认同和支持是网络出版事业发展的“催化剂”，网络科技文献的出版商必须直接去面对用户，在营销的过程中让用户参与进来，在交互沟通中更好地了解和满足其个性化的信息需求。在这方面智能化搜索引擎技术的发展已经为网络出版商提供了极好的范本，网络科技文献出版商可以大胆地借鉴和移植。网络作为新型的信息传播媒介，它的即时互动功能非常强大，为出版商与读者的双向互动提供了技术支持，网络出版商应该妥善地利用这一功能，全面系统地收集读者的相关信息，并建立专门的数据库对读者信息进行科学管理，按照读者需求进行文献资料的收集、加工、出版、发行工作，整个经营过程要紧贴读者的工作和生活实际，力争为读者提供人性化的信息服务，为知识经济的发展和整个社会的进步贡献力量。

2.4 网络科技文献出版的优势分析

网络科技文献最理想的发展环境是政府扶持、坚实的社会基础、良好的文化环境和现代化的运营方式。无论是在政府扶持和社会基础方面，还是在认识观念和出版运作方面，网络科技文献出版都具有优势。

2.4.1 政策扶持优势

出版业处于文化创意的前端，是整个信息资源整合、内容产业链的源头，科技文献的数字化和网络化建设在一个国家现代化进程中起着知识枢纽的作用，为整个内容产业提供资源库和内容创新平台。

我国政府制定了一系列政策支持网络科技文献出版。国家已经把科技文献的网络化出版和传播作为出版业现代化的关键，列为“十一五”期间的攻坚目标。2006年先后公布的《国民经济和社会发展第十一个五年计划》、《国家中长期科学和技术发展规划纲要》及《国家“十一五”时期文化发展规划纲要》都把数字化出版和发展新媒体列为技术创新的重点①。例如，《国家“十一五”时期文化发展规划纲要》就明确指出：“大力发展以数字化内容、数字化生产和网络化传播为主要特征的新兴文化产业。”还强调，大力推进以数字技术和互联网技术为核心的文化生产和传播的新业态。此外，一些地方政府主管部门也为发展数字出版制定了地方性政策。例如最近公布的广东数字出版的发展目标中就提出，到2010年末，建成10个大型的特色数据库，培育一批数字出版的优势企业。

国家主导的一大批数字出版工程的实施，正成为网络科技文献出版的示范力量。例如，中国科技论文在线②，是经教育部批准，由教育部科技发展中心主办的科技论文网站，该网站提供国内优秀学者论文、在线发表论文、各种科技期刊论文（各种大学学报和科技期刊）全文，此外还提供对国外免费数据库的链接。中国科技论文在线可以为本网站发表论文的作者提供该论文发表时间的证

① 柳斌杰. 用数字化带动我国出版业的现代化［J］. 出版发行研究，2006（11）：5

② 中国科技论文在线［OL］. http：//www. paper. edu. cn/home. jsp（访问日期：2007-10-20）

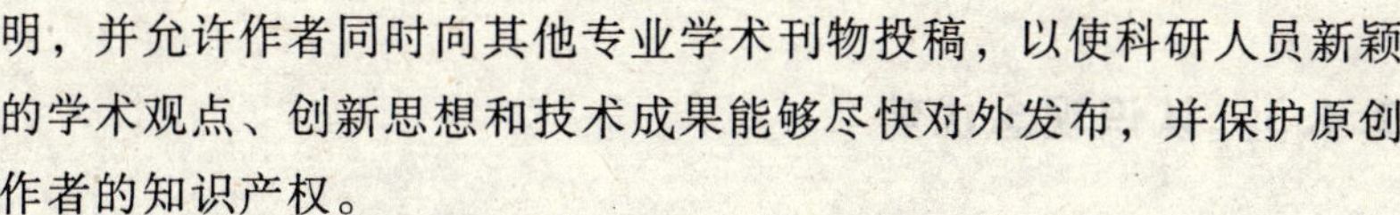

明，并允许作者同时向其他专业学术刊物投稿，以使科研人员新颖的学术观点、创新思想和技术成果能够尽快对外发布，并保护原创作者的知识产权。

2.4.2 社会基础优势

网络科技文献出版是基于网络而产生和发展起来的，只有上网人数多且网民有获取科技信息的需求，网络科技文献出版才能在互联网上普及和发展。因此，网民数量和网民的需求是网络科技文献出版发展的社会基础。

根据中国互联网网络信息中心（CNNIC）2007 年 1 月发布的第 19 次《中国互联网发展状况统计报告》显示，近年来我国网民数量呈迅速上升的趋势，我国上网计算机数已有 5940 万台，网民数量已达到 13 700 万人①。另外，该调查报告显示，有 41.1% 的网民认为通过互联网进行学习非常重要，有 34.2% 的网民认为比较重要，如表 2-1 所示。可见，互联网已经成为网民获取科学信息、进行学术交流的重要途径之一。正是网民数量多且持续增长，同时网民越来越重视通过互联网进行学习和工作，才使我国网络科技文献出版的发展具有了坚实的社会群众基础。

表 2-1　网民认为当前互联网的重要性

	非常重要	比较重要	一般	不太重要	根本不重要
学习	41.1%	34.2%	15.2%	6.7%	2.8%
工作	45.8%	24.9%	14.0%	9.9%	5.4%
生活	29.8%	35.3%	19.2%	6.9%	8.8%
娱乐	29.3%	30.0%	26.8%	8.0%	5.9%

（资料来源：中国互联网络信息中心，http：//www.cnnic.com.cn）

① CNNIC［OL］. http：//www.cnnic.com.cn（访问日期：2007-05-28）

2.4.3 认识观念优势

从认识论的角度看，网络科技文献出版是随着科学研究的发展而产生的新的出版观念。随着科学研究的发展，人类认识也不断深入。当一种以前在科学中占统治地位、现在看起来已经不充分的甚至完全不能立足的认识方法，已经完成科学认识的历史使命，逐渐丧失它的生命力的时候，为了重新达到科学系统的稳定，唯一的出路就是放弃已经陈旧的观念，转变到新的、符合较高认识阶段的思维方式，代之以全新的观念。新的科学观念将吸引一大批科学工作者，形成新的“科学共同体”，并建立科学信息交流的新规则和方法，从而使整个科学发生变化①。现在，网络科技文献出版就是这样一个随着科学研究的发展而产生的新的出版观念。

从信息共享的角度看，网络科技文献出版理念倡导的科技信息交流和出版模式，可以促进网络环境下科技文献的最广泛的传播和共享。美国科学社会学家罗伯特·默顿（Robert K. Merton）在论述科学精神时指出，科学知识具有“共享性”（Communism），即任何科研成果都是社会协作的产物，并且应该分配给全体社会成员②。这充分说明了科技文献应该提供给全社会共享。互联网作为一种开放的信息交流平台，为科技文献的全球共享创造了条件。科研人员可以通过网络全面、准确、及时地了解全球范围内最新的科研动态和进展，获得最新的科研成果，还可以通过网络展示和传播自己的科研成果，扩大学术影响力。网络科技文献将实现世界各国科研人员平等、有效地获取和利用网络科技资源，尤其对发展中国家的科研人员具有更大意义。印度、中国和非洲等发展中国家的科研人员在向西方出版机构投稿时经常被拒绝。被拒绝不是因为科研论文的质量不高，而是因为这些科研人员不能获取该研究领域最新

---

① 陈广仁．网络学术出版的范式革命［J］．编辑学刊，2004（1）：33-36

② 王大珩，于光远．论科学精神［M］．北京：中央编译出版社，2001

的科研信息。这就是学术信息共享障碍造成的。因此，网络环境下的科技文献共享已经在政府机构、科研人员、科研机构和出版机构达成共识。

从发展文化的角度看，我国是社会主义国家，出版的基本功能是传播文化知识，在出版工作的文化性和经济性的双重属性中，强调文化性是出版的根本属性①。尤其对于科技出版来讲，更是如此。我国出版机构在科技出版方面的商业利益不大，主要目的就是服务学术研究和科技发展，并且在我国的科技出版中一向重视学术资源和科技信息的共建共享。例如，我国科学家所测定的水稻基因序列向全世界公开，已被全世界的实验室下载数百万次，美国国家科学基金会基因组计划负责人威斯勒认为这些数据使他们的实验提前了一年，韩国植物基因组国家实验室主任安镇和教授认为中国科学家提供的数据使他们的工作提前了近 3 年②。可见我国向来不是以科技出版牟利，而是通过科技出版更好地实现科技信息资源共享。正是这样良好的传播文化的基础使我国的科技出版机构在接受网络出版时不会存在太多顾虑。

2.4.4 出版运营优势

网络科技文献出版在资源利用、出版流程、出版技术和经费来源等方面也具有明显的优势，主要包括：

（1）资源利用优势。

网络科技文献出版的资源利用本质上就是对网络信息资源的利用。网络信息资源是一切投入互联网的数字化信息资源的统称。它们分布在不同的网络节点上，可以利用现代信息技术进行制作、加工、传输、转换和二次开发。与传统的信息资源一样，网络信息资源涉及人类生产、生活、娱乐以及其他社会活动的各个方面，会随

---

① 罗紫初，吴赟．出版学基础［M］．太原：山西人民出版社，2005

② 陈传夫．中国科学数据公共获取机制：特点、障碍与优越权的建议［J］．中国软科学，2004（2）：8-13

着人类社会实践的发展而不断积累。

与传统的信息资源相比，网络信息资源类型更加丰富，常见的有：①图书馆目录：在网络环境下，图书馆目录主要是指 OPAC（Online Public Access Catalog，即公用图书馆联机目录）。出版者通过 URL（Uniform Resource Locator，即统一资源定位器）地址可以检索到互联网上数以千计的各种图书馆馆藏目录。②参考工具书：如各种网络版的辞典、百科全书、指南、名录、手册等。③全文资料：如政府出版物、股市行情、商情早报、名人名言、电子图书和期刊等。④其他：如电子邮件、计算机软件、联网数据（仓）库等。在这些信息资源中，有许多是在非网络环境下不能获取的，如某些完全在网络环境下制作和传播的电子资料，就没有对应的印刷形式。特别是用户向网上发送的未经深层次组织的非规范化信息（如 E-mail），往往是一种重要的活信息源，体现了网络信息资源的特色。

互联网庞大的信息资源为网络科技文献出版提供了大量的可供研究的信息，可供参考的背景资料，也为网络科技文献出版的选题、组稿、创作和发布提供了素材。随着网络技术的发展，网络文献检索工具和网络信息服务系统将会得到进一步开发和完善。这有利于在网络科技文献出版过程中收集、存储、交换、分析信息，能为网络科技文献出版提供风格多样、使用便捷的平台。网络科技文献出版的资源利用将随着网络资源系统的发展而持续深化。

（2）出版流程优势。

网络科技文献出版将打破传统的科技文献出版、印刷和发行的界限，消除作者和读者的阻隔。主要体现在以下两点：

①网络科技文献出版实现了科技文献资料编、印、发的一体化，缩短了出版周期，提高了出版效率。网络科技文献出版是以互联网为载体和流通渠道，出版、销售数字化的科技出版物的出版过程。引入了数字和网络技术之后，网络科技文献的出版流程与通过印刷机在纸张上印刷而生成的有图形、文字、装订成册的文献资料完全不同。出版流程中的每一个环节，从作者交稿、编辑加工、出版发行直到科技图书的版权贸易都是利用网络技术在计算机上开展

的。编辑可以通过国际互联网获取大量科技文献出版信息，利用E-mail组稿、传递审读稿件，与作者和读者交流沟通，利用本社网页进行市场调查，发布图书信息。网络科技文献出版不需要经过制版、晒版、印刷、装订等流程，编辑与校对合二为一，出版与发行同步。如电子科技图书（e-book）是目前最适合网上流通的商品，读者可以随时下载。总之，网络科技文献出版把传统的出版、印刷、发行融为一体，编辑工作的完成，也就是传统出版的印刷、入库、仓储、发运等发行工作的完成。

②网络科技文献出版可以真正实现按需出版。在传统的科技文献出版方式下，由于出版成本的制约，科技文献资料的按需印刷几乎不可能。但是在网络环境下，网络出版由于不涉及传统的纸张费、印刷费和装订费等，所以出版者可以降低出版成本，实现按需印刷和出版。读者选定需要购买的图书内容，在网上付费后，出版部门将内容按照读者喜欢的格式合理编排，并由印刷部门配合网上书店负责提供排版装订服务，最后形成网络科技出版物。用按需印刷的方式出版的网络科技文献既能降低出版方的库存损失，又能充分满足读者的个性化需求。

(3) 出版技术优势。

与网络科技文献出版密切相关的网络技术、计算机技术、通讯技术，在不同的出版环节显现出各自的作用，使网络科技文献出版具有传统文献出版无法相比的技术优势。

在选题组稿方面，编辑可利用计算机进行文献检索，在丰富多彩的信息世界里收集各种有用的文献材料和科技成果，掌握国内外最新的学术动态；可以通过互联网及时了解根据市场需求，查询其他出版社的编辑、出版、销售情况，进一步论证选题的价值；可以在组稿的时候及时与作者和读者沟通，更好地满足双方要求。

在编校方面，现代技术使网络科技文献的编辑校对工作发生了根本性变化。具体表现在：首先，电脑校对软件可以承担部分编辑工作，例如，在加工稿件的时候可以运用 WPS、Office、黑马校对软件等直接在计算机上校对。其次，在机编辑成为现实。在机编辑可以减少对原稿的录入和校对次数，尤其是可以提高复杂的科技图表和公式的编辑加工效率。第三，可实现编校合一。软磁盘投稿和网上投稿，使稿件的差错率大幅度降低，且不需要逐字核对原稿地校对。

在出版物装帧设计方面，计算机排版技术的发展，在理论上和实践上都使得“自由开本”变为可能，书籍开本的选择因此变得丰富多彩。计算机排版技术的发展，也引发了书芯图文版式编排的革命。科技工作者研制开发的“电子排版系统”，例如北大方正排版系统、华光电子排版系统、四通 4S 激光照排系统等，都是现代电子技术和软件系统在图书出版业上完美结晶。

(4) 经费来源优势。

我国高校和学术科研机构在科学研究中所需要的各种科研经费、科技出版物订阅经费等主要来自政府资助，同样的，出版机构的科技出版和运营经费也主要是由政府资助。由于有政府的资助，各种学术交流不是主要以出版盈利为目的，因此，网络科技文献的出版在我国开展时，不会像国外那样，会因为触动了商业性学术出版机构的利益而遭到强烈的抵制。另外，我国的科技期刊多数是由学术科研机构和相关的政府管理机构主办的，而不是由商业出版机构控制的，因此在我国网络科技文献出版相对来说容易实现。主要由高校或科研机构建立的网络科技文献出版网站和学术出版机构建立的网络科技文献出版数据库，由于都主要依靠国家或上级主管部门统一管理和资助，因此，从国家层面上看，网络科技文献出版在我国比较容易协调。

3 网络科技文献的出版流程

出版是将经过加工提炼的知识信息产品，通过某种生产方式大量复制在一定的物质载体上，并经过广泛传播的过程①。网络出版扩大了出版的外延，给科技出版流程带来了巨大变革。本章以网络出版为基础，重点探讨网络科技文献出版的基本条件，网络科技出版的过程和网络出版中电子商务环节的发展。

3.1 网络科技文献出版的运行模式与技术特点

本节通过对科技文献的网络出版与传统出版进行比较分析的方式，揭示网络科技文献出版的运行模式与技术特点，并进而分析其运行效率高的原因。传统出版是基于物质载体的知识产品生产流通过程；网络出版是借助互联网，将计算机技术与现代出版理念相结合的在线出版活动。两者运行模式与技术要求不同，其运行效率也不一样。下面即从这三个方面进行比较分析。

3.1.1 网络出版的运行模式

因出版物生产流通平台的不同，传统出版和网络出版在运行模式存在较大差异。

---

① 罗紫初，汪林中，宋少华．出版发行学基础［M］．太原：山西经济出版社，2000.9：5

（1）传统出版运行模式。

传统出版是指经由知识信息的采集与编辑制作，并将传统出版物发行至消费者的过程（见图3-1），具体而言即书、报、刊和音像电子出版物的出版①。传统出版在内涵上重视对作品内容的选择、优化控制，讲求出版流程的程式与完整。出版物作为精神商品的生产消费不同于物质商品，但与物质商品的生产流通过程并无二致。

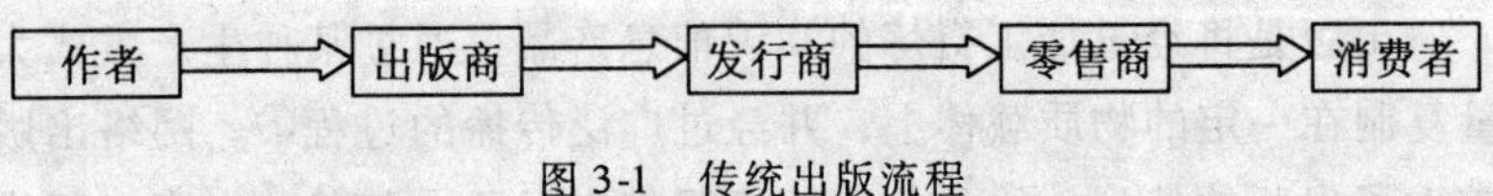

图3-1　传统出版流程

自20世纪80年代开始，计算机技术大量应用于出版行业，使印刷告别“铅与火”进入“光与电”的时代。以纸张为介质的印刷出版和以磁光电为介质的电子出版同时存在于出版市场之中，并且其中一些环节相互替代补充。虽然信息技术在出版活动的多个环节已经广泛应用，但以生产过程和承载媒介为特征来划分，传统出版运行模式是基于工业生产流通过程，其模式如图3-2所示。

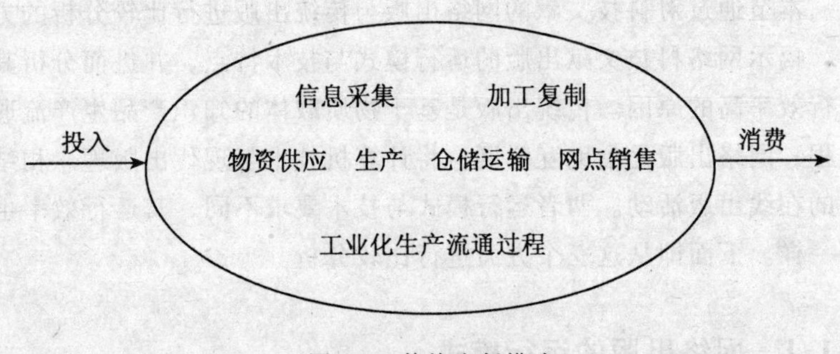

图3-2　传统出版模式

值得注意的是，文化属性是出版活动的本质属性。在物质生产流通过程中，传统出版必须使文化、技术、生产流通三个环节紧

① 张志林，董永志．网络出版与传统出版运行模式比较［M］．出版经济，2003（12）：37

密相扣，在工业社会经济运行框架内用物质商品生产运行模式，实现将加工复制的出版物公之于众的文化信息传播使命。

(2) 网络出版运行模式。

网络出版随着互联网技术发展而产生，它是指具有合法资格的出版者，以互联网为载体和流通渠道，将原始作品经过采编加工，出版数字出版物的信息传播行为。网络出版既不是传统出版的翻版，也不是传统出版物的电子化出版，而是崭新的信息再生产与增殖过程，也是以互联网的规则与特征来重组出版的生产流程模式。

以网络出版与电子出版比较为例，网络出版吸收了电子出版的优势与特点，表现手法上多媒体性、交互性得到了继承与发扬。从制作技术来说，两者均采用了数字形式，网络出版保留了电子出版的痕迹，前者直接从后者发展而来；网络出版利用了互联网技术，如上传、下载技术，而电子出版利用电子存储、压缩技术。从传播方式而言，网络发行（阅读、下载）无须实物载体，可全部在线进行，而电子出版物发行要借助光盘等载体和传统销售网点；网络出版物制作可以提供多种电子文件格式，而电子出版物一般只提供一种形式。由于信息的共享性特征，同一个网络出版产品可供多用户无数次消费，而电子出版物用户数量最多只能与实物载体的数量持平。因此，网络出版环境下，出版商与读者的关联更为紧密，通过网络可以直接对话。整个发行流程依赖于网络得以再造，如图3-3所示。

图 3-3　网络环境下出版发行流程图

网络出版不同于传统出版，二者存在出版模式的区别，主要体现在知识信息运行的平台与环节不同。网络出版的信息传播方式是以计算机网络平台为基础来进行信息的采集、加工、存储、发布和阅读，网络和用户终端（包括固定和移动）是其基本的工具。知识信息商品的生产消费完全可以在虚拟世界中进行，脱离传统的物流。出版物在知识信息的多次加工和用户通过网络获取所需信息的过程中得以增值，这从根本上改变了传统出版的涵义。网络出版模式示意图如图 3-4 所示。

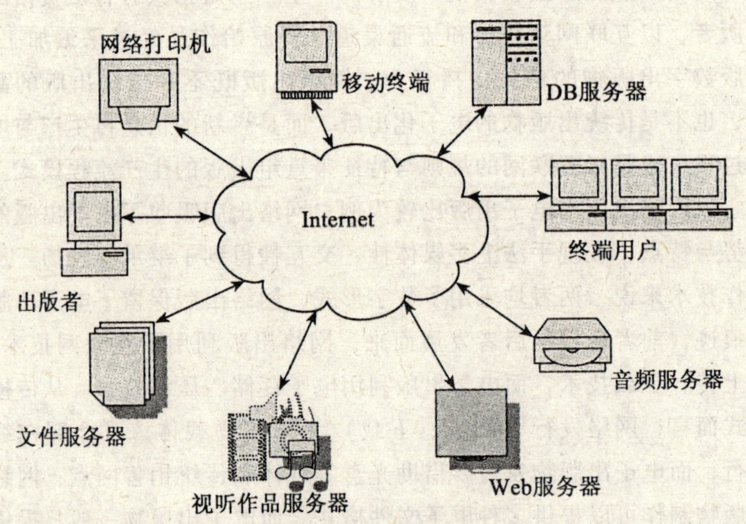

图 3-4　网络出版模式

目前，网络出版主要有以下五种模式①：

①国外较为流行的“自行出版”或“自助出版”(Self-publishing)。这种模式中，作者就是出版人、发行人。作者将自己的作品，通过各种加密软件，制作成可供交易的电子图书，然后“张贴”(Post)到某个知名网站或自己的网站上，供读者下载，付费浏览阅读。

②网络公司争取各出版商电子图书制作代理权，制作电子图书；然后将其“张贴”到网络公司所在网站，提供读者下载；并在付费情况下，许可读者阅读。

③出版商自行制作电子图书，并将其“张贴”到出版商自己的网站上，向读者出售较纸质图书便宜的电子版。这是一种省略图

① 谢新洲，张春铭．网络环境下的图书发行模式研究 [J]，出版科学，2005 (6)：48-52

书发行商的运作模式，出版商就是图书发行商。

④电子图书销售商在读者选中的图书为绝版图书或脱销但急需的情况下，提供电子图书的即需即印版。

⑤微软公司创造的电子图书经营模式，即广告商掏钱支付作者、出版商和制作商的费用，读者免费阅读网上可下载的电子图书，条件是在看书的同时可以看电视、听广播，也可以看广告。

在传统出版中，采集作品信息、编辑加工、制作生产与发行流通环节紧扣，以实现出版活动的目的——将加工后的作品复制传递到广大受众供其消费。但在网络出版中，印刷、发行环节已出现转型。对图文出版而言，复制、印刷被数字化制作所取代，数字内容的更正、修改、改版易如反掌，不需要传统印刷的繁琐过程。传统出版中的物流被数字化信息传递所取代，不需要仓储、运输、销售网点，节省了大量物流费用。因此，出版活动回归了采编加工的信息传播本质，不必再借助于传统物流的生产方式，信息产品与服务的增值模式在典型的知识产业——网络出版中得到有效运用。

此外，网络出版带来了出版者中介地位的改变，传统以作者、编辑为中心的出版模式演变成为以作者、读者为中心的出版模式。出版已不仅仅是出版者独有的行为，网络的不断完善为“人人成为出版者”提供了技术的支持和可能。在出版管理中，网络出版也打破了传统出版单位的结构和布局，引起出版物市场的重新划分和调整。

3.1.2 网络出版的技术特点

出版流程包含了出版过程中所涉及的一切因素，从出版学的角度来看，出版流程包括编辑、印刷、发行三个阶段。以下将比较传统出版与网络出版在编辑、印刷和发行各个环节中的特点。

（1）传统编辑和网络编辑的特点比较。

编辑是出版的源头，无论是网络出版还是传统出版都是不可或缺的环节。传统出版中，由于资源的有限性，传统编辑表现出独占性的特点；网络出版由于网络开放、资源丰富，网络编辑表现出开放性的特点。

①传统出版编辑的独占性。在传统出版业中，编辑是出版流程中固定的一环，对选题进行策划执行，对书稿进行编辑加工。由于资源的稀缺性，如每个出版社的书号有限，每个编辑需要综合考虑出版成本与销售情况而决定是否出版，所以在传统出版中编辑的角色具有一定的独占性。其独占性给编辑环节带来了一些益处，表现在：首先，出版的计划性有效地避免了出版资源的浪费和重复出版的现象。其次，有限的出版资源，让每个出版社精心的出版每一部作品。同时，出版业所特有的垄断性和使命感又赋予出版业一种文化传播的责任，这使传统出版业在某种程度上能够保证“两个效益”的实现。最后，正是资源的独占性，造成了出版业的行业高门槛。

②网络出版编辑的开放性。与传统出版相比，网络编辑的开放性表现在以下几点：

首先，从编辑的形式上来看，网络的开放性给予大众更多的话语权，同时网络技术和出版的结合降低了出版的进入门槛。出版不仅专业的出版社可以来做，而且越来越多的个人和社会组织也可以介入编辑环节。网络出版编辑权泛化的一个典型例子是以网络社区为基础的博客现象。博客们通过一些专门的网站作为出版平台，将自己的一些作品公之于众，这就是一种最简单的网络出版形式。博客的出现，带来作者和出版者身份的模糊，这表明出版者的含义已经发生了变化，出版者的概念有了新的延伸。

其次，读者介入作者创作、编辑加工环节。一些作者在网络上进行创作，并根据点击率和读者的建议来修改作品，从而决定是否进行网下出版。这其实也就表明作者和读者共同参与了编辑过程，作者和读者都起到了编辑的作用。

最后，从信息表达方式上看，编辑的网络出版，不仅要求对文字和图像进行编辑，而且要求对声音、影像、动画甚至其他表达方式进行编辑，同时这也对我们的编辑提出了更高的素质要求。

（2）传统印刷和网络印刷的特点比较。

①传统出版物印刷的实物性和网络出版印刷的虚拟性。

传统印刷是建立在实物成品的基础上，即出版物需以实物媒介与读者见面，才能起到传播信息的作用。通常可见的出版实物有图书、杂志、报纸和音像制品等。而网络出版则完全不同，其内容形式的传达完全依赖于数字化的信号，以虚拟状态存在。只要有一个显示终端，就可以显示所有内容，而无须借助纸、光盘、磁带等实物媒介。

②传统印刷的多环节和网络“印刷”的一次到位。

传统出版的最终成品是实物，这决定了其印刷过程需要大量的环节用以处理出版物的载体。传统印刷中，一本图书的产生要经过打样、晒版、冲版、挂版、洗橡皮胶布、归位调整、水墨平衡、试车等工序，十分繁琐且费时费力。

而网络出版有着先天的优势，基于数字化的形态，网络出版物被编辑好后直接传输到读者的显示终端，省略掉其中的印刷环节，这不但缩减了出版时间和周期，而且节约了出版成本。更值得一提的是，以数字网络技术为基础的出版形式——按需印刷（POD-Print on Demand），随着数字式彩色印刷机的产生以及应用，将实现个性化定制，大大减少了出版者的库存风险，实现了出版质的飞跃。

(3) 传统发行和网络发行的特点比较。

与传统发行相比，网络发行的特点在于以 Internet 为平台，从传统的物流转变为信息流，从单向传递转变为双向互动，从以产品为主转变为以产品和服务为主。表 3-1 对传统出版发行特点和网络出版发行特点作了比较。

表 3-1　　传统发行和网络发行的特点比较

	初期投入	生产成本	销售成本	售价	环节	速度	互动性	网络化程度
传统发行	小	高	高	高	多	慢	弱	低
网络发行	大	高	中	中	较少	较快	中	中

①传统发行的长周期和网络发行的即时性。

传统出版物的发行周期较长，从交付印刷到与读者见面，要历经少则几个月、多则一年的时间，而其流通渠道一般是批发商——零售商——消费者或者出版商——批发商——零售商——消费者，流通渠道层级较多，具有出版者不易掌控、信息流通不畅等缺点。

在网络出版中，出版物通过网络被发送给读者的过程已经完成了传统意义上的“发行”环节。网络发行方式有：建立网站供读者访问、浏览和下载，制作 E-mail 等各种形式的文档发送给读者等。读者可以即时获得网站的访问权、浏览权和下载权。这充分体现了网络出版“发行”的即时性。

②传统发行渠道的单一性和网络发行渠道的多元化。

一般而言，传统发行渠道有两种方式，即产销结合的直接发行渠道和产销分离的间接发行渠道（见图 3-5）。这四种渠道都是从出版社发到读者，只是经过的中间环节有所不同。

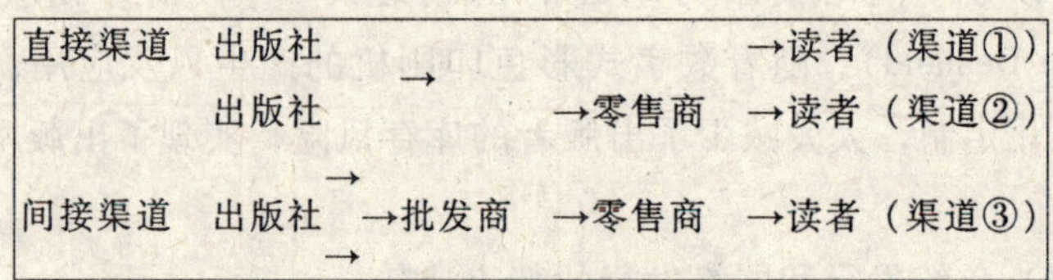

图 3-5 传统图书发行渠道

而网络发行借助网络优势，拥有多元化的发行渠道。首先，网络出版物可以借助出版社自身的网站销售，目前一大部分出版社已经建立了自己的网站，主动将出版物推销给读者。其次，网上书店是网络发行的典型代表，也是未来发展的趋势。由于现阶段大部分网上书店主要销售传统出版物、非网络出版物，所以网上书店还属于半网络化发行，不能算做真正的网络出版。但是，在科技文献出版领域，网络出版物的发行模式和发行平台在不断涌现。

③传统出版物的售价较高和网络出版物的售价低廉。

由于传统出版物的售价低于定价，一般以原价的七五折或者八折卖给书店。所以，为了弥补印刷、发行过程中的成本，传统出版物的定价自然较高。

网络出版物则不同，同样内容的出版物，网络版可以低至印刷版的十分之一甚至更低。例如北大方正的 Apabi 电子书价格低廉，每本书一般在 3 ~5 元，读者非常乐意接受。网络出版物的价格如此低廉的价格，最关键的原因是节省了印刷、发行等一系列环节中的费用。

3.1.3　网络出版的运行效益

由于网络出版节省了生产成本、流通成本，对传统出版的利益分配带来了一定的影响，所以，与传统出版相比，网络出版的运行效益更好。

（1）网络出版使出版商直接受益。其主要原因在于：第一，网络出版由于省去了原材料、印刷、仓储、运输、发行等一系列费用，大大降低了生产成本。第二，利用网络，出版商可以随时广泛收集信息，深入挖掘选题和书稿资源，迅速了解国内外的出版运营行情，有助于出版者进行出版决策。同时，网络能更充分地利用出版资源，使异地、异国合作出版成为可能。第三，由于网络出版的交互性增强了与读者之间的相互交流，所以网络出版的内容更符合读者需求。

（2）网络出版使消费者受益。这主要体现在以下三个方面：第一，购买网络出版物快捷便利。通过网络，消费者足不出户就可以购买到自己想要的内容，而且网络出版检索方便，可以通过关键字检索等方式，迅速查到需要的内容。第二，网络出版形象直观。多媒体技术在传播中的应用，促进了传统媒体（如报纸、杂志、广播、电视等）的高度融合，能给读者全方位提供多维信息；同时，多媒体功能使原本抽象陌生的专业术语和技术概念变得易于理解和接受，让读者能够充分感受到信息传播的生动性和形象性。第三，网络出版物价格低廉。由于出版商的直接受益，出版成本大大降低，网络出版物的销售价格也远低于相同内容的传统出版物。

3.2 网络科技文献出版的过程

科技文献的网络出版是通过建立在线的出版系统，在网上实现组稿、投稿、审稿、编辑、校稿、制作、传播、阅读、检索等全方位功能的过程。网络科技文献从投稿到最终被读者阅读、检索的整个过程，均以“Online”方式进行。因此，这需要以Internet的分布式结构为基础，建立科技文献的网络出版体系，用网络化、数字化的方法来重组科技文献出版流程。

3.2.1 网络科技文献出版体系的构建

网络科技文献的出版体系包括网络科技出版系统与出版形式的实现两大部分。

(1) 网络科技文献出版系统。

网络科技文献出版系统是基于Internet的分布式结构，在线出版人员、作者、审评专家和读者均通过网络联系，其工作不受地域、时间、计算机系统、语言等客观条件的限制。

在网络科技文献出版系统（见图3-6）中，责任编辑结合审稿专家主要起到质量控制和管理的作用；稿件管理员在网络出版系统中起协调和记录的作用。系统最终要维护的是网络文献库和用户信息库，审稿专家库是一个特效的用户库，由责任编辑使用。系统还为用户提供邮件提醒功能、论文推送功能、定向信息跟踪服务、单一论文讨论区、读者反馈服务等。

(2) 网络科技文献出版形式。

目前，科技文献的网络出版以自建网站和加入权威数据库两种形式并存。

①自建网络出版平台形式。

自建网络出版平台需要大量的专业技术人员、专门的制作团队、专用服务器、租用带宽、购置电子商务平台及相关系统软件、

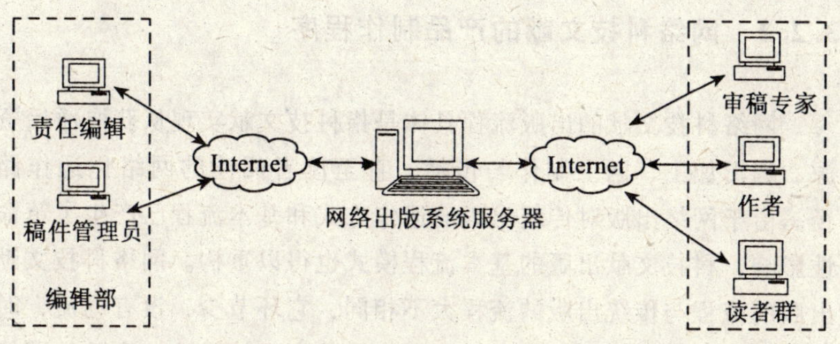

图 3-6 网络出版系统结构

自行广告宣传和建设发行渠道等。这一切都需要大量的人力、物力和资金投入，如果出版机构有雄厚的资金和人员配备，可以考虑自建网络出版平台的方式。

科技文献的读者群和作者群基本重合，与大众化期刊相比，定位更准确，更有针对性，内容具有权威性且对特定读者群的服务更加到位。科技文献细分市场的读者群对内容的“深”或“专”要求较高，读者群相对稳定，忠诚度也高。科技出版机构自建网络出版平台，可以针对自己受众的特点，为他们量身定做一些栏目和服务项目，定制个性化的网络出版平台，如实行会员制，免费浏览专业化的行业相关资料；建立相关论坛，定期与业内专家交流等。

科技出版机构自建网络出版平台虽然具备了上述优点，但资金投入相当大，不经济，投入产出比严重失衡。

②加入权威数据库形式。

科技文献加入权威数据库，是目前比较普遍的运作方式。其益处在于使用现成的系统和服务，没有前期投入，共享资源，包括用户和广告商。这种方式的弊端在于，数据库包罗万象，规模庞大，将各不相干的学科和内容捆绑在一起，搜索专业内容比较繁琐，没有针对专业人群的服务，不方便与同行交流等。尤其是对科技文献本身来说，作为内容提供商加入权威数据库的回报也很低，不仅利益得不到保证，而且在同行中的宣传性亦不佳，仅仅起到一个资料汇总检索的功能。

3.2.2 网络科技文献的产品制作程序

网络科技文献的出版流程具体是指科技文献实现从获取原始资源、编辑加工、网上制作与传播，直至读者阅读的网络化运作路径。由于网络出版对传统出版的运作方式和基本流程已产生了革命性影响，科技文献出版的基本流程模式也得以重构。网络科技文献出版的流程与传统出版的流程大不相同，它环节少，没有物流，时效性强，资源节约，与读者交流方便，信息反馈迅速。完整的网络科技文献出版流程包括四个阶段：原始素材获取阶段、编辑加工阶段、制作阶段和传播阶段（见图3-7）。

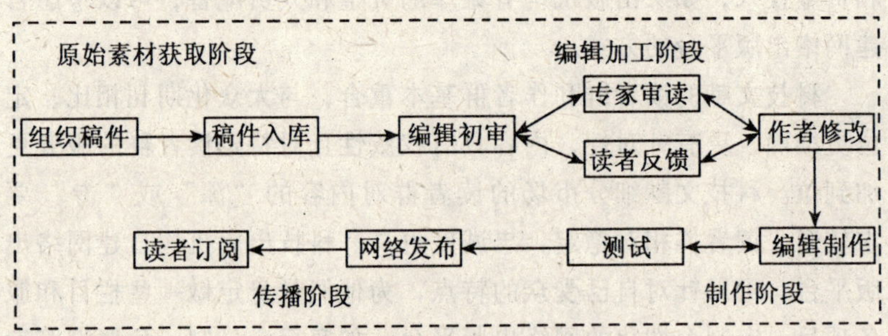

图3-7 网络科技文献出版流程

（1）网络科技文献的原始素材获取阶段。

在网络出版中，原始素材获取阶段是真正意义上的内容和创意的组织，是内容产业的源泉和起点。网络科技文献的原始素材获取阶段，相当于传统科技出版流程的组稿阶段。但不同的是，该阶段所获取的素材并不一定是作者的成稿，因为在后期的编辑制作中，初期所获取的原始素材会根据专家、读者与编辑的意见进行再次修改并创作，直到发布。

网络科技文献的原始素材获取阶段包括两个环节：组织稿件和稿件入库。

①组织稿件。

网络科技文献出版的原始素材获取不是对传统纸质稿件的组织，而是对数字化内容的组织。其组织稿件过程呈现出以下几个特点：

第一，不受时间和地点的限制。在一定程度上，用网络传输功能取代传统的邮寄、开会、旅行等方式。这样一方面编辑可以通过光盘、邮件、博客等各种途径获取稿件，极大地丰富了稿源，扩大了编辑选稿的余地；另一方面作者也可以利用出版社的数据库掌握大量新颖、实用的信息，并通过检索查阅分析并修改文章，以提高写作质量。

第二，投稿方式的电子化。网络科技出版机构主要通过网络接收电子稿件，具体有电子邮件、FTP 远程文件传输、Web 网页投稿表单等方式。目前一些网络期刊设计了专门的网上投稿系统，既方便了作者投稿，也增强了电子稿件的规范性。

第三，稿件篇幅不受限制。由于受开本、页数和印刷成本的制约，传统科技出版对稿件的篇幅一般都有所限制，篇幅过长的论文往往被拒绝发表或被拆分发表，文中的数据、图表等都要尽量压缩以节省版面，字数过多的书稿要求删节等。而对网络科技稿件而言，这些限制不复存在，网络出版为作者发表详尽的研究报告提供了充分的空间。在征稿启事中出版机构还鼓励作者详尽地报道实验细节，甚至可以公布一些零散的实验数据。

第四，网络科技文献的多媒体表达。超文本、多媒体手段的应用是网络科技文献出版的又一大魅力。几乎所有的网络学术出版机构都鼓励作者把声音、图像、动画、影像资料插入文章中，增强其可读性，丰富其信息内涵。同时，可设置超链接，方便读者查找相关信息。

第五，稿件格式的严格要求。出于对发布技术的考虑，网络科技出版机构对投稿的格式制定了严格的要求，有 Word，WordPerfect，RTF，HTML，PDF，TXT，PostScript 等，基本上是目前主流的软件格式。此外，对声音、图片、动画、影像资料的格式、插入方式等，网络科技出版一般都有比较明确的要求。

②稿件入库。

稿件入库是稿件管理的第一步。稿件入库主要有两项工作，一是对稿件的基本信息进行整理，并输入稿件管理系统。由于网络科技文献需要利用标题、关键词、重要术语、作者、刊名等信息为依据进行检索，所以在稿件入库过程中要对这些信息进行准确的处理。二是制定稿件处理计划，便于作者查询自己的稿件处理进度。网络科技文献出版是全在线的出版过程，稿件入库管理各个阶段的情况也准确地反映在网络系统之中。

（2）网络科技文献的编辑加工阶段。

稿件入库后，正是进入编辑加工阶段。传统编辑加工流程的工作对象是书稿，在网络出版中，科技文献呈现出数字化、多媒体化、海量存储、随机检索、即时传播等特点，这些特点对编辑加工流程提出了严峻的挑战。例如，网络科技文献出版的即时传播性增强了出版物动态变化的特点，这就要求编辑加工流程不能固定，而必须对数字出版物进行全方位、随时随地跟踪，发现问题必须及时处理。

编辑加工阶段包括编辑初审、专家审读与读者反馈和作者修改三个环节，这三个环节不分先后，交互进行。

①编辑初审。

编辑初审是编辑加工阶段的首要环节，目的在于明确稿件的网络出版价值，淘汰题材不适用和写作不合格的稿件；同时为书稿进一步组织、编辑加工提出建议。

该环节具备以下三个主要特征：首先，在网络科技文献出版中，由于复制及传递的便携性，传统意义上的“交稿”环节已淡化，没有“齐、清、定”的说法。作者和编辑人员不再需要对稿件进行交替地审读和修改，而是可以同步或交互地对数字内容进行组织和进一步编写。其次、网络出版使出版信息由文字和静态图片扩展为文字、图形、图像、声音、动画、视频等多种媒体信息，这要求编辑不能仅仅审读，还要对各种多媒体信息进行测试和评价，以及考虑是否应该增加更多元的表达方式。最后、由于网络科技文献可以利用随机检索增加该文与其他文献的交互性，编辑加工过程已突破了对所投稿件的处理，更需要查阅相关文献，制作链接以增强文献之间的互动。

②专家审稿与读者反馈。

在科技文献的出版过程中，由于科技文献具有相当的专业深度，有些涉及交叉学科、边缘学科，对论文的真实性、准确性、逻辑性、创新性、实用性、理论价值和学术水平的准确判定是关系一篇稿件能否录用的关键，这就需要编辑部找到有关专家进行评审。

稿件经过编辑初审和作者修改后，通过网络发送给世界各地的编委会成员或相关领域的专家审阅。稿件通常要经过两个或两个以上专家的评审。根据学科特点和出版机构的不同要求，有的采用单盲方式或双盲方式（对投稿人和评审人一方或双向保密）进行，有的可由作者指定或拒绝由谁审稿。评审专家须对评审稿件的内容、表述、创新性等方面，并撰写详细的评审报告，审稿周期从两周到一两个月不等。可见，网络科技文献的审稿机制是相当严密的。网络科技出版机构通常建立网上的审稿专家数据库，一来可有效充实专家信息库，以便找到专业对口的专家审稿，提高审稿质量；二来是可提高专家审稿的效率；三来可提高审稿的公平、公正性。

读者反馈是网络科技文献出版的特有环节。读者可通过 BBS 论坛、阅读预览版等方式阅读文稿，对不懂的地方、错误的地方提出质疑，并给作者、编辑留言以供作者修改、编辑加工。

③作者修改。

在编辑初审、专家审稿的过程中，作者根据初审意见、评审意见以及读者的反馈进行修改与完善。值得注意的是，网络科技文献的文章标引是否规范是作者修改时必须严格核查的地方。网络科技文献为了体现科学研究的继承性，引用成果时必须注明准确的信息来源。国际权威检索工具 SCI 的发布者 ISI 关于网络文献来源的标引作了比较明确的规定，收入 SCI 的网络学术论文具备下列要素：期刊名称，出版年，卷、期，文章题名，页码或文章编号，作者姓名、地址和完整的期刊目次。

(3) 网络科技文献的制作阶段。

经过编辑加工阶段，网络科技文献进入制作阶段。这是将编辑加工后形成的产品制作成能够在互联网上被读者查询、阅读的网络出版物的过程。该阶段使网络科技出版物能够在网上传播、利用，实现其商品价值的增值。

网络科技文献的制作阶段包括两个环节：编辑制作与测试。编辑制作环节是将书稿制作成具有一定格式和功能的多媒体网络文献，以适合在网络平台上发布，并方便读者查阅、下载。测试环节是在制作的基础上对多媒体网络出版物进行测试，其目的在于校对内容，核查其组织形式是否符合要求。主要包括内容正确性的测试、出版物功能的测试等。

目前，Adobe 公司、微软公司、OEB 组织和北大方正 Apabi 公司均推出了各自的网络出版方案，这四家公司所使用的技术方法与规范也成为网络出版行业影响最大的标准规范①。以下将结合这四家公司的出版方案，介绍网络科技文献的制作途径和制作格式。

①网络科技文献的制作途径。

网络科技文献通过 PDF、SGML 和 Apabi 等软件、语句来制作，这些方法均可以实现大部分科技文献网络出版的功能，并且各有特色。

• PDF 方式

PDF（Portable Document Format）是由 Adobe 公司设计的开放式电子文档格式。Adobe 作为闻名于世的出版和图像处理软件公司，其所倡导的一系列出版标准、印刷标准及编码方式受到国际认可。PDF 格式主要是为跨平台而设计的，能够在不同的硬件、软件、语言平台之间实现显示、编辑、打印、传递和共享。这为在各种网络环境和网络平台上传递网络资源提供了支持。总体而言，PDF 的优点在于跨平台性、高压缩性，适合屏幕阅读、网络传输、文本保护和电子批阅，并且打印质量高等。PDF 文件的阅读软件 Acrobat Reader 是免费的，并且可以作为 Internet 浏览器的标准插件使用。

---

① 臧国全. 网络出版的有关标准研究［J］. 图书情报工作，2003（1）：105-106

PDF 的编辑制作软件是 Acrobat，安装后主要包括三个部分。一个部分是 Acrobat 软件。它与 Word 功能类似，是一个完整的编辑软件，能够较好地实现网络文献的编辑、排版和制作。另外两个部分是两个虚拟打印机，分别称为 PDF Writer 和 Distiller。PDF Writer 的主要作用在于实现 Office 文档向 PDF 文档的转换，而 Distiller 则是把其他软件生成的打印编码“打印”成为 PDF 文件（虚拟打印）。这两个打印机在生成 PDF 的质量上略有区别。从理论上讲，只要能够在 windows 上实现打印传输的软件都能够顺利地转换成 PDF 格式文档，对于个别不能转换的，如方正排版系统生成的文件，可以使用“方正文易”软件或海文公司的“网络出版之星”实现转换。

PDF 的网络功能非常强大，如允许在线转换。其文件源主要是 MS Office 文件和网页文件。PDF Lib 则允许网络系统开发人员进行服务端的网络编程，可以进行动态编辑并即时生成 PDF 文件。另外，PDF 格式文件也特别适合于进行关键词和全文检索。

由于 PDF 文件的通用性等优点，当前大多数网络出版系统都把它作为一种最标准的格式，如 Nature、Science、万方数据库等。作为网络科技文献的制作标准途径，大量软件都向其靠拢，提供文本的 PDF 格式输出。PDF 格式的缺点则在于它不能无限扩展，因此不一定能实现网络科技文献（如化学文献）在未来的特殊需要。另外，由于受到版本、格式等因素的限制，PDF 格式也不能保证长时间的正确阅读。

• SGML/XML 方式

SGML（Standard Generalized Markup Language）是一种通用的结构描述语言，是国际上定义电子文件结构和内容描述的标准，用于定义信息逻辑和物理结构，与具体的平台无关。XML（eXtensible Markup Language）是 SGML 的一个子集。它在简化了 SGML 复杂性的同时保留了 SGML 的大部分功能，最重要的是它保留了 SGML 的通用性和可扩展性。我们在某种程度上可以认为 SGML 与 XML 是相同的体系，因此用 SGML/XML 表示。

SGML/XML 的通用性和可扩展性的特征，意味着文献格式可以互相兼容，并具备稳定性。所以有学者认为SGML是能够较长时间保存其描述的信息，乃至100年后仍能够正确阅读和理解该信息的电子文档格式。同时，SGML/XML的可扩展性对于满足各种科学文献的特殊性以及未来的各种需求十分重要。这方面最明显的例子是XML提出的两种基本实例，即MathML（数学标记语言）和CML（化学标记语言）。例如，使用CML标记的化学分子结构或三维分子构像等能够准确地体现化学信息本身的内涵，同时这些信息可以被其他软件和计算机识别，也可以直接用于检索等。

使用SGML/XML方式进行网络科技文献出版的最大问题是浏览器软件的实现。目前的方法是利用Java语言，但仍然太过复杂，应用不广泛，标准化也不易实现。

• Apabi方式

Apabi是北大方正公司推出的用于阅读电子书（eBook）、电子公文等各式电子文档的浏览阅读工具，支持CEB、XEB、PDF、HTML、TXT等多种文件格式。它被称为一种网络文献的再制作工具，能将用于排版、印刷的S2、S72、PS2、PSEPS、TIF、JPG、DOC、PPF等文件直接转换成电子书。电子书忠实于原书版面，几乎保留了原版书的所有信息，包括文字、图形、图像以及复杂的版面，如数学公式、化学结构式、图像、表格等，并可以做摘录和全文检索①。

②网络科技文献的制作格式。

目前，网络科技文献的制作规范除PDF格式以外，还有以下几种通用格式：

• HTML格式

HTML是目前面向Web出版的标准语言，也是最通用的网页发布格式。它的优点在于：与平台无关，制作简单，容易进行超文本链接与插入声音、图像、动画、影像等，阅读软件通用，读者容易访问等。缺点在于：过于简单，对于各种图像、复杂数学公式、

---

① 罗玉兰，陈绍选，刘运飞. 科技期刊的网络出版初探［J］. 江汉大学学报（社会科学版），2004（4）：76

化学方程式、分子结构图等数据无法准确表现，格式不够规范、美观，论文受浏览器软件、屏幕尺寸、用户选项等因素的影响，文件格式易发生变形，文章无法实现分页，使读者无法根据页码对内容进行定位等。目前一部分网络期刊选择它作为一种标准格式提供，而较为简单的以摘要形式出版的网络科技文献，几乎都使用HTML格式。

• Word格式

Word是功能强大的文字处理软件，使用普遍，各种编辑和排版功能都相当完善，完全能够胜任出版各种复杂格式的科技文献。它的缺点在于：只能应用于Windows和Mac平台，其他平台则不能够编辑和阅读，不同平台环境下阅读和打印的效果不能保证其一致性，版本兼容性也不够高。但由于Word软件运用相当广泛，而且部分电子投稿的格式都使用它，因此相当一部分的网络出版机构也把它作为一种可选的格式。

• 纯图像方式

对于没有电子版的文献（如图片），可扫描后使用纯图像格式。这种格式最大的问题是图像文件数据量较大，在网络上传输较为困难，一般选择黑白扫描，然后使用小波（Wavelet）变换算法进行高强度压缩。另一个问题是图像格式不利于信息的再利用（所有文本实际上都是图像像素），因而不可以实现全文检索。使用纯图像方式的典型案例如超星公司的电子图书，将纸质图书搬到了网上。

• 其他专用格式

由于各种格式各有优缺点，也有一些组织和机构研制了自己的出版格式，如中国期刊网的CAJ格式（清华大学设计）。CAJ格式能够兼容文本与图像，可以从方正排版系统转换，也可以使用扫描后转换，并且能够保持文献的原貌。

（4）网络科技文献的传播阶段。

网络科技文献的传播阶段是指网络科技文献的发布、传播与通过提供网络科技出版物来获取收益的过程。该阶段包括两个环节：网络发布和读者订阅（付费）。

在网络科技文献的传播阶段，构建电子商务平台是十分必要的。首先，网络科技出版物的数字化要求其发布平台的网络化；其次，流通环节网络化，网络科技出版物通过互联网以数字形式进行传递，直接面对终端用户，以下载形式完成流通过程；最后，交易电子化，用户通过信用卡、网上银行实现实时付款才能下载，并完成交易过程，这也是即时出版的迫切要求。这三个特点均说明在网络出版中要使用电子数据交换、电子邮件、电子资金转账以及计算机技术实现出版机构、网络运营商与读者之间物流、商流、信息流的流转。以下将主要介绍网络科技文献出版的电子商务平台运作流程与支付方式。

3.2.3 《生物化学杂志》(JBC) 在线出版系统研究

目前，国内的网络科技文献出版有较大发展，一部分科技期刊实现了网络出版，并建立了科技文献发布的网络平台。但较国外相比，仍有较大差距。这里将介绍国际上被引频次较高的美国《生物化学杂志》(Journal of Biological Chemistry，简称 JBC) 的在线出版系统，以此为国内科技文献的网络出版提供借鉴。

《生物化学杂志》(JBC) 创刊于 1905 年，是由美国生物化学与分子生物学会主办的周刊。它的作者和读者遍布世界各国。JBC 印刷版采用国际通行的 A4 开本，每期页码常常达六七百页之多，这必然需要相应的高额订费来维持其正常的出版。2001 年 JBC 的非会员读者的年订费高达 1 750 美元，可见订阅费之昂贵。另外，JBC 对作者实行收取版面费的制度，2001 年每篇论文收取 65 美元。若论文中出现黑白插图，作者需增交 20 美元制图费，彩色插图则需增交 300 美元。该刊目前有 100 多位专职编辑。这种超大容量和需要相当可观订费的印刷型期刊，必然会限制其文献信息的广泛传播和高效利用。为使 JBC 的论文能为世界各国的科技人员充分利用，并进一步提高该刊在生化领域的影响力以吸引更多的读者与作者，1995 年 JBC 开始进行在线出版 JBC Online (网址 http://www.jbc.org)。为了开展这项出版革新，斯坦福大学图书馆成立了专门从事期刊网络出版的机构——High Wire 出版社，为 JBC 的在线出版提供资金与技术保障。最让全球读者瞩目的是，JBC 预览版从发布伊始就免费向全球读者提供所有论文的全文（PDF 格式）。2001 年，该刊在线版的订阅费是 275 美元，大大低于纸版的订费，吸引了更多的个人定户。

（1）JBC 的在线投稿、审稿系统。

网络出版不仅是指期刊文献信息的网络发布,而且还包括文献生成的无纸化流程。其中,审稿过程的电子化成为期刊在线出版流程中具有一定难度的重要环节。1999 年 7 月底,JBC Online 在线投稿与审稿系统投入使用,作者可以使用其专用的投稿网站投送稿件。

①在线投稿。

随着计算机的普及，接受电子稿件的刊物日渐增多，这为收稿的网络化做好了准备。为了加快论文传送的速度，同时也为预览版的及时发布做好充分的准备，JBC 于 1999 年 7 月开始接受网络投稿。作者在浏览器的地址栏中输入专用投稿网址即可进入投稿系统的首页。该页面内有四项选择：

• 注册（Register to use this site）。投稿者可以在此登记用户名并设置个人口令。

• 更改注册信息（Sign on and update my registration information）。作者进入该页面可以修改通讯地址及其他联系信息，亦可以在此更改口令。

• 交稿（Sign on and begin a new submission）。作者投稿或向编辑部返回修改稿时在此进入。

• 查看投稿记录（Sign on and review my past submission）。

JBC 要求所有的投稿采用 PDF 格式。该系统将论文按主题分类，然后发送到预先设定的各个相应专业编辑和审稿人电子信箱中去。在正常的网络传输条件下，全球各地作者的论文一经投送，就能即刻到达审稿人的电子信箱中。

在线投稿的举措受到了广大作者的喜爱。在线投稿系统设立后仅仅 2 个月的时间，20% 的投稿者采用了该系统。4 个月后，JBC 网络收稿的比率已上升到 65%。到 2000 年 5 月，80% 的来稿通过网络投送①。基于这种快速上升的比例，从2000年7月开始，JBC要求所有的来稿都必须经由该系统投寄，从而成为规定只接受网络投稿的第一个国际著名期刊。

②审稿的电子化。

实现审稿全过程的电子化是科技期刊网络出版中最难推广的一个环节，因为该环节的实施不仅靠审稿人的积极参与，还需要具备相应的软件技术。整个过程是将电子文稿通过 Internet 传送给同行审稿专家，审稿人在计算机上直接对文稿进行审阅并输入审稿意见，最后用电子函件寄回编辑部。JBC 的网络出版所采用的 PDF 文件格式可以满足电子化审稿的要求，因为 PDF 文件具有页面独立，可随机查阅、随机修改、字库独立，支持多种工业标准压缩算法，支持交互操作的特色。审稿人利用 Adobe 公司推出的 Acrobat 或 Acrobat Business Tools 软件，对 PDF 格式的电子文档进行审阅、注释，并可进行加亮、加下画线、画圈、加删除线等操作。

（2）录用论文的预览版。

预览版（Papers in press）是指期刊编辑部将准备录用的文稿在制作前先放在编辑部的 Web 服务器上让读者浏览、下载。文稿在预览版上发布后仍然要经过进一步的编排加工才能以在线版或印刷版的形式正式发布。预览版除了具有加快论文出版速度的功能外，还具有下述几个功能：

①防止论文的重复发表。通过查看同类专业期刊的预览版，编辑部可以了解案头有无相同题材的论文，这样可以有效防止文献内容的雷同。

②提高科技人员的文献查新质量，避免重复研究。预览版可使读者提前掌握相关专业的学术研究动向，以避免重复研究。

③提高出版物的学术和编排质量。出版机构通过预览版不断收集读者的反馈意见，在文稿正式出版前，可将读者发现的错误改正过来，从而提高文稿的学术质量和编排质量。

---

① Editorial. JBC electronic submission required [J]. *Journal of Biological Chemistry*, 2000, 275 (27)

JBC在2000年3月推出了预览版这一全新的出版形式。这使得论文与读者的见面时间提前了8周。读者可以通过网络免费浏览JBC的预览版并打印其论文。预览版采用的是日更新的出版方式，编辑部会当日决定录用的稿件是否上网发布。当一篇论文在网络版上正式发布后，编辑部便会将其从预览版中转移到一个电子档案中永久保存。正式在线版上的每篇论文中均注明了其在预览版上的首发日期，这样既可明确作者的首发权，也便于读者的引用。在预览版的首页中直接显示的是当日新发布的论文摘要和全文（PDF格式）。每篇论文的文题下面列出了发布日期、作者、DOI（数字化对象识别码）。如果读者要查阅当日以前的论文，可进入"older articles"链接。预览版中的每篇论文均有唯一的数字化对象识别码。这种识别码是由国际DOI基金会管理维护的DOI系统自动生成。它类似于印刷型期刊中的ISSN号，是应电子环境中的各种识别与贸易的需求而产生的。DOI作为数字化对象被描述数据的一部分，始终与该数字化对象共存，是一种可用来永久准确识别该内容的编码。因此，不管该论文的网址已经改变过多少次，利用该识别码就可以在因特网上检索到这篇论文。

（3）种类齐全的在线服务功能。

JBC Online提供检索、邮件提醒与通报和定向信息跟踪等服务功能。

①过刊和现刊检索功能。

这是在线出版最基本的功能。目前，国际科技期刊一般都具有过刊检索功能。JBC的过刊数据库包括了1995年至今的印刷版上的全文文档以及1980年至1995年5月5日所刊登的论文摘要。对于JBC这样的超级期刊，这项功能会让读者充分感受到网络期刊巨大的优越性。读者检索时有四种途径可选择，即按论文出处（卷与页）、DOI号、作者姓名和关键词。在用后两种途径进行检索时，读者可预先设定好检索范围，即论文发表的起止日期，这样可使检索时间显著缩短。此外，JBC在线版还提供有现刊任意词的检索入口，这些功能都极大地方便了读者的信息获取。

②邮件提醒与通报功能。

这是JBC提供的一项免费在线服务。国际上著名的科技期刊一般都提供此项服务。出版者主要想以此吸引更多的读者关注本刊发表的论文。它包括现刊出版的邮件提醒、现刊目录通报和预览版更新论文目录通报。由于预览版在每个工作日都增加新的论文，所以在预览版目录通报中，读者可根据自己的需要设定通报的频率，如每天一次或每周一次。这些服务都是借助邮寄表（Mailing List）功能来实现。同时，读者可以通过点击“Email Alerts”按钮，输入自己的电子信箱即可进入邮件通报服务的页面，在此可选择服务项目。如果要退订或更改订阅项目，只需点击用户界面上的“Unsubscribe”和“Edit Subscription”按钮。此外，JBC编辑部的一些重要启示、通知也通过电子邮件发送给注册的读者。在目录邮件中，除了文题、作者及论文所在印刷版的页码外，还列出了论文所在的网址。非订户读者直接点击该网址（超链接），可以进入论文的摘要页。

③基于推送技术的定向信息跟踪服务。

JBC的定向信息跟踪服务是基于推送技术。“推送”是相对于“拉取”技术而言，“拉取”技术是传统的信息获取方式。随着因特网上信息资源的日益丰富和多样化，传统方式已不能满足科技人员希望快速而准确地获取信息的要求，而以“推送”技术为基础的服务模式具有主动性，可直接把读者感兴趣的信息推送给他们，从而提高了信息获取的效率。

从2000年开始，High Wire网络期刊出版社开始为其资助的生物医学期刊提供该项特色服务。目前，JBC Online只为美国生物化学和分子生物学会的会员读者提供该项服务，具体又分为以下三个方面：

①定题跟踪：读者预设关键词或主题词，JBC网站将围绕主题作文献跟踪并将跟踪获得的文献进行筛选、整理并及时提供给读者。文献跟踪的手段是定期或不定期的最新文献检索。

②追踪作者：读者如果对某位作者的研究发生兴趣，想要跟踪了解该作者以后发表的论文，就可以使用此项服务。

③论文被引用通报：读者使用该服务能够跟踪了解期刊上某篇

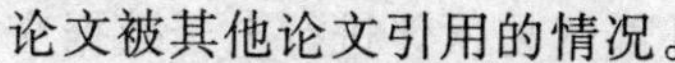

论文被其他论文引用的情况。

读者可以组合使用定题追踪和作者跟踪这两项服务，也就是读者可要求系统定期或及时地以电子函件的形式通报某位作者关于某个专题的论文发布情况。定向信息跟踪服务是在线期刊的一项高级功能，它使读者掌握了信息搜索的主动权，使信息检索服务真正走进即时化、个性化时代。它的应用进一步确立了在线学术期刊在学术传播活动中的主导地位。

3.3 网络科技文献出版中电子商务平台的构建与运行

网络科技出版流程的最后一个环节便是网络交易，交易的实现依赖电子商务平台的运作。以下将主要介绍电子商务平台的发展环境、平台的构建与交易模式及流程。

3.3.1 电子商务平台的构建

(1) 网络科技文献出版电子商务平台的发展环境。

网络科技文献出版的电子商务平台发展离不开电子商务领域技术的革新与发展，出版信息化和金融电子化，以及出版机构内部体制的完善。以下将从技术、经济、体制三个方面对网络科技文献出版电子商务平台的发展环境进行具体阐述。

①电子商务平台发展的技术环境。

网络科技文献出版的电子商务依靠良好的技术环境。绝大多数书业企业网络基本上都以 TCP/IP 协议为基础，用 Internet 技术来构建。这为电子商务的发展提供了一个统一的平台。

对于网络科技文献出版机构而言，实现出版信息系统与电子商务的整合至关重要。目前出版机构电子商务解决方案大都侧重于开发前台的商务站点，而后台系统的集成水平还很低。后台系统要和出版社已有信息管理系统连接，便于更新文献数据库管理、订单处理系统和财会信息等相关数据，并和外部贸易伙伴进行电子数据交换。对于出版机构的网络而言，Internet 面向的是全球用户，是机构走向全球市场的“桥梁”；而 Intranet 则面向机构内部，是机构内部凝聚各个部门、各个职工的“蜘蛛网”。通过 Internet/Intranet 的集成，用基于 TCP/IP 协议和 WWW 规范的 Internet/Intranet 集成模式取代基于 LAN 和 C/S 的信息系统，将实现出版机构全球化的信息资源网络，提高出版机构网络的整体运行效率和管理效率，从而在技术上支持电子商务。

②电子商务平台发展的经济环境。

电子商务的经济环境是指将电子商务建立在以信息和网络科技为支撑的技术平台上的经济条件，包括出版信息化和金融电子化两方面。

出版信息化是网络科技出版电子商务的前提条件。书业企业信息化是指书业企业在生产、经营、管理和决策的过程中，不断开发和广泛应用信息和网络科学技术，使企业经济效益和竞争能力不断提高。目前，各出版社和书店已开始逐渐意识到信息化建设的重要性，投入人力、物力和财力进行自身的信息化改造。

金融电子化是发展网络科技出版电子商务的关键。金融电子化是指金融机构在为客户提供金融服务和进行经营管理的过程中，通过信息网络开展业务，使金融服务更加及时、便捷、安全、多功能和全球化。目前，相关的企业和金融机构都积极投身于电子商务的发展，为出版机构电子商务交易的安全与便利创造了良好的外部环境。如 Visa 和 MasterCard 两大信用卡集团牵头制定了“安全电子交易”（SET）系统，如今 SET 已经成为商业化的安全系统中最流行的一种；标准出版社的网上支付系统为“首信易支付系统”，这是北京一家获得政府支持的公司，有光纤到银行的接口，提供多银行多卡多支付方式，给客户相对简洁的管理平台，并支持退货退款功能；另外，平台还支持财务对账和定单明细，方便客户对资金流的管理。

③电子商务平台发展的体制环境。

网络科技出版机构体制的革新与完善是电子商务平台发展的内

部环境。科技出版机构要从传统的模式转变为网络出版形式下的电子商务模式，信息化建设、企业文化、管理和人才培养等方面的转变是实施出版机构的电子商务发展战略的体制环境。

首先，实行组织创新。现代信息技术的发展改变了原有组织和管理体系，改变了传统的以大量中层管理人员为特色的“金字塔”型的组织结构，使其成为扁平化的、缺少层级观念的、灵活多样的、能快速响应市场的新型组织结构。面对读者个性化需求和不断变化的市场，这样的组织机制能够帮助出版企业向简单化、扁平化方向发展，最终形成将信息、知识、技术、资金、原材料、市场和管理等资源联合起来的网络出版企业。

其次，实行制度创新。出版企业信息化的核心是信息管理，因此，信息管理制度的创新显得十分必要，包括制定计算机软硬件的培训制度、采购制度、使用制度和维护制度，并制定相应的处罚措施和激励政策，以保证相应制度的贯彻执行。

最后，开展职工教育培训，重视复合型人才的培养。随着知识经济的到来，出版机构尤为重视挖掘和培养具有网络和出版复合知识结构的人才，同时加强对企业内部职工的电子商务教育培训，通过广大员工，不断把电子商务最紧密地融合到企业的经营管理中。

（2）网络科技文献出版电子商务平台的应用框架。

出版业的电子商务系统是一个集多种功能于一身，使用多种先进技术并需多个行业协调配合，对出版（包括图书交易、信息、资金等）进行综合处理的一种组织商业运作模式。网络科技文献出版电子商务是通过电子途径（互联网），借助电子手段或工具完成科技文献出版、发行及交易和印刷等全过程的活动。出版机构的电子商务一般分为前台应用与后台维护两大系统。前台应用系统主要为用户提供在线信息浏览、信息查询、网上购物等功能，当客户进入电子商务的某个 Web 节点时，看到的是前台铺面。后台维护系统主要涉及数据库系统的设计，在线信息更新等功能。

电子商务平台要实现出版机构与作者、读者之间的网上互联、发行及印刷的网络化、出版管理的网络化等，因而网络科技文献出版的电子商务平台以管理系统为基础，将出版机构、作者、读者、银行联系起来，形成编辑出版、发行、交易全网络化的操作平台，其平台构建如图 3-8 所示。

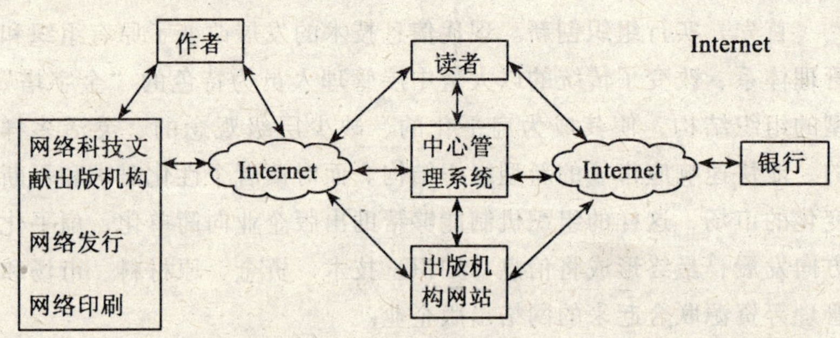

图 3-8　网络科技文献出版电子商务平台构建图

网络科技文献出版的电子商务平台要处理的内容分为三部分：信息流、物流、资金流。这三部分在平台内构成一个有机的体系，相辅相成，进行有效的循环和反馈，完成各项工作。缺少其中任何一个部分或其中任何一个环节，都不能算做一个完善的出版电子商务系统。电子商务围绕信息流（文献信息的采集与发布）、资金流（支付、结算方式）和物流（发行印刷）进行。用信息流去引导网络出版资源、用信息流去引导物流和资金流。

总之，完善的“出版电子商务系统”不仅需要银行和有关金融机构参与构建“出版电子商务系统”货款结算平台，攻克网上实施支付安全保障技术；而且需要转变读者的消费观念和出版机构经营理念，才有可能实现出版电子商务平台的正常运行并最大限度地发挥其功能，从整体上提高效率，带来效益。

（3）网络科技文献出版电子商务平台的交易模式。

网络科技文献的电子商务平台主要功能包括网络科技文献的信息发布、网上谈判（电子合同的签订）和网络科技出版物的交易。其中，电子订货与支付系统是电子商务系统的一个重要组成部分。网上谈判、合同单的传输一般采用 EDI（电子数据交换技术）方式进行，一旦合同单已经签订，双方就进入出版物交易阶段。双方将交易信息传送到银行，银行对双方信息认证后进行账户间的资金转移。电子商务平台还为用户提供最方便的信息检索、个性化服务等。

该电子商务平台具体流程为：首先，用户通过 Web 浏览器进入出版机构主页。用户必须经过注册，经过出版机构服务器的认证和授权。其次，被授权的用户浏览网络出版物，并将选中的商品放进购物车中，当选择完毕后，可以重新选择所挑选的商品。再次，当用户确认购买信息后通过网络将订货表单提交，送到出版机构的信息中心。出版机构确认信息后将用户和商品信息送到银行认证中心进行电子签名认证并登记。最后，出版机构授权顾客下载网络文献，并向银行清款。整个网上交易过程如图 3-9 所示。

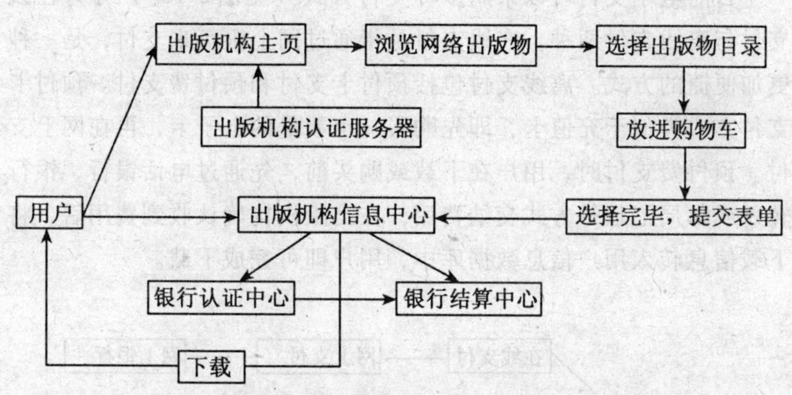

图 3-9 网络科技文献的电子商务平台运作流程图

3.3.2 电子支付

电子支付是指通过电子信息化的手段使资金从交易中的一方流向另一方的过程。它实际上是把交易中使用的货币及各种单据用特定格式的数据流来表示。因此，电子支付过程本质上是这些数据信息的交换和处理①。作为电子商务的核心环节和关键步骤，电子支

① 李振汕．浅议电子支付［J］．广西政法管理干部学院学报，2007（5）：115

付的实现程度是影响电子商务发展速度的主要因素之一。对于网络科技文献的交易而言，电子支付实现了文献的即时传递，提高了文献的利用度。

在基于互联网平台的电子支付体系中，一般要涉及消费者、商家、消费者开户行、商家收单银行、支付网关、银行专用网络、CA 认证中心（Certification Authority 即数字证书认证中心）等多个参与方。而且，电子支付体系是融购物、支付、安全技术为一体的大系统。

（1）电子支付方式。

目前电子支付可以采用多种支付方式（见图 3-10），分为在线支付与离线支付两种。在线支付是指通过网上银行来支付，是一种更加便捷的方式。离线支付包括预付卡支付和预付费支付。预付卡支付方式类似于充值卡，即先购买一定数量的电子卡，再在网上支付。预付费支付时，用户在下载或购买前，先通过电话银行、银行转账或邮局汇款等方式交纳费用，在出版机构确认收到费用后，将下载信息转入用户信息数据库中，用户即可完成下载。

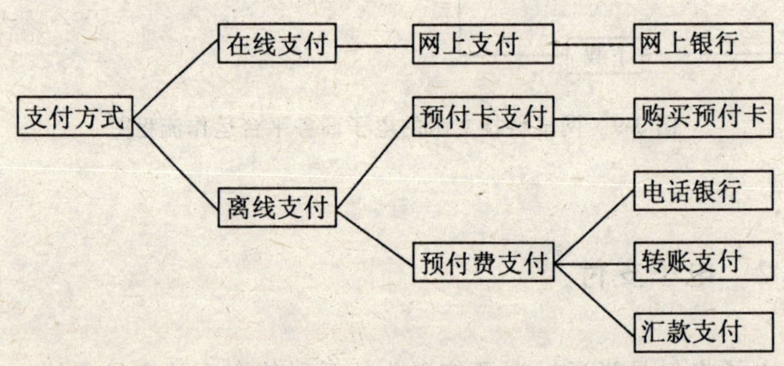

图 3-10　电子支付方式

（2）电子支付工具。

电子支付是实现完全电子商务的关键的一环。目前，通行的电子支付工具主要有电子现金、信用卡、电子钱包和电子支票这些方式。

①电子现金。

电子现金（E-cash）即数字现金，是一种以数据形式流通的货币。用户用现金或存款申请兑换 E-cash 现金，银行把现金数值转换成为一系列的加密序列数。用户用授权的 E-cash 现金进行支付，电子现金便通过网络转移到商家，商家联机向 E-cash 银行验证真伪；商家将收到的 E-cash 现金向银行申请兑付，E-cash 银行收回 E-cash 现金，保留其序列号，再将等值的货币存入商家的银行账户。电子现金具有多用途、使用灵活、匿名性、快速简便的特点，无需直接与银行连接便可使用，适用于小额交易。

②信用卡。

信用卡是种主要的、使用最广泛的银行卡。信用卡不仅是一种支付工具，同时也是一种信用工具。使用信用卡可以透支消费，给用户带来了方便。目前，信用卡的支付主要有四种类型：无安全措施的信用卡支付、通过第三方代理人的支付、简单信用卡加密和 SET 信用卡方式。

③电子支票。

电子支票和传统的支票形式几乎有着同样的功能。不同在于传统的支票人为签名，而电子支票需要经过数字签名，使用数字凭证确认支付者、被支付者身份、支付银行和账户。从伪造签名的意义上说，伪造一个电子支票远比伪造一个传统的支票的签名难度大，所以在安全度上电子支票比较高。

④电子钱包。

电子钱包是智能卡在电子商务中的应用。所谓的智能卡是在塑料卡上安装嵌入式微型控制器芯片的 IC 卡。电子钱包完全摆脱了实物形态，购物方式十分省时、省事、省力；而且，对于顾客来说，整个购物过程自始至终都是十分安全可靠的。在购物过程中，顾客可以用任何一种浏览器进行浏览和查看。由于顾客的卡上信息别人看不见，因此保密性很好，用起来十分安全可靠。另外，有了电子商务服务器的安全保密措施，可以保证顾客去购物的商店是真实可信的，从而保证顾客安全可靠地买到货物。

⑤移动支付。

目前，手机在国内越来越普及，并且利用手机进行无线付费已成为可能。手机可以代替各种银行卡成为个人的随身电子钱包。手机支付方式不仅快捷，而且实现方便，所以用手机消费会逐渐成为用户和商家方便的选择。目前主要通过手机进行一些小额付费业务，主要有：电话费/网费付费业务、电话卡付费业务、月杂费付费服务、证券交易服务。

(3) 电子支付流程。

目前，比较完善的电子商务安全技术通常采用基于SSL协议和采用基于SET协议的两种技术。基于SET的电子商务安全技术是专门为电子支付设计的，保证了电子交易的机密性、数据完整性、身份的合法性和抗否认性。其交易流程主要由读者、出版机构、认证中心、商业银行和支付网关构成，交易各方通过CA发放的数字证书识别身份。数字证书包含了证书拥有者的信息和所签发证书的CA的相关信息。参与交易各方通过验证证书，确认对方的身份，防止欺诈，从而保证了交易的安全。参与交易的各方及基本交易流程如图3-11所示。

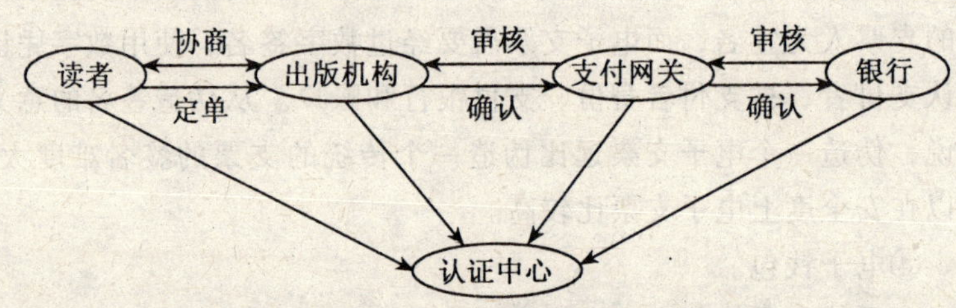

图3-11　参与交易的各方及基本交易流程图

具体而言，电子商务的支付流程与实际的支付流程非常接近。从顾客通过浏览器进入出版机构网站开始，一直到电子文献的下载完毕以及账户上的资金转移，所有这些都是通过公共网络完成的。如何保证网上传输数据的安全和交易对方的身份确认是电子商务能否得到推广的关键，这正是SET所要解决的最主要的问题。图3-12为一个包括完整的电子商务支付处理流程的SET工作图。

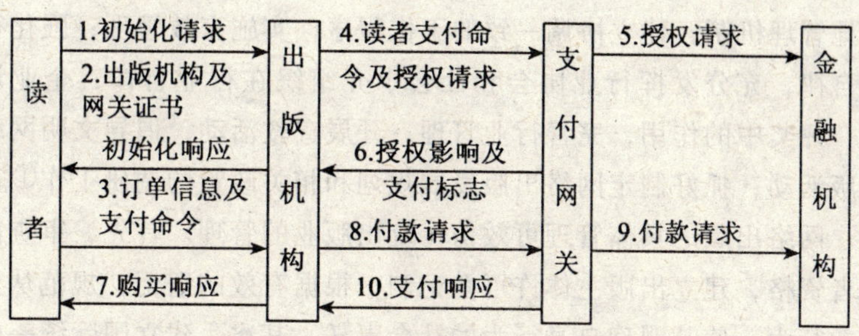

图 3-12 基于 SET 协议的交易支付流程图

3.4 发展网络科技文献出版的对策

科技文献的网络出版离不开法制、政策环境的完善和网络技术的提升，更需要构建良好的网络出版体系，并建立科学的网络出版确认机制。

3.4.1 完善与网络出版相关的法律、法规

对政府而言，完善与网络科技文献出版相关的法律、法规，为科技文献的网络出版提供较好的法律环境，是实现网络科技文献出版的前提条件。

2002 年 8 月 1 日，作为指导与规范网络出版产业发展的第一部法规《互联网出版管理暂行规定》开始实施，这对中国网络出版产业的发展具有特别重要的意义。2004 年 11 月 30 日，新闻出版总署在京举行了互联网出版单位集体会议，副署长于永湛传达了中央《关于进一步加强互联网管理工作的意见》（以下简称《意见》）精神，并根据《意见》的职责分工，总署提出十项重点工作。其中提到要加强网络出版监管体系的建设，组建国家网络出版管理中心，探索高效可行的网络出版监管新模式；加快研究论证

“网络出版内容监控系统”可行性方案，做好立项申报工作；强化属地管理机制，建立协调一致的工作程序，实施有效管理；强化行业自律，充分发挥行业协会和社会中介组织在行业自律，企业评估、评奖中的作用，完善行业管理；开展宣教活动，倡导文明网络出版活动；抓好制定网络出版发展规划和相关政策的调研工作①。

网络出版的具体管理可效仿传统出版业的管理。首先，审查出版者资格，建立出版主体许可登记制，根据有效的登记，规范从业者的行为，使其明确自身行为的社会责任。其次，建立国际统一的国际标准网络出版号 ISNPN（International Standard Network Publishing Number）赋予网络出版唯一标识，规定网络出版者必须有核准的 ISNPN 号才能从事网络出版业务，并将此号放在网络出版物的显著位置。这样，一是方便查找，二是便于永久保存和作为文献参考，三是可促进网络出版的发展。

此外，网络出版物易被复制的特点使网络知识产权保护问题备受关注。虽然可以在出版过程中采取一些加密技术，但效果并不尽如人意。而网络文献的版权问题将严重影响科技出版的社会效益和经济效益，这就对现行的知识产权及有关法律提出了新的要求。因此，有必要组织国内的网络专家、法律专家及出版界权威人士，针对网络期刊的发展制定有效的政策、法律、法规，加强网络期刊信息资源的有效管理和传播共享，实现网络环境下电子文献的知识产权保护。这将有助于现行知识产权法律法规的进一步完善，促进网络科技出版的健康发展。

3.4.2 构建良好的网络环境和配套的技术支持

网络环境的发展与技术的更新换代，不仅是实现网络科技文献出版的支撑条件，而且也是网络科技文献出版取得突破性进展的推

① 新闻出版总署图书出版管理司．新闻出版总署传达中央《关于进一步加强互联网管理工作的意见》精神十项重点工作贯通互联网出版全局［OL］．http：//chinabook. gap. gov. cn，2007-09-30

动因素。

(1) 升级网络环境。目前，虽然我国的网络普及率有大幅度提升，但国内的网络硬件设施尚不够完善，高速信息公路堵塞现象严重，这造成在网上阅读文章时，用户要花较长的时间等待计算机屏幕显示，甚至会有读取失败、无法下载等问题。所以，要发展网络出版必须加强网络基础建设，加大网络带宽，完善网络环境，同时需要一定的社会网络环境和产业政策，树立良好的网络意识和培育浓厚的信息氛围。

(2) 开发出版管理系统，为出版单位提供技术支撑平台。由于出版物具有知识内容，是纯粹的内容产品，不同于其他商品，因此对出版单位而言，网络化内容管理意味着对产品内容进行统一的数字化加工制作，此时，技术支撑平台显得尤为重要。可由计算机公司根据大多数网络出版机构的需求，开发设计通用的网络出版管理系统以供网络出版机构使用。由专业的计算机公司开发设计软件有很多优势：一是可节约众多网络出版机构开发软件的资金、人力、物力和时间；二是设计出来的软件功能更完善、操作性更强，易于维护，并且有专业的公司负责售后服务；三是有利于制定统一的行业标准，兼容性强，便于交流。同时，在网络出版安全管理方面，可采取以防火墙技术为代表的，包括信息泄密防护技术、病毒防护技术等被动防范型技术；网络出版物的交易安全方面可采取以下办法，即在数据加密基础上，采用开放型安全控制技术，包括数字签名、鉴别技术、访问控制系统等，它将明文变成不可解读的密文，以确保网络出版物的交易安全。

(3) 建立一个网络科技文献的权威性检索平台。该平台能够支持各类用户群对网络科技资源获取的最广泛需求，力求在规定的文献质量范围内，保证资源收录的完备性和内容更新的及时性。同时，保证信息加工的准确性，检索系统的高度查全性、查准性，使其成为科技文献的权威检索工具，为查找文献、把握学术动态与发展科技研究提供支持。

(4) 建立大规模整合出版传播平台。网络科技文献的发布平台不应仅限于文献信息的检索，应充分利用现代信息技术和智能化、信息化处理功能，对文献内容进行深度挖掘，对公众检索行为进行需求分析。在构建文献的知识网络关联的同时，开拓读者、作者与编辑的三方互动通道，构建网络科技文献出版的整合传播模式，形成科技文献增值利用的传播机制，大幅度拓展文献传播范围和资源利用价值。

3.4.3 完善网络科技文献的出版体系

对出版机构而言，构建并完善科技文献出版的网络化体系是科技文献能否实现网络出版的基础条件。

（1）构建一个完整的在线出版系统框架，主要包括以下几个系统：①宏观管理、策划系统——宏观管理、策划选题、组稿、稿件管理等；②网络出版系统——内容的编辑制作；③信息服务系统——相关信息发布、网上投稿、网上审稿、作者稿件网上查询，同时向订户广播最新文献的目次信息①；④商务、发行系统——用户付费下载、订阅、注册等。系统要建立文献库、用户信息库和审稿专家库等数据库。

（2）完善出版机构的在线出版系统。科技文献的在线出版是真正意义上的在线出版，即在网上实现组稿、投稿、审稿、编辑、校对、出版、检索、征订、发行等功能。在这个过程中，包括投稿人（作者）、编辑、审稿专家、出版者、读者等都应是在线工作的。网上传递和交流数据可采用 E-mail、远地传输等方式。在线出版系统必须设置“系统管理员”。“系统管理员”由各级新闻出版管理部门和电信部门共同承担，“系统管理员”必须对出版单位的出版内容进行定期检查，以保证网上出版信息的真实性、准确性和有效性②。

---

① 骆满生，王亨君，袁晓萍．网络期刊的出版模式［J］．编辑学报，2003，15（6）：421

② 罗玉兰，陈绍选，刘运飞．科技期刊的网络出版初探［J］．江汉大学学报（社会科学版），2004（4）：77

（3）参考传统出版流程，制定一个高效合理的出版流程，即知识信息在整个在线出版系统运行的路径。在这个出版流程中，读者付费阅读后可在线向作者提问、质疑、提供修改意见，使作者在文章正式发表后仍可再次修改、更新。这个环节比传统出版中一旦印刷成书就无法修改前进了一步，更能提高稿件质量。同时，这将有利于出版机构向跨媒体出版转型，实现网络科技文献的多媒体出版。出版机构也从传统科技出版物的内容提供商转向互联网的信息资源供应商、整合商，形成以数据内容为核心的出版流程，开拓电子图、数据库业务，实施网络营销，实现出版流程的重组再造。

（4）培养“复合型”网络编辑人才。科技文献编辑承担着将科技成果和信息以网络为媒介传播给读者的重任。科技文献实现网络出版后，编辑所面对的不再是纸质稿件，而是电子稿件，即已经数字化的稿件，文字已经录入，图像、声音已经处理好。网络出版系统提供给编辑的不仅是一个文字、图形加工平台，而且是包括文字、图形、图像、声音的多媒体加工平台。因此，科技文献编辑除需通晓本学科专业知识以外，还必须掌握计算机和网络应用知识，熟悉文字编辑、图形图像处理、网上文件处理、网上阅读等软件以适应网络时代编辑工作的需要。

3.4.4 建立网络科技文献出版的确认机制

网络科技文献出版的确认机制是指某些社会评价体系对网络出版的学术文献的学术质量、学术价值和地位等方面的认同和评价机制，这是实现科技文献网络出版的关键条件，也是关系到科技文献网络出版存在与发展的核心问题。

目前学术界尚没有建立网络文献出版的确认机制，即没有类似中国人大复印资料中心、新华文摘、中国高等学校文科学报文摘等权威机构收录网络出版的学术论文。因此，科技文献出版面临着一系列的问题，如：不知如何评价网络文献的地位；不知如何对网络出版的学术文献质量进行把关；作者大多不愿意将自己论文的首次发表权交给网络出版商，认为其不具备权威性。而与此同时，学位委员会、职称评聘委员会、学术委员会、科技成果鉴定部门等机构是参与评价学术文献价值的有关部门，此类机构的价值取向已成为当前主流的学术价值取向。但是，目前这类机关对网络出版的学术文献尚未认可，这就造成了网络出版文献的价值确认机制不明确的问题。

没有建立网络科技文献出版的确认机制，网络出版机构就吸引不到优秀的稿件，而稿件质量是衡量一种刊物的生存能力和竞争能力的关键因素，可以说是关系到网络出版机构生死存亡的问题。没有发表高质量的论文就无法树立该刊物或出版机构的权威性，同时没有权威地位的刊物或出版机构就组织不到优秀的稿件。这种恶性循环对科技文献的网络出版十分不利，也造成网络文献出版发展缓慢。所以，当前要抓紧建立科技文献网络出版确认机制的工作。一是建立严格的学术把关机制；即由编辑和审稿专家对科技文献质量进行把关，甚至在正式发表前读者还可通过网络向作者反馈意见以供作者参考修改。这不仅有利于文献获得学术界的认可，而且有利于提高文献的质量。二是尽早建立权威的评价体系，对科技文献的质量、网络期刊和数据库的地位进行评价，可参照纸质出版物的评价体系。三是有关机构如职称评聘部门应认同网络出版的学术文献，这实际上也起着导向作用。

如果建立起科技文献网络出版确认机制，前面所谈到的问题都可以迎刃而解。作者将愿意将优秀的稿件投到网络出版机构，从而提高刊物与出版机构的质量，扩大其影响；而且网络出版凭借网络传播速度快、覆盖范围广的优势，比印刷出版更容易扩大影响，从而使网络出版的科技文献树立起权威性。当然，出版机构应建立“以我为主”的“信息海关”机制，屏蔽有害信息的污染、攻击和破坏，使人们可以合法访问、检索和引用，确保文献信息发布的权威性、安全性，促进学术网站建设的正规化。

4 网络科技文献出版现状分析

本章主要是对网络科技文献的出版情况进行阐述。在对网络科技出版的基本状况、数量结构特征及存在问题进行综合分析之后，再分别对各类网络科技文献的出版情况进行具体描述，并对网络科技文献出版所面临的问题进行探讨。

4.1 网络科技文献出版现状综合分析

对网上科技文献出版基本状况的分析，我们从以下三个方面来进行。

4.1.1 网上科技文献的出版数量分析

在网上发表的各类科技文献中，数量最多的是电子图书与电子期刊论文（也称数字化期刊，下同）。所以，以下将从电子图书和数字化期刊两类分别分析网上科技文献出版数量。

首先是电子图书的出版数量情况。由于各出版企业的积极参与，电子图书的出版数量呈现出大规模增长的趋势。截至 2005 年 12 月 31 日，中国电子图书出版数量已经达到 21 万种，这个数据已经超过了美国电子图书品种数。目前，我国许多出版企业和出版集团，都已经介入了网络出版。这些先行者在电子图书网上出版方面已经迈出了很大的步伐。实行电子图书和纸质图书的同步出版，已成为一些出版社的重要发展方向。据统计，大约有 160 多家出版社在出版印制图书的同时出版电子图书。北京大学出版社在 2005

年出版的电子图书相当于该社 7 年来纸质图书出版的总数。高等教育出版社 2005 年电子图书出版数超过纸质书出版数的 64%。四川大学出版社采用方正阿帕比技术在 2003 年到 2004 年共出版电子图书 441 种，同期出版的纸质书大概是 450 种，两者差距微乎其微，比例接近于 1∶1。这组数据反映了电子书与纸质书并驾齐驱的发展趋势。

我们对超星数字图书馆、书生之家数字图书馆武汉大学镜像分站以及中国国家数字图书馆 APABI 电子书库开展访问调查，得知科技类电子图书出版数量大致如下：截至 2005 年 9 月，超星网站为读书卡会员提供的电子书数量约为 30 万册，数量最多；其次是书生数据库，其电子书收藏量达到 223 322 册；中国国家数字图书馆的 APABI 电子书库目前藏书约 59 272 册。从数量的角度分析，网上科技文献的出版随着网络的普及和网民的增多得到较快的发展，网上读书这种新的阅读方式受到越来越多的网民的青睐，市场的广阔空间给电子图书的发展提供了巨大的发展潜力，数量增长非常迅猛。截至 2006 年底，中国电子图书收入已经达到 1.5 亿元，其中北大方正电子图书的收入达 5 000 万。经济上丰厚的回报刺激了出版企业对电子图书出版的重视和投入。

其次是数字化期刊的出版数量情况。数字化期刊主要以联机数据库或者光盘数据库作为平台。总体来说，数字化期刊出版规模增长迅速，传统期刊的 80% 已经有了网络版。从事科技类数字化期刊出版的中国出版机构主要有中国期刊网、重庆维普。另外，清华同方股份有限公司与中国学术期刊（光盘版）电子杂志社合办的中国知识基础设施工程（China National Knowledge Infrastructure，简称 CNKI 工程）也是科技文献网络出版的重要平台，该项目以实现全社会知识信息资源共享为目标，被国家科技部等五部委确定为“国家级重点新产品重中之重”项目。目前，CNKI 共出版 22 个数据库型电子期刊，收录 6 600 种重要期刊，由此而使 CNKI 数字图书馆所囊括的期刊论文资源总量超过全国同类资源总量的 80%。截至 2005 年 9 月 20 日，CNKI 中的《中国学术期刊全文数据库》和维普资讯中的《中文科技期刊数据库》（全文版）的收藏量分别为 12 634 002 篇和 9 576 694 篇。

综上所述，我国网上科技文献的出版，无论是电子图书，还是数字化期刊，其发展势头良好，规模庞大且增长迅速。其中超星、书生之家和国家数字图书馆这三家电子图书的总收藏量就达到582 594册（需要说明的是，这里的册数就是种数，因为电子图书从理论上来说可以无限量地复制，不存在同一种书有多少册的概念）。中国学术期刊全文数据库和维普资讯则收藏科技文献共计2 202 696篇。根据信息产业部最新统计，截至 2007 年第一季度，我国互联网上网人数达到 1.44 亿，位居世界第二，其中宽带上网用户达到 9 700 万户。随着我国网络用户和上网计算机数量增长迅速，科技文献的读者也会相应增多，科技文献的目标读者群主要是具有良好教育背景的知识分子、科研工作者。这些用户不仅对网上科技文献的需求会随着社会的发展不断增长，而且一般都具备良好的购买能力。这种阅读需求的增加为网上科技文献的出版提供了广阔的市场空间。

4.1.2 网上科技文献的出版结构分析

从学科分布上来看，网上科技文献出版涉及《中图法》中的 N 自然科学总论，O 数理科学和化学，P 天文学、地球科学，Q 生物科学，R 医药、卫生，S 农业科学，T 工业技术，U 交通运输，V 航空、航天，W 环境科学、安全科学等学科门类，覆盖面相当广泛。

网上科技文献的出版结构指网上出版的各类科技文献所占的比重。正如前面所说，我国目前网上发表（出版）的主要文献类型是电子图书与数字化期刊，十大类科技文献中的其他八种类型，即科技报告、会议文献、专利文献、学位论文、标准文献、产品资料、科技档案和政府出版物等，都很少在网上发表。因此，我们对网上科技文献出版结构的分析，也按电子图书与数字化期刊两类分别进行，以这两类文献的内容结构为重点。

从网上出版的电子图书的内容结构看，不同的数据库中不同学科所占的比重差异较大。究其原因，这与不同的数据库和互联网信息服务提供者的市场战略定位有很大的关系。本课题组统计，超星、书生之家和国家数字图书馆 APABI 电子书库三大电子书库中收录的关于自然科技方面的文献所占比重有很大不同。其中，超星收录的科技文献数量最多，达 71984 册，但这些科技文献仅占全部库存量的 23.99%，相对于另外两个数据库的同一指标，这一比例是最低的。超星以收录人文社会科学方面的文献为主，非科技类的 12 大类图书占总收藏量的 76.01%。在书生之家数据库中，科技类图书总藏量只占图书总量的 24.82%，而国家数字图书馆的这一指标为 34.26%。从总体上看，超星和书生之家数据库都不是以自然科技类图书作为收录重点的，只有国家数字图书馆中自然科技类图书藏量超过了总数的三分之一。这也反应出了数据库发展过程中对自然科技类图书重视不够的弊端。

从网上出版的数字化期刊的内容结构看，《中国学术期刊全文数据库》与维普资讯《中文科技期刊数据库》所收录的文献主要以自然科技类为主，所选的科技文献总篇数分别占统计时段总文献数的 54.75% 和 75.44%。这两个最大的网上科技文献发表平台所收录的科技文献按学科内容统计，收录文献量最大与最小的类别情况如表 4-1。

表 4-1　网上部分科技文献出版结构表

发表平台	收录医药卫生类文献	占该库总文献量比重	收录工业技术类文献	占该库总文献量比重	收录自然科学总论类文献	占该库总文献量比重
中国学术期刊全文数据库	2 709 339 篇	21.44%	2 234 603 篇	占总库存量的 17.69%	9 058 篇	0.07%
中文科技期刊数据	2 423 191 篇	25.30%	2 727 165 篇	28.48%	25 547 篇	0.27%

在《中国学术期刊全文数据库》中，收录量最大的是医药、

卫生类，有2 709 339 篇，占该库总文献量的21.44%；其次是工业技术类，有2 234 603 篇，占总库存量的17.69%；收录文献量最少的是自然科学总论，有9 058 篇，仅占0.07%。在维普资讯《中文科技期刊数据库》中情况与前者类似，其中工业技术类收录量最大，有2 727 165 篇，占该库总量的28.48%；排第二的是医药、卫生类，有2 423 191 篇，占总量的25.30%；收录量最少的也同样是自然科学总论类，有25 547 篇，占该库总量的0.27%。这些数据表明，各数据库收录的侧重点虽然略有区别，但是从总体上分析，其所发表的各种不同学科文献的分布比例却大致趋同，即基本上对工业技术与医药卫生类等应用性研究文献的收录更加重视，并给予了优先的发展地位（这两类文献在这两大数据库所发表的文献中都居前二位），而对于自然科学总论类等基础理论研究的文献的收录则明显不够重视（在两大数据库中自然科学总论类文献保存量都居最后一位）。这种情况与目前国家学术研究中更加重视应用学科的情况关联紧密。所以网上科技文献内容结构的合理化问题是一个系统性难题，不是信息服务提供者本身能够独立解决的。

4.1.3 我国网上科技文献出版存在的主要问题分析

近几年来我国网上科技文献出版尽管有了引人注目的发展，但与国外网上科技文献出版的高速发展相比，与国内对网上科技文献出版不断增长的需求相比，仍然存在着较大的差距，存在着许多不容忽视的问题。

（1）网上科技文献出版数量太少。这主要是从读者需要的角度看。科技文献的读者多为具有较高学历的知识分子，他们具有较好地使用网络检索工具和电子阅读设备的技能，对于新的阅读方式能够较快地学习、接受。我们所进行的网上科技文献利用情况调查表明：网上科技文献的使用者中95%的人具有大专以上文化程度(见表4-2)。

表 4-2　　网上科技文献使用者文化程度情况表

文化程度	博士	硕士	本科	大专	其他
所占比例	4%	20%	59%	12%	5%

阅读并利用科技文献，是这些读者消费出版物的主要内容。研究表明，这些读者的阅读呈现出明显的多元化趋势。所谓多元化阅读是指阅读媒介多元化、内容多元化和载体多元化等三个方面。其中，媒介多元化是指承载知识和信息的媒介的多元化，它们包括图书、报纸、期刊、电视、广播和网站等多个方面；内容多元化是指阅读的内容和对象不再以文字为主，更增加了影像、图片和声音等；载体多元化是指除了纸本以外，各种磁性材料、光盘以及各种下载终端的应用。这种多元化的阅读需求的满足，需要网上科技文献出版不仅从数量上要有大幅度的增长，而且在出版内容与表现形式上也要丰富多彩。目前我国网上科技文献的出版，无论是从数量上考察，还是从结构上衡量，都很难达到这种要求。以网上出版的电子图书为例，目前国内收录电子图书数量最多的网络平台——超星，其保有的科技文献量仅占全部库存量的 23.99%。科技文献保有量占全部库存量最大的国家数字图书馆 APABI 电子书库，科技文献比重虽然占到了 34.26%，而其科技文献保有量却只有 59 272 册。正如前面所说，网上科技文献的读者特征，决定其阅读、利用科技文献的比重要大大高于非科技文献，与此相适应，网上出版的科技文献数量也要大大高于非科技文献。然而，目前网上科技文献出版所占比重，几乎与印刷文本科技图书的出版数量比重等同。近三年来印刷文本科技图书出版数量情况如表 4-3 所示。

从表 4-3 可以看出，印刷文本中科技图书所占比重呈逐年上升趋势，到 2006 年，科技图书出版种数已占全部图书出版总品种数的 25.01%。这一比重，已经超过了国内网上科技文献出版平台中目前收存科技图书量位居前列的超星与书生之家。超星与书生之家所收录的科技文献量占全部库存文献量的比重，分别为 23.99% 与

24.82%，都没有超过25%。这样的出版量，是无法满足以网上科技文献利用为出版物消费主流的这些读者需要的。正是从广大网民读者需求的角度讲，我国目前网上科技文献出版显得明显不足。

表 4-3 近三年来印刷文本科技图书出版数量情况表

情况 \ 年份	2004 年	2005 年	2006 年
出版图书总品种数	208 294 种	222 473 种	233 971 种
科技图书出版种数	47 931 种	53 187 种	58 503 种
科技图书所占比重	23.01%	23.67%	25.01%

（2）网上科技文献的出版结构不尽合理。网上科技文献出版结构的不合理性主要表现在以下两个方面：

①类型结构不完善。在科技文献的主要类型中，大多数类型都未能实现网上出版。前面已经提过，科技文献一般划分为十大类型，即科技图书、科技期刊、科技报告、会议文献、专利文献、学位论文、标准文献、产品资料、科技档案和政府出版物。这十类科技文献中，后面八类科技文献极少成为网络出版的对象。这导致了网上科技文献出版类型结构不完善。

人类科学技术的发展实践表明，不同类型的科技文献之间，存在着十分密切联系的情况较为普遍。如围绕某一新产品的开发，某一新技术的发明，或某一新成果的推广应用，往往能同时形成科技报告、专利文献、科技档案、科技论文、科技图书等一系列的科技文献，这一系列不同类型的科技文献之间，内容上具有很强的互补性。网上科技文献出版类型的不完善，割裂了各类科技文献的这种内在联系，破坏了其内容上存在的互补性。这不仅影响了网上科技文献出版的质量与数量，而且严重影响了读者对网上科技文献的有效利用。

形成此种局面的原因十分复杂，要进行深层次的剖析也相当不容易，但一些影响多类科技文献上网发表的重要因素却显而易见，如政府出版物、标准文献、科技档案未能上网，是没有出台有关的法律法规；科技报告、学位论文、会议文献不想上网，是缺少有力的知识产权保护；专利文献、产品资料很少上网，是缺少经济利益保障机制，等等。

②内容结构不合理。正如前面所提到的，这种不合理性首先表现为基础研究类的科技文献所占比例太低。我国收录科技论文最多的两大数据库是《中国学术期刊全文数据库》和维普资讯《中文科技期刊数据库》，它们所收录的基础研究类科技文献在按《中图法》进行内容归类的十类科技文献中，分别只占有其各自保存的库存科技文献总量的0.07%与0.27%。

此外，内容结构的不合理性还表现为各类文献之间的分布不正常。以同为应用型内容的医药卫生类文献与工业技术类文献分布为例，在《中国学术期刊全文数据库》中，收录医药卫生类文献2 709 339篇，占该库总文献量的21.44%；收录工业技术类文献2 234 603篇，占总库存量的17.69%。在维普资讯《中文科技期刊数据库》中收录工业技术类文献2 727 165篇，占该库总量的28.48%；收录医药卫生类文献2 423 191篇，占总量的25.30%。下面我们将印刷文本科技图书中这两类所占的比例（见表4-4）列出，以便进行对比分析。

表4-4 近三年我国医药卫生与工业技术类图书出版情况表

年份 / 情况 / 图书类别	2004年		2005年		2006年	
	出版种数（种）	所占出书总品种比例	出版种数（种）	所占出书总品种比例	出版种数（种）	所占出书总品种比例
所有类别图书	208 294	100%	222 473	100%	233 971	100%
医药卫生类	8 382	4%	9 565	4.3%	10 324	4.4%
工业技术类	26 924	12.9%	29 512	13.27%	32 198	13.76%

将表4-4数据与网上这两个类别的出版数据进行对比，我们发现，在印刷文本中出版数量只有工业技术类文献的出版量是医药卫

生类文献的三倍，在网上分布中却达到与工业技术类文献并驾齐驱的地步。其不正常性显而易见。

分析其原因，我们认为主要应归因于网上科技文献出版运行机制与赢利模式不完善。医药卫生类科技文献，多与广大老百姓的日常生活有关，为吸引更多的普通民众对网站的注意，这些公共性网站往往采用免费方式发表医药卫生类科技文献，以提高网站的点击率。而工业技术类科技文献内容适应面相对较窄，在以点击率赚取广告费的网络营运商眼中，自然就得不到如医药卫生类文献般的礼遇了。这就提醒我们，在研究网上科技文献出版（发布）的健康发展问题时，千万不要忽略了对如何规范网站及网络营运商的行为的探讨。

(3) 出版方式较为单一。目前我国网上科技文献出版的方式，主要是将印刷型出版物数字化，然后上传到互联网上供读者阅读使用，方式较为单一。目前在网上科技文献出版方面做得比较好的出版社与期刊社，也都是采用这种将印刷书刊电子化的方式。如北京大学出版社、高等教育出版社及四川大学出版社等，就是采用出版传统读物的同时出版电子图书的网上出版方式。据统计，目前全国大约有 160 多家出版社在出版传统读物的基础上同步出版电子图书。而其他的网上科技文献出版方式，如直接在网上发表原创的科技著作、学术论文，直接将学位论文上网发布，等等，却很少出现。

网上科技文献出版方式单一的原因，主要是其他网上科技文献出版（发表）方式的运用，还存在诸多的障碍。与目前采用的将印刷文献电子化的出版方式相比，还有许多的问题需要解决，如出版行为合法性的认可问题，作品知识产权的保护问题，作品质量的评价与控制问题，成果价值的社会认同问题，作者、读者、网络发布者之间经济关系的协调问题，网络管理与技术问题，等等。

以出版行为合法性的认可问题为例，采用印制书刊电子化上网发布的方式，因为已印制出版的书刊已经具有了正式出版物的合法身份，将其内容放到网上发表，只需经作者授权即可操作，况且，许多的出版社与期刊社在与作者签订出版合同时，便已获得作者授权，所以操作起来较为方便。目前网上科技文献出版都采用此种操作方式，原因即在于此。如果采用其他的出版方式，如直接将学位论文通过某网站在网上发表，则这一行为的合法性不可能得到认可。按照我国现行出版法律法规要求，作为电子出版类型之一的网络出版，必须要对拟出版的作品进行编辑加工，并要经申请获得正式出版标识——中国标准书号，然后才能在获批准的具有相应发表资格的网络平台上发表，发表时还要将中国标准书号显示在具有题名或版权说明的屏幕上。这一过程操作起来十分复杂。

出版方式的单一化，严重制约了网上科技文献出版的发展。它使网上科技文献出版这一先进的出版模式处处受到传统出版模式的牵制，难以获得快速的、大规模的发展。其后果就是在当今信息爆炸的时代，人们却难以实现网上科技文献资源的快速共享，并由此影响到国家科学技术的发展，影响各经济领域生产力的发展。因此，尽快改变我国网上科技文献出版方式单一化的状况，努力实现网上科技文献出版方式的多元化，已经成了我国出版业发展中一道亟待解答的难题。

在对网络科技文献出版的现状进行了综合分析之后，我们再分别对各类网络科技文献的出版情况进行具体分析。

4.2 网络科技图书出版情况分析

网络科技文献出版是科技出版在数字化时代的新形式，它在科学信息交流中占有非常重要的地位。网络出版以自身的高科技为支点，具有及时、迅速、海量、多媒体融合和互动性强等传播优势，这些都让科技出版的网络化成为必要。科技文献的网络出版符合信息传播的发展规律，研究网络科技文献的出版可以帮助我们总结经验教训，从而更好地利用这种出版形式来促进人类科学事业的进步。网络科技文献出现的时间并不长，但是网络传播的多元化发展趋势对于网络科技文献的形式已经产生了深刻的影响，根据科技文献内容和形式方面的差异，可以将网络科技文献大略地分为科技类电子图书、网络科技期刊、网络科技数据库和其他的网络科技文献（如专家学者的博客，各种科技类论坛等）等四大类。为了阐述方便，现根据这个分类对网络科技文献的出版情况分述如下。

4.2.1 网络科技图书（电子图书）概述

所谓电子图书（E-Book）是指将知识信息内容以数字形式，通过计算机网络进行传播，并借助于计算机或者类似设备来阅读的电子图书。电子图书的英文名称是 Electronic Book，具体来说它由三个要素构成：一是知识信息内容，主要是以特殊的格式制作而成，可在有线或无线网络传播。例如，国内通用的电子书格式 CEB 等。二是阅读器，它包括桌面上的个人电脑、个人手持数字设备（PDA）、专门的电子设备等。比如，方正科技生产的电子书手持阅读器 EBOOK312 等系列产品。三是阅读软件，比如 Apabi Reader 等。

电子图书的出现方便了读者的阅读使用。这是因为读者随时可以获得最新版本的图书，并可以与其他读者交流阅读的感受与心得，而且可以通过计算机技术保留阅读过程的记录。电子图书容量大，体积小，传播速度快，读者接触面广。另外，电子图书可以无限地拷贝复制，因此读者不用担心图书会脱销、绝版。电子图书还可以让图书馆等情报服务机构受益。电子图书的出现让图书馆不用再支付大量的成本来储存纸质出版物，这不仅节省了藏书空间和资金支出，也大大地减少了图书馆工作人员的工作量。而且收藏目录等工作可以通过计算机来进行，管理的电子化大大地提高了管理和查询的效率，提高了读者服务的质量。另外，出版机构也可以从电子图书的生产经营中受益。出版电子图书意味着印刷环节的省略和发行环节的变革，传统的出版业因为要考虑到印刷过多造成挤压和资金占用以及印刷过少导致脱销等问题而显得风险重重，而电子图书的出版却可以完全不用考虑此类问题，只要一册在手就可以无限复制，源源不断地提供给用户，既无脱销的顾虑，又无积压的风险。同时图书发行流程也发生颠覆性的改变，读者可以直接面对生产企业，而不需要中间商的参与，发行环节的简化带来的是读者购买成本的降低和所需信息的顺利传递，对于出版企业和读者而言都不无裨益。电子图书的低定价、低成本对于并不富裕中国读者来说自然是有益的。阅读电子图书对光线没有要求，在没有光线或者光线很暗的环境下也能阅读，如在集体宿舍可以熄灯阅读，不会影响他人。此外，阅读的时候可以随处记笔记、批注、画线、圈点、画亮和加书签等，不用的时候也可以随时取消，不留任何痕迹。电子图书一般还带有词典类软件，读者可以通过它们直接查找陌生的字词，免去了携带大部头词典的麻烦。电子图书重量很小，便于携带，减轻了读者的旅行负担。上述优点是电子图书普及的推动力，因为新的媒介只有不断地突破旧媒介的缺陷，才会最终取代（或者是部分代替）旧的媒介而获得社会的普遍认同。

电子图书是网络技术发展到一定阶段的产物。作为新生事物，电子图书已经显示出强大的生命力，但是在出版业中它还没有占据应有的地位。究其原因有生产过程和技术标准的不兼容、知识产权保护力度的不足、携带的不方便、阅读习惯的不适应等。网络的发展对传统阅读方式无疑带来了极大的挑战。网络传播技术给予读者以新的选择空间，在阅读纸质出版物和网络文献之间人们面临着多元选择，这是前所未有的。国民阅读率的下降给传统出版产业提出了严峻的问题，同时也预示着电子图书将会获得良好的发展契机。人们对于电子书的重视和青睐给出版企业提供了良好的机遇。传统的出版企业可以以此把握新的机会，实现自身的跨越式发展。目前中国电子图书的发展势头良好，数量呈几何规模增长，图书馆等信息服务机构都开始普遍使用电子图书，尤其是大学图书馆对电子图书的需求巨大，这与青年读者对新事物的敏感和热情有关。电子图书的发展让读者感受到了网络的发展给阅读方式带来的革命性变化。通过电脑屏幕（将来可能是通过手机屏幕）来阅读的清晰度和舒适度会随着技术的进步而进一步提升，人们最终会接受移动阅读这种新的阅读方式。电子图书产业的发展不仅给读者带来方便，也为出版行业本身的进步提供了千载难逢的机会，出版企业应该利用这一历史性的机遇来完成产业升级，为在未来的竞争中保持优势地位做好准备。

4.2.2 国外电子图书出版情况

美国作为出版大国高度重视电子图书的出版，它的几大出版集团已经全面进入电子图书出版领域。世界上三大教育出版集团之一的麦格劳·希尔（McGraw-Hill）公司自2000年开始，已经出版了1 700种电子图书。该公司于2005年8月与数字杂志技术提供商合作，将其出版的大学教材制作成电子版，并通过网络销售。同时，该公司还宣布，今后将会把所有的教材都做成电子版本并为之提供网络服务。① 这个资料显示出国外电子图书发展的良好势头，国外同行对于电子图书的出版发行给予了高度的重视，并积极利用数字化出版技术，通过与技术提供商的合作来完成内容资源的数字化，实现了传统出版与网络出版的并驾齐驱。

国外电子图书的发展过程中具有里程碑意义的事件主要有以下几个：

日本在20世纪初期就出现了电子图书，这是世界上最早的电子图书。电子图书带给读者的不仅是阅读方式的改变，而且是信息接受过程的全新变革，尤其是后来多媒体的融合带来的视听革命，改变了传统对着纸张油墨阅读的历史而变为直接通过影像声音来获取信息，在人类阅读历史上具有里程碑式的意义。纸质图书作为人类文明积累和传承的载体，仍然会长久地存在，但是在某些领域它将渐渐地退出历史舞台。

在20世纪90年代末，硅谷的初创厂商推出了Rocket Book和Soft Book Reader。两者都很笨重，采用电池供电。由于销售不佳和可供阅读的内容有限，这两款产品都没有取得成功。当时最畅销的电子图书的主题是星际迷航小说，这与网络本身的虚拟特征有些关联。2000年3月14日，美国著名作家史蒂芬·金的《骑弹飞行》

① 郝振省等．2005-2006中国数字出版产业年度报告［M］．中国书籍出版社，2007．3：83

(Riding the Bullet) 首次在网络上出版，第一天的下载量达 40 万次，引起阅读界的轰动，该事件被业界认为是网络出版发展历史上的一次标志性事件。

2005 年 7 月，Nokia 公司新推出的 Smart Phone，其用户可以享受使用手机直接购买、下载、阅读电子图书的新功能。西方的研究者甚至认为由于手机的便携性等功能优势，手机的发展可能会超过计算机，而计算机在未来极有可能成为手机的辅助设备。同年 12 月，美国的《读者文摘》实现了电子杂志的网上订阅，这是电子图书销售的一次跨越。网上订阅改变了传统的发行方式，是网络出版经营者再造出版流程、重构盈利模式的一次积极探索，意义非常重大。2006 年，Sony Reader 推出。这标志着电子图书复兴的希望。索尼这种售价 300 美元的产品配置有 6 英寸的显示屏，能够存储 80 本图书，附带的电池足以让用户翻看 7 500 页纸。值得一提的是 Sony Reader 利用了 E-Ink 的屏幕显示技术。虽然索尼公司没有披露 Sony Reader 的销售量，但从索尼最近在美国几大城市增加 Sony Reader 广告投入的情况来看，其销售业绩应当是不错的。索尼便携式阅读装置业务的副总裁霍金斯说，数字图书阅读装置不是为了取代一本书，而是为了取代一摞书。用户将在旅途中、地铁中、机场上使用我们的产品。这是索尼公司对电子图书市场发展趋势的一种看法。同年 4 月，Sony 公司宣布美国第二大连锁书店开始销售 Sony 的阅读器。阅读器作为阅读电子图书的必备设备，它的完善对于电子图书出版事业发展的重要性是不言而喻的，上述知名公司的技术实力都非常雄厚，他们投入人财物等资源来研制阅读器，一方面可以保证阅读器的质量，另一方面也显示出了电子图书的前景被业界看好。与此同时，摩根斯坦利发布的《全球互联网发展趋势》报告认为，在某种意义上，手机已经领跑因特网，手机将是下一个互联网机会。这一点与传播学研究的结论非常相似，传播学研究认为在未来电脑将会成为手机的一个辅助成分。

据人民网的消息，亚马逊（Amazon. com）计划于 2007 年 10 月推出电子图书阅读设备 Kindle。Kindle 的售价将在 400 ~ 500 美元之间，可以通过无线方式连接到 Amazon 网站上的电子图书书店。与过去电子图书装置相比，这是一个巨大的进步。旧电子图书装置必须与计算机相连接，才能下载图书。与此同时，据了解Google发展计划的人士介绍，Google计划于2007年秋季让用户有偿访问其数据库中图书的电子拷贝。出版商将设定自己图书的价格，与Google分享由此带来的收入。截至目前，Google只向用户提供图书的有限的摘录①。国际出版巨头兰登书屋计划到2008年时出版约6 500本电子图书，在过去几年中，它已经出版了约3 500种电子图书②。兰登书屋是国际知名的出版发行企业，它的品牌已经相当成熟，因而它出版的电子图书也会因为品牌的高认同度而取得良好的销售业绩，同时对其他出版企业来说也具有较好的示范作用。

由上述电子图书的发展简史可以看出：电子图书的发展离不开读者（用户）的支持，读者数量太少则电子图书的发展空间就非常有限；出版社的内容资源要能够跟上电子图书发展的节奏；阅读器等相关设备的生产和推广非常重要，没有合适的阅读设备，电子图书的推广和利用就很难进行下去，而且技术提供商还应该统一标准提供兼容性强的硬件设备；手机作为一种通讯工具，随着技术的完善，它的功能将越来越强大，电子图书的发展应该也必须与手机的发展结合起来，通过手机来扩大电子图书的受众范围。

4.2.3 国内电子图书出版情况

截至2005年4月，中国电子图书（eBook）的出版总量达到14万8千种，已经位列全球第一。目前，我国电子书的出版总量已经达到21万种，位居世界第一。2005年中国电子书产业发展状况大致如下：出版规模方面，上亿码洋的出版社合作数量较2004

---

① http：//media. people. com. cn/GB/40606/6263433. html［OL］，访问时间：2007-9-15

② http：//media. people. com. cn/GB/40606/6263433. html［OL］，访问时间：2007-9-15

年增长24%，同步出版的出版社增加了65%，总的出版品种数增加40%，截至2005年年底，电子书总量达到21万种。销售情况方面，2005年提供电子书阅读服务的大学图书馆较2004年新增16%，中小学图书馆增加了120%，公共图书馆增加了38%，其他行业如政府、企业等增加了71%。2005年有80家出版社新加入网络出版行列，其中包括中国最大的出版社之一——人民教育出版社；新加坡国家图书馆、英国牛津大学图书馆、圣菲尔德大学图书馆等150余家海外图书馆已经开始为读者提供方正Apabi（阿帕比）电子书阅读服务了①。根据2005年第三届中国eBook产业年会提供的消息，2004年中国电子图书出版收益超过20万的出版社有26家，超过50万的有15家，超过10万的有5家，可见我国电子图书出版的发展势头非常良好。

我国电子图书的发展与出版行业的体制改革工作几乎是同步的，因此引进电子图书以改变出版企业在新的竞争格局中的地位成为了出版企业转制过程中的重要研究课题之一。在实践中，北京出版社、西安交通大学出版社、机械工业出版社等几十家出版社在电子图书出版领域积极探索，寻找电子图书带来的商业机会，并以此为契机完成战略定位的转变，摸索网络时代出版产业发展的新路径，并取得了一定的成效，在一定程度上完成了产业的优化升级。回顾传媒演进的历史，我们可以发现这样的规律，每当新的传播技术出现时，都会引起行业格局的巨大变革，那些能够根据传播环境的变化及时作出调整、改进内容组合和表现方式的企业将会获得受众的认可。而那些抱残守缺、不知应变的企业将会在行业集群博弈的过程中被淘汰出局。从长远看，在新旧媒体逐渐融合的数字出版时代，出版企业将不会局限于传统出版领域。在网络时代出版企业将以内容提供商的身份参与竞争，这种身份的转变要求出版企业必须重新确立经营模式和战略定位，并与最新技术相结合以实现自身的"涅槃"。

---

① 郝振省等. 电子书产业发展状况 [J]. 出版发行研究，2007 (1): 16

根据我们的研究发现，电子图书的发展前景十分广阔。目前中国大陆地区的出版业已经进入电子图书和纸质图书并行的时代，电子图书的出版受到了越来越多的重视。根据中国出版科学研究所最新出版的《中国数字出版产业年度报告》一书的预测，到2010年，90%以上的出版商将定期出版电子图书，当年出版的所有图书都将具有电子版。电子图书相对于传统出版物而言，利润更加丰厚，也更符合人们阅读方式的演进规律，因此必将具有良好的发展前景。另外，国家高度重视数字化出版也给电子图书产业提供了战略性的历史机遇。2006年，国家先后公布了《国民经济和社会“十一五”发展纲要》、《中长期科学技术发展规划纲要》和《国家“十一五”文化发展规划纲要》，在这三个规划纲要中，数字出版技术、数字化出版印刷复制和发展新媒体都被列入科技创新的重点。2007年以来，党中央、国务院提出了进一步加强网络文化建设和管理，要建设具有最广泛影响的网络文化传播平台，为人民群众提供更多、更好的网络文化的产品和网络文化的服务。《国家的“十一五”文化发展纲要》明确指出，要积极发展以数字化发展、网络化传播为主要特征的数字内容产业，加快发展民族动漫产业，大幅度提高国产动漫产品的数量和质量，积极发展网络文化产业，鼓励扶持民族原创的健康向上的网络文化产品的创作和研发，拓展民族网络文化发展的空间。纲要强调，加快传统出版发行业向现代出版发行业的转换，积极发展电子图书、手机报刊、网络出版物等新型业态，发展手机网站、手机报刊、IP电视、移动数字电视、网络广播、网络电视等新兴的传播载体。该纲要还提出，鼓励具有自主知识产权的网络文化产品的创作和研发，开发文化数据处理、储存和传输服务，移动文化信息服务，网上文化交易，数字互动，体验服务、数字远程教育以及数字娱乐产品等增值业务。这些规划都表明国家已经把数字化、网络化的出版和传播作为出版业实现现代化的重要战略列入“十一五”期间的发展重点，准备进行攻坚。因此，中国出版界同仁应该认清形势、把握行业动态、积极应对，始终坚持数字出版发展方向，大力推进电子图书出版事业的现代化进程。

4.3 网络科技期刊出版情况

4.3.1 网络科技期刊概述

网络科技期刊是指将科技类信息资源以数字化的方式在互联网上予以出版所形成的出版物，网络科技期刊的内容与传统期刊的区别不是很大，只是在表现形式和发行方式上具有数字化出版的特点。按照内容加工的过程的差异，网络科技期刊的出版主要有印刷型期刊的网络版，通过信息服务机构的加工后出版的科技类数据库，以及纯粹的网络期刊等三种类型。其中，传统纸质科技期刊的网络化就是指传统科技类期刊内容资源的充分挖掘，即对其进行二次开发，增加网络版，这种出版形式准确地说应该称为期刊的网络化，而网络科技数据库和纯粹的网络科技期刊则属于全新的科技期刊出版形式，这类科技期刊具有网络出版物的许多特点，比如通过多媒体技术来提高读者的阅读感受，对相关阅读设备的要求等。这种期刊才是真正意义上的网络科技期刊。需要说明的是，本文讨论的范围涵盖上文所述的三种网络科技期刊。因为科技期刊的网络化最终是以出版网络科技期刊为归依的，即出版企业通过现有印刷期刊的网络化逐步熟悉网络期刊的出版模式，最终进入纯粹的网络期刊出版领域。与此同时，纯粹意义上的网络期刊就目前情况来说，也大多来源于某种印刷型期刊，比如有的仅对其内容调整扩充而沿用以前的刊物名称等，有的只是改变印刷发行方式而沿用原有的约稿方式和编辑方式等。因此，可以说三种出版类型相互影响，是不可分割的统一整体。我们在以下的讨论中将从三者的共性出发，不再做具体的分类讨论。

早在因特网向社会开放之初，科技期刊便走上了网络出版的道路，这是因为因特网的早期用户主要集中在科技界，所以以反映科研成果为主要功能的科技期刊较早地出现了网络化。网络版的科技期刊比传统期刊具有更强的信息服务功能，受到了科技工作者和其他用户的普遍欢迎。据1995年底的统计，在科学技术及医药领域，全球已有100余种期刊上网并提供网络版。1996年，上网期刊接近千种。目前这一数值正在高速增长，很难统计出一个准确的数据。① 网络科技期刊的出版基于网络这个重要的信息传播渠道，由于其本身的传播优势和丰厚的经济利益而得到了飞速的发展。科技事业的进步对科技文献的出版和传播提出了新的挑战。网络为人类提供了良好的交流平台，网络科技期刊以记录科技工作者的研究成果为主要功能，使新颖的科研成果以论文的形式得以发表。网络出版这种平台可以让这些成果得到更快更好的交流、互动和共享。

网络科技期刊的发展虽然具有远大前途，但是要达到理想的发展目标必须解决好以下几个方面的问题。一是解决好网络科技期刊合法性的认定问题。文献作者对于某个发表平台能否接受，很大程度上取决于这个发表平台是否已经得到了社会的普遍认同。期刊连续出版号是期刊的标志代码。它既表明期刊的正式出版地位，又表明一种期刊区别于其他期刊②。因此，印刷型期刊通常都有国际标准连续出版物号和国内标准连续出版物号。对于网络科技期刊来说，期刊的标准连续出版物号同样具有深远意义，网络科技期刊应该申请获取标准连续出版物号以取得出版的合法性。标准连续出版物号可以让作者文章获得一个唯一性标志，有利于得到社会各界的认可，有利于知识产权的保护，更有利于国内外有关机构对期刊的管理、评价和利用，从而促进网络科技期刊出版事业的健康发展。二是建立科学的网络科技期刊评价机制。这是促进网络科技期刊发展的关键。期刊评价机制是指某些社会评价体系对在网络科技期刊上发表的学术论文的学术质量、学术价值和学术地位等方面的考核与评价。目前，我国科技学术界尚没有建立其相应的评价确认机

---

① 罗慧敏，陈艳芬．网络科技期刊的现状分析［J］．湖南农业大学学报（社会科学版），2000（1）：63

② 万庐山．关于网上电子期刊的几点思考［J］．中国科技期刊研究，2002（2）：129-131.

制，中国人民大学复印资料中心、中国学术期刊文摘等著名检索机构或二、三次文献数据库也没有将纯网络科技期刊上的学术论文作为收录对象。而在国外，诸如 SCI、CA、EI 等著名数据库或文摘杂志都已收录纯网络期刊论文①。如果不去弥补这个差距就不利于我国科技出版竞争力的增强，更不利于科研成果的国际交流。具体应该如何设计科学的网络科技文献评价测度体系是一个复杂的问题，也是本课题研究的重心之一。我们将在本书相关章节进行详细讨论这个问题的研究成果，这里不再赘述。

4.3.2 国外网络科技期刊出版情况

国外网络科技期刊的出版发展非常迅猛。数字化、网络化是期刊业的未来趋向，西方出版界同仁早已经认识到这一点并积极付诸实践。尤其是对于科技期刊的网络化，给予了充分重视。利用网络渠道来传播科研成果成为国外信息服务机构的普遍选择。目前，国外的高等院校、公共图书馆、科研机构、党政机关、公司、医院等机构都普遍使用网络科技期刊。整体上说，国外的读者和机构用户对于网络科技期刊的接受程度是比较高的。尤其是权威信息服务机构加工整理提供的科技类数据库在读者心目中的地位相当高，这一点可以从知名数据库被大量使用的事实得到证明。

从网络出版产业链的角度看，国外出版企业一般会采用如下的模式。首先，根据市场调研的结果采集各类印刷型期刊，通过版权贸易获得这些内容资源的加工处理权，然后按照用户需求将这些内容资源进行科学的分类和组织，形成各个不同主题的数据库，然后再将这些数据库销售出去（数据库的销售在西方国家多采用直销的方式）。除此之外，有的出版公司还根据既有的数据库制作索引类数据库并提供给用户，然后根据消费者的需求进一步提供论文的全文。当然，出版企业的产业链可以是多元化的，各个公司具有自

---

① 李敏．网络期刊的发展亟须解决文献认证制度［J］．中国期刊研究，2003（1）：54-57.

己的个性，比如艾尔思维尔（Elsevier）出版集团就利用自己的数据库从事相关的咨询类业务，实行多元化经营战略。总体来说，网络科技期刊在国外出版领域大多走的是首先将印刷型期刊数字化，然后根据市场需要进行纯粹网络科技期刊的生产、销售这条路径。

总体而言，网络科技期刊作为网络科技出版的重要组成部分在西方出版企业的运营中占据着重要地位。国外出版集团对于网络科技期刊的出版非常重视，而且在经营方式上看重产品的适销对路，前期的市场调研工作细致充分，比如有的出版集团会参加各种科技博览会或者大型学术会议，密切关注科技事业发展的动向和科技工作者需求的变化，并且根据这些调研结果调整自己的经营范围和产品服务的内涵，以更好地满足目标客户的利益诉求。另外，网络科技期刊的出版和专业数据库的建立经常是同步的。数据库的构建是科技期刊内容资源重新分类组织、集成优化的结果。它的规模更加庞大、分类明晰、查询方便，可以更好地满足读者的需要。将已有资料加工成数据库属于对内容资源的深度挖掘，也是网络环境下信息用户对内容产业提出的新要求。因为在数字化环境下，内容资源的深度加工和集成优化才是出版工作的重心所在，出版企业应该以内容服务商的身份来完成传播科技文化的使命。

4.3.3 国内网络科技期刊出版情况

国内网络科技期刊的出版在近年来得到了较好发展。网络科技期刊给科技论文的发表提供了一个新园地，实现了科技论文在全社会的快速共享，符合科学信息交流发展的趋势，是科技出版未来发展的重要方向。从科研人员的角度来分析，他们已经初步接受了通过网络发表研究成果这种新的发表方式和出版模式。目前大部分印刷型学术期刊已经实现了数字化，信手翻开学术期刊的首页，我们通常会发现这样的通知，其内容是关于该刊物已经和某个数据库签署了合作协议的通告，该通告一般会附加说明如果作者不同意转让自己论文的网络版版权可以另行通过邮件告知编辑部门。这种通知的出现显示了编辑、作者对于传统期刊数字化趋势的普遍认同，表明他们愿意将自己的研究成果通过数字化的形式进行传播。

与此同时，读者对科技论文网络发表的认同度也比较高。这是因为现代科研活动强调新颖学术观点的优先发表权，所以科技论文的网络发表得到了作者的大力支持，从而保障了网络科技论文的学术价值和交流价值。正是因为这个原因，读者才会信赖网络科技期刊出版机构提供的信息服务。学术研究是人类的共同事业，科技工作者研究成果的发表具有一定的开放共享意义，如果出版商和中间商仅从自身利益出发，造成期刊出版和流通环节的不畅，势必会影响到学术成果在全社会的共享、交流，这对于提高社会的整体福利是不利的。从这个角度出发，西方情报学界和图书馆界提出了"开放存取"的理念。具体来说，"开放存取"一词的原型是英语单词"Open Access"（简称"OA"）。它是20世纪90年代兴起的一种新型的学术信息共享的自由理念和出版机制。开放存取主张采取"发表付费、阅读免费"的出版模式。根据《布达佩斯开放存取计划》（BOAI）给出的定义，"对某文献的'开放存取'即意味着它在Internet公共领域里可以被免费获取，并允许任何用户阅读、下载、复制、传递、打印、搜索、超链接，也允许用户为之建立索引，用作软件的输入数据或其他任何合法用途。用户在使用该文献时不受财力、法律或技术的限制，而只需在获取时保持文献的完整性，对其复制和传递的唯一限制，或者说版权的唯一作用应是使作者有权控制其作品的完整性以及作品被正确接受和引用"。这就是开放存取的基本内涵。这种全新的理念对传统的科技文献出版模式提出了空前挑战，它的成功实践可以戏剧性地改善科学信息交流的效率。

目前，在国内从事开放存取的期刊出版机构有中国科技论文在线和奇迹文库等。其中，中国科技论文在线由教育部科技发展中心主办，它利用现代信息技术手段，超越了传统出版物的概念，免去传统的评审、修改、编辑、印刷等程序，给科研人员提供一个方便、快捷的交流平台，提供了及时发表成果和观点的有效渠道，从而使新的学术成果能够得到及时推广，创新思想能够得到及时交流。中国科技论文在线可为在本网站发表论文的作者提供该论文发表时间的证明，并允许作者同时向其他学术刊物投稿，使科研人员学术观点、创新思想和技术成果能够尽快对外发布，并保护原创作者的知识产权。目前，中国科技论文在线对用户提供论文在线发表、检索、刊载证明、学术监督等相关服务。从缩短学术成果发表周期的角度来看，网络科技期刊将成为科技出版的发展趋势。由于传统科技期刊出版中存在着周期过长、渠道不畅等问题，使得很多新的科研成果还未与读者见面就已经过时。而在开放存取出版中，科技工作者的研究成果直接由出版机构通过网络传递给读者，由于减少了传统学术出版中因文献订购、文献传递等所衍生的中间环节，因此大大地缩短了出版周期，为读者节省了时间和财力，有效地增强了科技出版的时效性，提高了学术成果共享的效率。

总之，国内网络科技期刊的发展处于快速增长时期。故而需要出版企业和各有关方面共同努力，妥善地处理好技术、版权、费用和交易方式等细节问题，唯有如此，网络科技期刊出版事业才能得到良性的发展。

4.4 网络科技数据库出版情况

4.4.1 网络科技数据库概述

网络科技数据库是指信息服务机构通过对科技信息资源的采集、分类和组织，将有机组织的科技信息资源集中提供给用户的数据管理模式。根据服务内容的差异，网络科技数据库可以分为提供全文信息检索功能的全文数据库，以及提供目录、索引、文摘、目次等综合性书目信息检索的数据库等。从出版角度来看，全文数据库可以提供文献全文而非文献线索信息，方便读者全面获取信息资源，因此受到了信息检索界和网络出版商的高度重视。

网络科技数据库的全文服务方式主要有两种类型：一种是全文链接服务（Link to Full-text）和全文（文献）传递服务（Document

Delivery)。全文传递服务一般是在读者提出了订制要求之后，信息服务商提供符合用户需求的最新文献资料，有时也根据读者的个性化要求提供印刷版文献资料。全文链接服务是一种担任中介职责的间接性信息服务，它提供的是联结读者和信息提供者的中转性服务，让读者通过它可以和信息提供者进行互动沟通。

网络科技数据库应该给读者提供最新的、符合阅读要求的科技文献。所以，网络出版商应该设法获取最新的科技论文，并对其进行科学的分类组织、优化整合，然后再提供给用户。网络科技数据库更新的速度较快，一般会根据科研活动的深入而不断更新，这符合文献资源发展的规律，对于科技工作者了解最前沿的科技信息有较好的支持作用。从内容范围的角度来看，大型网络科技数据库除了提供不断更新的科技类论文和学术报告之外，年鉴、手册、百科全书等工具书等也可以通过网络数据库来获取，这些对于科技工作者的研究都是大有助益的。学术研究具有一定的公益性质，学术成果应该为全人类服务，从这个意义上来说，网络科技数据库应该具有一定的开放性和共享性。开放性和共享性对于目前的网络出版商来说，只能在一定程度上去努力，因为他们至今还没有找到一种合适的盈利模式来抵偿成本，所以只能对部分文献资源实现自由获取，而且这种免费的信息资源通常是具有一定时滞性。

为了促进网络科技数据库出版事业的发展，政府在“十一五”期间对数字出版业发展作出了战略性的部署，采取了一系列令人瞩目的举措。具体来说，国家新闻出版管理部门规划在“十一五”时期出版业要抓好五大工程建设，全面提升出版业的数字化水平，目前这五大工程已经进入立项可行性论证阶段。这五大工程包括：第一个工程是中华字库工程，推进新媒体的发展，互联网传播和数字化发展。在“十一五”期间，总署将主导自主研发建立完整的中华汉字系统，实施中华字库工程。第二个工程，国家数字负荷出版系统研发工程，这是新闻出版实现数字化的支柱工程，以实现一种信息多种传播信息处理，出版发行能够在一个系统里面完成。计划要在“十一五”期间研发出负荷出版系统，通过接纳各种信息在系统内进行编辑加工，然后进行多媒体传播。我们的负荷出版系统是多功能的，既可以出书也可以出版杂志、报纸，还可以出版游戏、卡通、动漫，在系统内可以实现多种多样的形态，通过多种多样的形态来出版，这个研发系统就是解决这样一个技术的支撑系统，是出版硬件创新的一个关键。第三个工程，中国知识资源数据库工程。就是尽最大的可能，把历史和现代所积累的所有知识建设成一个总汇性的数据库，实现有效的存储和有效的使用。第四个工程，中华古籍全国书出版工程。因为现有的保存方式，对古籍保存的效果不理想，古籍使用不方便，研究也很不方便，也不利于古籍的传播。因此通过数字化保存古籍，是一个非常重要的也是一个可行的解决方法，这也是国家的文化建设的一个非常重要的内容。第五个工程，数字版权保护技术研发工程，在互联网的时代，由于网络的易传播性和网络文献易复制性，权利人的合法权益更易遭到侵害。规范使用，不仅要依靠新闻出版版权管理部门的加强和公民版权意识的提高，也需要数字版权保护技术的研发和推广，数字版权保护技术应用于数字内容的保护，电子政务中的安全，企业内重要的文档等领域，已成为近几年信息安全的重要方向。我们在当前技术基础上，进一步提高数字版权保护核心技术，重点突破 DRM 系统的体系结构，数字内容加密，身份证识别，密钥管理，数字权力转移，数字版权描述、数字内容交易和数字内容使用的审核技术，要与国际先进技术同步发展，扩大相关专利技术的研究，加强自有知识产权，同时还需要扩大数字版权保护技术的应用软件及应用领域。目前，正在积极地推动和开展这五项工程的立项和实施工作。① 这五项工程的成功实施毫无疑问会大大加快我国网络科技数据库和其他网络出版事业的发展速度，为我国缩小与发达国家的数字鸿沟，加快科技文化事业的进步提供基础性的支持。

---

① http://media.people.com.cn/GB/40606/5990400.html，访问时间：2007-08-20

4.4.2 国外网络科技数据库出版情况

国外网络科技数据库出版起步比较早，并且随着网络技术的进步而不断地完善。比如，美国的 DIALOG 系统是世界上最早和最大的专业型数据库，也是我国科技界广泛使用的科技类数据库之一。该数据库自 1972 年起开始为用户提供信息服务，最初由美国洛克希德导弹航空公司所属的一个情报科学实验室负责建立。在 1981 年 6 月成为该公司的一个下属子公司，开始独立运营。该数据库系统的中心设立在美国加利福尼亚的 Paloato 市。1985 年 DIALOG 被 Knight-Ridder 新闻公司以 3.5 亿美元收购，成为新闻单位，现在称为 KR-DIALOG 系统。DIALOG 系统拥有 600 多个数据库，占世界机存文献量的 50% 以上。该数据库的类型主要包括四种，即文献型、数值型、名录字典型、全文型，涉及 40 多个语种。收录的信息资源涉及的专业范围相当广泛，涵盖了科技类出版物的主要内容①。可见，网络科技数据库可以满足读者求全、求易、求准、求廉的科技信息需求。

除此之外，影响力比较大的国外网络科技数据库还有联机计算机图书馆中心（OCLC）、美国在线（AOL）、银盘信息公司（Silver Platter）、国际科技信息网（STN）、Questel-Orbit 等大型网络科技数据库。这些数据库的共同特点是覆盖的专业面比较广泛，提供多种语言服务，检索方便快捷，信息更新速度快，方便科学研究对某类文献统计的需要等。国外的科技类数据库出版通常是由大型传媒公司来生产销售的，这些公司拥有着良好的传统出版物运营经验，积累了丰富的编辑加工经验，并且了解科技文献的读者需求，加上雄厚的资本实力，这些基础使得此类公司具备了得天独厚的条件来为用户提供大型科技类数据库。同时，这些公司对于数据库的运营不仅局限于提供信息传递服务，同时还会提供相关的咨询服务。比

---

① 黄如花．网络信息的检索与利用［M］．武汉大学出版社，2002：79-80

如，给科技工作者提供本领域文献计量分析结果，供其研究参考之用，等等。换言之，国外的信息服务商倾向于提供多样化的产品和服务，其经营范围不局限于传统出版领域，这与传播环境的嬗变有很大的关系。随着网络技术的进步和传播媒介的融合，网络科技数据库的运营商势必会提供更加丰富的产品，让读者的信息需求得到最大满足。出版产业的经营范围不再局限于图书、期刊等文献的编辑出版，而是根据用户的需要拓宽经营范围，提供更加多样化和综合性的信息产品。这无疑是未来出版产业发展的一个重要趋势。

网络科技数据库是对一系列科研论文集中组织管理，以方便读者系统、全面地了解某一学科领域的科研成果，这种工作远远地超出了传统出版企业的经营范围。它对网络出版商进行内容采集整合、信息传递服务等能力提出了新的更高的要求，网络出版商除了分析市场、编辑内容、传递信息之外，还必须具有和多个著作权所有人谈判以取得版权的能力。总之，网络科技数据库的出版是科技出版新的发展阶段，它对出版企业提出了前所未有的挑战，只有妥善地处理好企业与作者、企业与读者以及同行之间的关系，才能在网络科技数据库出版领域取得突破性的进展。

4.4.3 国内网络科技数据库出版情况

国内网络科技数据库的出版开始于20世纪90年代以后，起步比西方国家晚一些。目前，我国国内影响比较大的两个中文全文数据库是中国学术期刊全文数据库和万方数据资源系统的全文数据库。万方数据库资源系统是建立在互联网之上的大型中文网络信息资源系统。它以科技类信息为主，涵盖经济、文化、教育等相关领域，是一个综合性的信息服务系统。从1997年8月向社会开放以来，在国内外产生了较大影响，目前该系统在全国各省市建有几十个万方数据服务中心，在国外建有镜像站点，直接用户达到数万人。2001年改版后的万方数据库分为科技信息子系统、商务信息子系统和数字化期刊子系统三个部分，针对不同用户群提供不同的信息服务。其中，科技信息子系统集中国科技论文与引文、中国科研机构、中国科技成果、中国科技名人、中外标准、政策法规等近百个数据库于一体，形成了完整的科技信息群，可为科研机构和科技工作者提供全方位的科技信息服务①。

国内网络科技数据库建设和国外的一个重要区别是有很大一部分数据库是由政府部门主持参与的。例如中国高等教育文献保障系统（China Academic Library and Information System，简称 CALIS）就是经国务院批准的我国高等教育“211 工程”总体建设规划中两个公共服务体系之一。1998 年 11 月，国家发展计划委员会正式批准了项目可行性研究报告，该项目正式启动。可见我国政府主管部门在网络科技数据库的建设中起着非常重要的审查和指导作用，这与我国新闻出版的宏观管理制度有关，也是保障国家文化安全的必要举措。但是由于自然科学研究与国家意识形态的关联度较小，科技类文献一般来说不会对意识形态造成负面影响，所以我国网络科技数据库的出版可以也应该大胆地吸收国外和民间资本来运营，积极学习借鉴国外同行的先进经验，以提高我国网络科技数据库建设和信息服务工作的质量和效率。政府主管部门则主要承担统筹规划和协调指导工作，对于网络科技数据库的发展方向和整体规划可以提出设想和建议，对于我国科技文献的出版传播总体发展方向可以给出指导性意见，对于网络科技数据库出版工作中的矛盾和冲突要设法协调，除此之外的细节性工作则应该放手让网络出版商来完成。唯有如此，才可以体现出社会主义市场经济体制在网络科技数据库出版中的积极作用，充分发挥各利益相关方的主动性和创造性，同时又积极地进行宏观管理，避免混乱无序状态的出现。

网络科技数据库是数据库技术和科技文献资源“联姻”的产物。众所周知，网络是可以实现知识信息资源广泛共享和快速传递的信息载体，网络科技数据库正是依托这一技术平台，对科技文献资源进行全新的整合优化，从而产生了前所未有的“联姻效应”——科技文献资源使用便利性的极大提高，让读者可以站在信息巨人的肩膀上。因特网是人类在 20 世纪最伟大的发明之一。

---

① 黄如花．网络信息的检索与利用［M］．武汉大学出版社，2002：73

它颠覆性地改变了人们的工作、生活和学习，在知识信息的获取方面更是显示出了传统媒介所不具备的强大功能。国内外的内容提供商以网络为基础来改变原有的产业链，实现网络与传统出版以及其他相关产业的联姻，产生了影响深远的聚合效应。这对于出版产业的优化升级和国家文化软实力的提高都大有裨益。网络科技数据库的出版是出版产业转型的重要课题之一，网络科技数据库对于出版企业认识和适应新技术和产业环境，对于培养新型的优秀出版人才都具有巨大的促进作用。

4.5 其他网络科技文献出版情况分析①

网络信息传播的特点之一是按需生产。只要读者需要，作者愿意创造，就可以自由地将自己的作品通过网络公之于众。这使自助出版具有了现实操作的可能。面对海量的内容资源，读者进行品鉴评价、沙里淘金，用手中的鼠标进行投票，让优秀作者和作品脱颖而出。至于文献传播的途径，只要是信息传播的渠道都可以加以运用。网络科技文献出版的形式也是多种多样的。如果仅仅从科技文献内容资源分享、知识信息广为传播的角度来看，很多网络传播的方式都可以看做是网络科技文献的出版形式。换言之，科技文献网络出版的渠道呈现出多元化的特征。比如在知名学者的博客中有关于学术研究成果的介绍性文章，论坛中部分网民发表的有学术价值

① “出版”一词的本意是强调编辑环节对知识信息的优化整合功能。经过编辑把关的文献才能公之于众，这些文献亦具有一定意义上的合法性，能够得到社会各界的认可和肯定。从这个意义上讲，这里的其他出版形式严格说只能认为是指传播形式。因为没有经过合法出版机构的编辑加工，没有附加书号、刊号等管理机构的标识，不能算是正式的“出版”行为。但是因为科技文献的传播方式有着多元化、开放性的发展态势，这些方式在未来社会极有可能会在科学信息交流中发挥较大的作用，加上理论研究需要全面分析各种情况方能在对比之中加以鉴别，所以在这里对其他网络科技文献的传播方式也做一简要分析。这里的“出版”实际上是传播或者公开发表的意思。

的帖子等，都可以视为网络科技文献的“出版”。从媒介发展的趋势来看，各种媒介之间有着互相交叉、互相融合的趋势，单一地依靠一种媒介来传播知识信息在未来社会将是非主流，而整合各种媒介的优势、强强联合将成为未来传媒发展的方向。简言之，同一内容资源可以通过不同的媒介形式组合、优化来运作以求提高传播效率。网络作为一种传播载体，它提供的是信息沟通的新渠道。如何让读者以最小的交易成本获取最多的、符合自己需求的知识信息是网络出版商应该努力的方向。而要达到这个目标，就必须大胆借用一切可以利用的网络传播形式来传播文献资源，实现传播渠道的多元化和交叉融合。例如，博客集成了作者自己创作内容资源和网络日志这种新型传播方式。它利用了读者对于其他网民私人信息的好奇来扩大传播的范围和受众数量，追求传播效果的极大化。因此，通过博客发表学术成果在未来会成为不少科技工作者的选择。对于广大读者来说，较为固定关注某一领域专家学者的博客以获取相关的科技信息，是一种成本低廉而效果良好的信息获取路径。而对于出版机构来说，适时地出版某些专家博客中的部分内容也是科技出版领域不可忽视的一项工作。总之，博客为科技文献的网络传播提供了一种新范式。

目前，国内外对于网络期刊、电子图书和网络数据库之外的其他科技文献网络出版形式的重视程度不够。比如专家学者的博客通常只被一些熟悉作者的同行读者关注，传播效果并不理想；另外博客没有实行实名制也对传播效率产生了负面影响。因为网络上99%的博客，没人知道博主身份，信息内容真伪难辨，良莠不齐。而同时众多社会“精英”（包括专家学者、科技权威等人）的博客，虽然思想、见解、观点品质不凡，但也被那99%的匿名博客淹没了。事实上，这些精英的博客对社会而言才是真正有价值的。因此，应该设法解决读者有限理性与博客品质辨识难度增大之间的矛盾，运用博客这种有效的信息传播途径来为科学信息交流事业服务。从整个社会的角度来看，学术研究具有为全人类服务的公益性质，科研成果应该在全社会实现快速共享，应该追求传播效果的最大化。目前，我国正在构建社会主义“和谐社会”。和谐文化建设是和谐社会的题中应有之义，而和谐文化的建设必然要求科技文献的开放共享。胡锦涛同志提出和谐社会建设要“在共建中共享，在共享中共建”的重要思想，具体到网络科技文献的出版和利用上就是要充分利用网络载体提供的交流平台实现科研成果的快速共享，从而推动科研工作的进步和和谐社会的建设。

从目前情况来看，除了专家学者的学术博客之外，有些论坛、讨论组中的有关研究成果的帖子也可以看做是网络科技文献的有机组成部分。从信息共享和学术交流的角度来说，通过论坛来发表学术见解并与同行探讨切磋是一种有效的交流方式。目前，这种论坛还处于发展阶段，尤其是知名度和参与人数还没有达到理想的状态。要改变这种现状，应该由某些知名学者来牵头，以提高论坛人气和帖子的质量。网络运营商应该做好品牌和声誉打造、维护的工作，力争使论坛具有较好的公众形象，想方设法提高网友的参与热情。论坛中的文章往往质量良莠不齐、鱼龙混杂，许多价值高低不等的信息混在一起，如何从混沌状态中分出秩序条理，为读者寻找有价值的科技文献提供导航作用，是网络编辑和网站经营者应该设法解决的问题。网络运营商应该从技术和管理两方面同时入手，提高网站页面与用户的亲和力，同时又要在知识表现方面下功夫，为读者迅速地查询到符合需要的信息提供力所能及的帮助，以此来提高自身的影响力。

网络信息资源的科学组织是一个异常复杂的问题，它的有效解决依赖于出版商、传播者和受众以及管理部门的协同努力。如何挖掘有效的传播形式来促进网络科学信息的传播效率，如何利用多元化的表现形式来实现知识信息的共享是未来的网络出版商要解决的主要问题。网络为科学信息交流事业开辟了广阔的天地，设法利用好这一信息载体，提高工作生活的品质是人类的普遍追求。从科技伦理的角度来说，技术发展应该以人为本。网络科技文献出版要大胆利用技术进步的最新成果，使用各种有效的渠道来促进科学信息交流事业的发展，努力提高整个国家科学事业的发展水平和广大人民群众的福祉。

4.6 网络科技文献出版面临的问题

近年来，我国网络科技文献出版事业取得了长足发展，在数量和质量方面都有较大突破，社会和读者的认同度也日益提升。然而，在取得进步的同时一些问题也日益凸显，并严重制约着网络科技出版的进一步发展。大体而言，网络科技文献出版面临的问题主要体现在观念、内容资源、监管与版权保护、技术与标准化和运营模式等方面。网络科技文献出版要健康发展必须妥善地解决这些问题。以下就发展过程中存在的问题和解决对策提出若干看法。

4.6.1 观念问题

传统出版单位的从业人员对网络科技文献出版缺乏客观的认识，运用数字技术的意识普遍落后，习惯于旧的出版模式，对科技文献的网络出版持观望态度。由于体制的原因，相对于新兴的网络出版而言，传统出版在书号、刊号方面，作者与内容资源方面，流程与人才方面和传统出版物运作、营销方面具有优势，如果对自身优势与新形势认识不清，可能正是科技文献出版向数字化转型的阻力。技术的每一次飞跃，给传播事业带来的变革都是颠覆性的，如果传统出版业不能理性地看待这一问题，将会错失腾飞的良机。网络技术的进步给出版业带来的是生产流程再造和商业模式创新的最佳契机，中国出版企业应该在政府“文化大发展、大繁荣”的政策引导下，依托技术进步的成果改变员工的观念，清除他们的“技术恐惧症”等心理障碍，积极地迎接网络给出版业带来的机遇和挑战。

另外，由于传统出版从业人员的固步自封，在一定程度上导致了出版企业内部网络化程度不高，许多编辑依然以传统文案业务为主，没有实现在线工作。编辑环节的网络化程度低在一定程度上也会影响作者、评审专家的在线工作。因此，观念问题的解决时不我待。如果出版企业不能在观念上及时革新以适应网络出版时代的新要求，那么将会在新一轮的竞争中被淘汰出局。因此，出版企业的组织文化应该积极倡导员工学习和利用技术，激励他们利用技术来改进出版工作的效率，对于因循守旧的员工不能“换脑”就应该“换人”。

4.6.2 内容资源问题

传统出版单位，由于存在时间长、积累丰富，因此拥有大量的内容资源。但是由于网络化程度不高，很多资源无法通过再利用转化为可用的网络资源。虽然内容资源的集成成为新一轮出版竞争的关键这一点得到了大家的认同，但是传统出版单位作为内容资源的合法拥有者，他们合作与否才是决定网络科技出版物价值高低的重中之重。因此，网络出版商应该设法和传统出版企业进行合作，将技术和内容整合起来，共同开发宝贵的内容资源。与此同时，学术价值取向与科技文献的收录情况也是制约网络出版的重要原因。

学术价值取向是制约网络出版的直接原因。科技文献的出版数量和质量，是评价科技成果和科技人才的重要标准。衡量科技文献的质量，主要是即年指标（Immediacy Index）和影响因子（Impact Factor，IF）评价指标。因此，广大科研工作者趋向于将所研究的科技成果发表在影响力较大的核心期刊上。对于网络出版，由于我国相关部门还未制定相关确认机制，致使大多科研单位及相关部门普遍质疑，认为网络版文章一般被引率低，缺乏权威性。因此，不把网络版发表的科技文献作为评价参考指标，致使科技论文的作者不愿向网络出版的科技期刊投稿，结果截断了科技期刊的刊源，直接制约了网络科技出版的发展。因此，网络能否成为科技文献发表的重要园地关键在于社会对于网络出版物学术价值的认可。

被收录的不完全性是制约网络出版的间接原因。中国学术期刊（光盘版）电子杂志社出版的中国期刊全文数据库是目前世界上最大的连续动态更新的期刊全文数据库，但是，该数据库收录的网络版论文尤其是纯网络出版全文不齐全。网络科技文献收录的不完整性造成网络版论文传播方式单一，不便于读者的期刊检索，还容易使作者遗漏掉有价值的网络版论文信息，不符合读者求全、求准、求易等阅读心理，在一定程度上制约了网络科技出版的发展。

4.6.3 监管与版权保护问题

网络文献出版的内容监管与知识产权保护等问题一直困扰着方兴未艾的中国网络出版业。网络出版在带来阅读革命的同时，也带来了数字内容的监管问题。新兴的科技文献网络出版形式层出不穷，如电子文献、网络出版平台及数据库等，新兴的阅读方式也层出不穷，如在线阅读，下载到计算机、掌上电脑甚至在手机上阅读。网络内容发布的个性化、及时化，阅读器和阅读方式的多元化，都为内容监管带来极大的难度。这些都要求中国出版人要探索合理的内容监管机制以保障网络出版物内容的科学性、准确性，担任好科技文化传播过程中“守门人”的角色。

同时，版权保护问题也给网络科技文献的出版带来了一定的制约。出版社和作者对网络出版的安全性一直存有顾虑，害怕网上的电子书文档丢失、被篡改或被盗版，不敢轻易涉足。大多数出版社尚停留于先出版纸质版，待发行一段时间后才出版网络版的阶段。而作者对网上普遍存在的抄袭现象存有顾虑，不愿签合同，造成一些网络科技文献出版平台内容资源的缺乏。另外，由于各国法律制度迥异，国际条约的局限性以及网络技术的不断发展，使得网络环境下版权的跨国保护问题十分棘手。其主要原因在于旧有的管辖权规则和法律选择是以固定住所的人处理有形“物品”为基础的，而网络环境则打破了这种基础。虽然，国务院制定并通过了《信息网络传播权保护条例》，旨在加强网络环境下的著作权保护，并于 2006 年 7 月 1 日起正式施行。但是，网络环境下的著作权保护问题并未在一些国家达成共识。可以说，法律法规的不完备是制约网络科技文献出版的重要因素。

4.6.4 技术与标准化问题

随着数字技术开发商、软件平台提供商、网络服务企业对网络科技文献出版的热情与日剧增，网络科技文献出版中的技术问题也日益凸显，表现在：网络技术安全性不强、系统不稳定。网络的不稳定性、肆虐的病毒让读者们担心自己的利益得不到有效保障，比如读者花钱购买某些电子图书，但是由于病毒侵害而不能正常阅读，那么这就会影响读者消费的积极性。这个问题的解决，笔者认为可以考虑能否和商业保险公司合作建立消费者合法权益的保险制度。目前比较流行的数字版权技术（DRM）是采用下载计费、数字底纹加密和硬盘绑定等措施实现对网络出版物传播范围的控制。尽管数字版权保护技术可以对网络出版物进行一些必要版权控制和监管，但网络出版物形式多种多样，制作技术手段不断进步，硬件产品也是日新月异，很难形成一种通用的、有效的数字版权技术来彻底地保护各种网络出版物，并且加密技术不可能永远不被破解。

网络科技文献的出版离不开标准化工作。综观数字出版技术的各个环节，网络出版领域的标准化包括出版元数据的标准化、网络出版的标准化、出版物流系统的标准化等。就数字格式而言，由于缺乏统一的标准和文本格式，各出版平台的电子阅读设备在文本格式上不能相互兼容，导致用户必须使用不同的阅读器或软件，这一方面不利于网络出版机构开发通用的阅读器，另一方面增加了用户阅读的交易成本，无形中也造成网络文献用户的不断流失。例如，数字图书的格式国内存在很多种，比如方正的 CEB 格式、天津津科的 WOLF 格式及国内不少刊物使用的 OPZ 格式等，这些不同格式彼此之间不能兼容，就给读者的阅读使用带来一定的不便。目前，我国还没有确定数字图书的标准，无法保证各个出版社的数字图书能按照一个统一接口进行格式排版、打印。

4.6.5 运营问题

网络科技文献出版虽然拥有即时出版、方便利用等传播优势。但在网络出版物的运营与开发过程中，依然出现了一些问题，在一定程度上削弱了网络科技文献出版的优势，阻碍了网络科技文献出版的发展。

首先，论文出版周期较长，期刊集中上网存在迟滞现象，影响科技文献价值的体现。目前我国科技期刊的出版周期与世界优秀科技期刊相比还有较大差距。我国科技学术期刊大部分仍为双月刊、季刊，普遍存在稿源较多、发表周期较长的问题。国际上论文发表周期为 2 ~3 个月，据有关研究统计，我国科技期刊论文的发表周期平均为 14.1 个月。知识的生产周期包括论文的撰写周期和出版周期，如果研究周期与发表周期大致相同，即使它有较高的引用率，也只能出现在 3 年以后，其影响因子也就大大降低，价值也会因时间的推移而迅速贬值。发表周期较长，就无法保证科技信息、学术成果的及时报道。同时，期刊通过加入网络数据库的方式上网虽然节省了自建网站的高成本，但数据库商家需要对编辑部提供的原始数据进行加工，使其时效性降低，每期期刊全文上网都有一定的时间延迟。由于期刊论文发表时本身即存在报道时差，若再加上数据库商家的上网迟滞，期刊网络版即时发表的优势荡然无存。

其次，期刊自办网站的检索功能和链接功能不全影响了对网络资源的利用。尽管少数期刊编辑部网页提供全文，但形式比较单调，网页多采用 HTML 格式，缺少超链接和互动性，有的仍不能实现检索、查询等基本功能。有的期刊网站即使提供 PDF 格式的全文，但较少提供超文本链接。而国外期刊网站采用多种超文本链接方式，各部分间超文本链接，引文正文对照超文本链接，引文来源链接，如可检索专业内权威文献数据库中的同主题或同著者论文等。全文检索与链接功能应是网络版期刊的一大优势，但并未得到深度挖掘与广泛应用。

最后，网络科技文献出版的运营成本较高，制约了科技出版网络化的发展。网络出版系统的研发、维护及发行全过程需要消耗人力和财力，而我国出版社大多不具备这方面的优势。而购买诸如方正 Apabi 网络出版软件价格不菲，此外还有稿费、版税等支出。如果把这些费用加起来，网络出版物的成本并没有降低多少。目前网络出版之所以可以维持低价，主要靠印刷出版物“补贴”，很多网络出版物的成本是摊在传统出版物身上的。网络出版要想发展壮大，必须进行独立的成本核算和市场运作，按照目前的价格来核算，网络出版实在无利可图。

5 网络科技文献的利用情况分析

网络科技文献出版活动的发展离不开读者的鼎力支持，读者不愿意接受的出版物是没有市场前途的。在数字化出版时代，技术的进步已经极大地改变了出版商与读者之间的关系，出版商要在竞争中生存发展必须对读者有更深入全面的了解。探讨网络科技出版的发展，必须将读者利用情况分析作为研究的逻辑起点。

5.1 我国网络科技文献利用情况调查及综合分析

本章以我们进行的一项实证调查得到的数据为基础，对读者利用网络科技文献的情况进行比较详尽的综合分析。下面先对这次调查的情况进行简要的介绍。

此次调查主要针对已经或者打算上网查找科技文献的读者群。具体调查对象包括：科研院所的研究人员、（大学、中学和小学的）教师、在校大学生、企事业单位从事科研开发的人员、医疗卫生单位工作人员、机关干部、网站工作人员和书刊出版单位的科技图书编辑等。调查在 2005 年 8 月到 10 月期间进行，武汉大学出版发行学系部分师生有选择性地在全国部分省、市、地区开展了问卷调查，调查的问题主要包括网络科技文献使用者的基本情况、使用者获取文献资料的主要途径、网络文献资源的用途和利用程度、使用者在利用过程中存在的障碍、使用者对现有网络文献资源的满意程度等。

调查的基本情况如下：此次调查多数采取调查人员当面发放问

卷，被调查者自行填写后收回的方法，部分采用邮寄发放问卷或网络调查的方式。此次调查共发放问卷 1 100 份，回收问卷 907 份，回收率为 82.45%；回收问卷中有效的问卷为 850 份，有效问卷率为 93.72%。调查数据采用 EXCEL2003 进行统计分析。因无法确定总体边界，本次调查采用了主观随机抽样。抽样过程中，调查组成员严格坚持实事求是的研究态度，抽样结果具有较高的科学性和可信度。

此次调查涉及全国 13 个省、市、地区的多种职业类型的人员。调查组成员根据对网络科技文献利用群体地域分布的评估，在北京、上海、深圳等直辖市和特区，武汉、南京、西安等省会城市以及内江、十堰等地区级县市展开调查，各地发放问卷的具体数量如图 5-1 所示。从各地区发放问卷的数量比例来看，本次问卷调查基本符合网络科技文献利用群体的地域分布特征，具有一定的代表性。

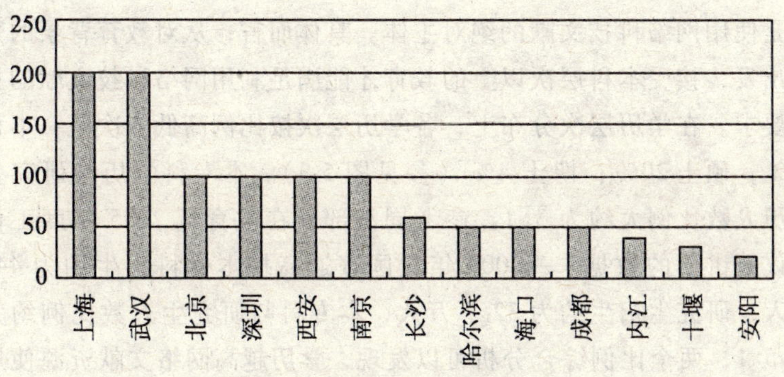

图 5-1　问卷发放地区分布结构

从调查对象的职业构成来看，高校学生、企业员工和教师共同构成了网络科技文献使用者的主体，其中以高校学生人数为最多（全体调查对象职业分布情况具体见图 5-2）。这一方面是由于这三类读者群的人口基数比较大；另一方面是由于学校、企业往往拥有更为便利的上网条件，客观上为网络科技文献的利用提供了方便。

就调查对象的文化程度而言，拥有大专及其以上学历的使用

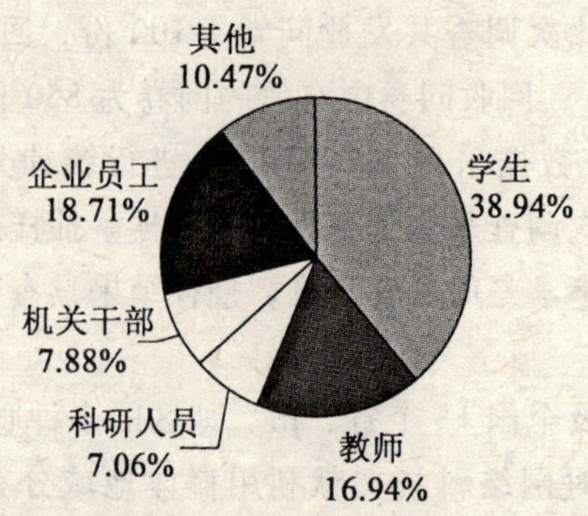

图 5-2 调查对象职业构成

者占网络科技文献使用者的绝大多数（比例为95%）。根据统计资料，2004 年我国高等教育的毛入学率约为 19%，换言之，我国正在接受高等教育的人数约占 18—22 周岁学龄段人口的 19%。由此可见，网络科技文献对使用者的教育背景有较高的要求，高学历人群是使用网络科技文献的绝对主体。具体而言，从对教育背景的角度出发，接受本科层次以上的教育才能满足利用网络科技文献的技能要求。在学历层次分布上，各学历层次按比例高低依次是：本科 59%；硕士 20%；博士 4%（参见图 5-3）。本专科学历与研究生学历人数比例大约为 3:1。参考周济部长在教育部 2005 年度工作会议上讲话的数据——2004 年我国普通高校本专科招生约为 440 万人，研究生招生约为 32.7 万人，本专科与研究生人数比例约为 13.5:1，两个比例综合分析可以发现，学历越高网络文献资源使用者在同学历人群中所占比例越高。

从互联网使用情况来看，网络科技文献利用者的网络使用频次普遍较高。统计结果显示，60.94% 的调查对象每周上网次数达到 3 次以上，20.06% 的调查对象每周上网 1～3 次，而每周上网少于 1 次的仅占全部调查对象的 19.00%。① 很明显，经常使用互联

---

① 罗紫初，严萍，田丽. 利用网上文献 促进科技发展——我国网上科技文献利用情况调查（之一）[J]. 图书情报工作，2006（4）：65

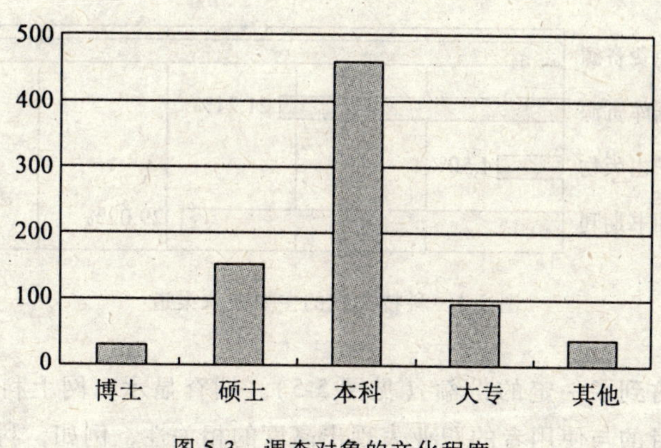

图 5-3 调查对象的文化程度

网是利用网络科技文献的基础性条件。

以上是我们对网络科技文献利用所做的一项专门调查研究的基本情况。下面以此次调查的结果为基础来分析网络科技文献利用的基本状况。

5.1.1 网上科技文献利用的基本状况

调查显示，互联网成为获取科技文献的重要途径，学习和解决实际问题是使用者获取网上科技文献的主要目的，电子图书和数字化期刊是常用的科技文献类型，免费是获取网上科技文献最普遍的方式。

互联网已经成为科技文献十分重要的传播途径。为了对不同载体间的科技文献进行比较，在对调查数据进行处理时，我们将数据库资源、网上免费资源归为网络资源，将纸质图书期刊和封装型电子出版物归为非网络资源。结果显示，通过网络获取科技文献的调查对象占到了总数的66.48%（各项选择比例见图 5-4）。

学习和解决实际问题是用户利用网上科技文献的主要目的。选择这两者作为网上科技文献主要用途的调查对象分别占整体的41.95%和36.45%。此外，将网上科技文献用于科研和教学的使

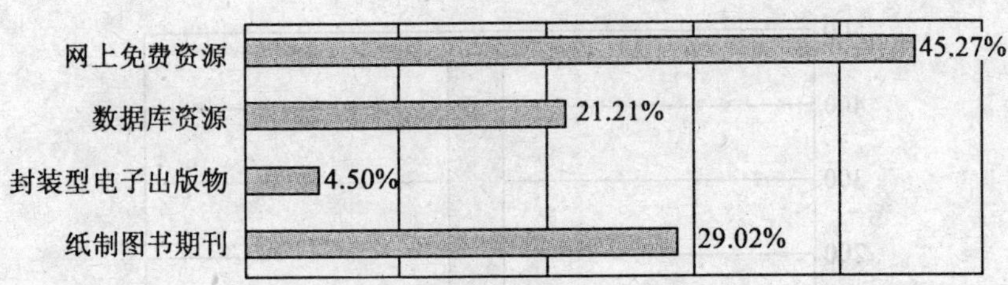

图 5-4　科技文献的主要获取渠道

用者也占到了一定的份额（见图 5-5）。调查显示，网上科技文献的利用目的与使用者的职业表现出高度的相关性，例如，科研是科研工作者的首要目的，教学是教师的首要目的，学生则主要是为了学习。

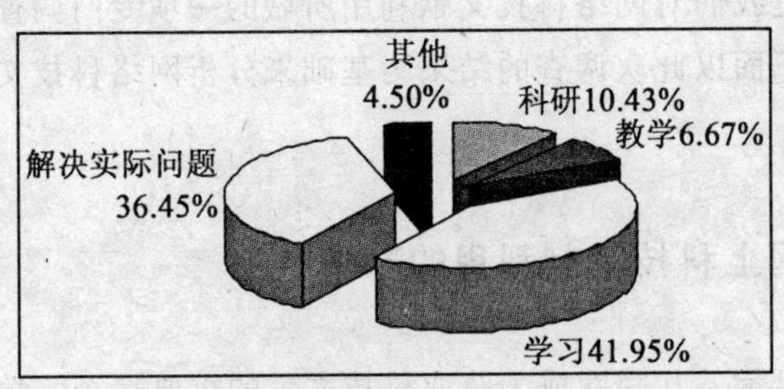

图 5-5　查询网上科技文献的用途

电子图书和数字化期刊是使用频率最高的网上科技文献类型，分别占总数的 17.47% 和 16.71%，学位论文、专著及论文引文均次之，专利则是利用最少的科技文献类型，仅占调查总数的 2.31%（见表 5-1）。

本次调查重点选取了较知名的一些网站和数据库作了个案研究。结果发现，超星数字图书馆是最受欢迎的电子图书数据库，中国期刊网是最受欢迎的数字化期刊数据库。电子图书统计结果见表 5-2，数字化期刊统计结果见表 5-3，引文数据库的统计结果见表 5-4、表 5-5、表 5-6。

表 5-1　经常使用的网上科技文献类型

文献类型	人次	百分比
电子图书	302	17.47%
数字化期刊	289	16.71%
学位论文	215	12.43%
专著	192	11.10%
论文引文	174	10.06%
科技工具书	159	9.20%
科技报告	136	7.87%
英文文献	118	6.83%
会议论文	104	6.02%
专利	40	2.31%
合计	1729	100.00%

表 5-2　经常使用的电子图书：电子图书利用情况（缺填份数：16）

数据库名称	万方数据库	中国期刊网	维普中文科技期刊库	Elsevier Science 电子期刊	Ingenta 公司数据库	IEEE/IEE Electronic Library 数据库	其他
人次	18	53	17	19	3	13	5
百分比	14.06%	41.41%	13.28%	14.84%	2.34%	10.16%	3.91%

表 5-3　经常使用的数字化期刊：数字化期刊利用情况（缺填份数：19）

数据库名称	书生之家	超星中文数字图书馆	Net Library 电子图书	Apabi 电子教学参考书	其他
人次	15	39	9	11	7
百分比	18.52%	48.15%	11.11%	13.58%	8.64%

表 5-4　引文数据库利用情况：经常使用的引文数据库(1)
(缺填份数:46)

数据库名称	三大引文索引(SCI,SSCI,A&HCI)	中国科学引文数据库（CSCI）	中文科技期刊引文数据库	其他
百分比	36.62%	28.17%	32.39%	2.82%

表 5-5　引文数据库利用情况：经常使用的引文数据库（2）

数据库名称	全国报刊索引数据库	中文科技期刊数据库	中国人民大学复印报刊资料系列	其他
百分比	15.38%	59.62%	21.15%	3.85%

表 5-6　引文数据库利用情况：经常使用的引文数据库（3）

数据库名称	CALIS 的会议论文数据库	中国学术会议论文数据库	OCLC 的会议数据库	科学网会议录索引（WOSP）	因特网会议日历（Internet Conference Calendar）	其他
百分比	9.81%	54.90%	11.76%	7.84%	9.81%	5.88%

此外，非付费使用在我国网上科技文献利用中普遍存在。调查显示，74.89%的被调查者选择使用免费网上资源，选择个人购买和集体购买的则分别占12.05%和13.06%。

5.1.2　几类主要读者利用网络科技文献情况

利用网络科技文献，至少要具备两个条件：一是具有计算机上网能力，二是具有对科技知识信息的需求。在为数众多的网民中，只有同时具备这两个条件者，才是网络科技文献的主要使用者。我们从调者中了解到的网络科技文献的使用者，主要包括：大学生、科研人员、教师、机关干部、企业员工等五类人员。下面分别对这

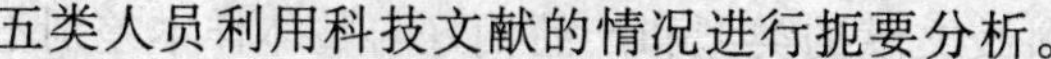

五类人员利用科技文献的情况进行扼要分析。

（1）大学生利用网上科技文献的情况。

大学生是本次调查最主要的受访者，回收的850份问卷中，在校大学生提供的有422份，接近总数的一半。从学历结构来看，大学生以本科生和研究生为主，具有本科以上学历的比例较整体样本比例提高了10个百分点。

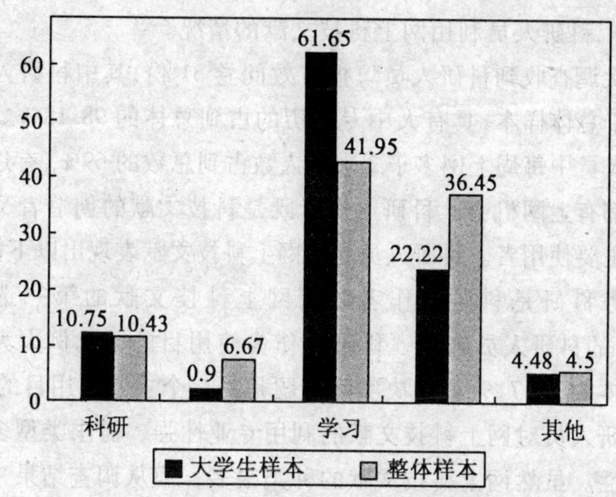

图 5-6 大学生利用网上科技文献的目的

学习是大学生利用网上科技文献的主要目的。调查显示，选择“学习”作为利用网上科技文献主要目的的比例高达61.65%，与学生的身份十分契合，而选择“解决实际问题”和“科研”分别占22.22%和10.75%。如图5-6所示，与整体样本相比，学生利用网上科技文献的目的性更加集中、单一。

大学生对于科技文献的获取途径需求多样。与整体样本相比，选择“网上免费资源”的受访者降至34.65%，而选择“纸质图书期刊”、“数据库资源”、“封装型电子出版物”的比例则分别升至31.39%、28.99%、4.97%。可见大学生在把网上免费资源作为获取科技文献主要渠道的同时，也十分重视阅读纸质图书期刊和利用学校提供的数据库资源。

大学生对于网上科技文献的类型和产品偏好与整体样本差别不大，但是多样性需求突出。以选择“网络化期刊”中的“其他”类为例，大学生比整体样本高出4.3个百分点。

大学生更加青睐于免费获取的网上科技文献，高达81.09%的同学选择了“使用免费网上资源”，比整体样本比例高出6.2个百分点，而且分别只有8.91%和10.00%的同学选择了“个人购买”或“集体购买”，都低于总体水平。

（2）科研人员利用网上科技文献的情况。

本次调查收到科研人员填报有效问卷51份，其中科研人员学历层次高于总体样本，具有大中专学历的占到总体的98.18%。被调查的科研人员中每周上网多于3次的人数占到总数的69%，有近九成的人每周都有上网机会。科研工作者既是科技文献的创造者又是科技文献的主要使用者。科研人员利用网上科技文献表现出以下特征：

服务科研是科研工作者利用网上科技文献的第一选择。有43.64%的科研人员选择“科研”作为使用目的，比例大大高于被调查整体的20.71%。解决实际问题是另一个主要使用目的。

科研人员对网上科技文献的利用专业性强，需求类型多样，注重实用性。虽然网上科技文献的种类很多，但从调查结果来看，仍然有接近30%的科研人员仅使用其中的一种，居于第一位。尽管约有70%的科研人员使用多种科技文献类型，但所有用户均不超过五种，并且大部分用户都局限于2～3个种类。此外，科研人员对于专业的科技类信息资源表现出明显的使用倾向。例如维普中文科技期刊库、科学网会议录索引（WOSP）在科研人员中的利用率大大高于其余被调查群体。值得一提的是，与大学生相仿，科研人员选择“其他”这一选项的比例同样高于整体样本比例。这说明，科研人员除了利用这些典型的大众化的网上科技文献类型外，还会使用更专业化、更小众的信息资源。这与科研人员专业性强，信息需求针对性强的特点是一致的。

科研人员对网上有偿信息的使用率更高。表现在，存在更多的个人购买和集体购买的现象。从科研人员对有偿信息的使用率比整体样本比例高出20个百分点，特别是在“集体购买”这个选项

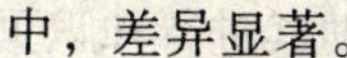

中，差异显著。

（3）教师利用网上科技文献情况。

本次调查共收到教师完成的有效问卷 105 份，其中 47 份出自高校教师，56 份出自中学教师。就文化程度而言，拥有大专及以上学历的教师占教师的绝大多数（97%）。在学历层次的分布上，各学历层次按比例高低依次是本科、硕士、大专和博士。从网络使用情况来看，教师利用网络普遍较频繁，73.79% 的调查对象每周上网次数达到 3 次以上，每周上网 1～3 次的调查对象占全部的 19.42%，而每周少于 1 次的仅占全部调查对象的 6.79%。对比调查对象利用网络的总体情况，教师群体利用网络的频度在调查对象总体中处于较高水平。教师利用网上科技文献表现出以下特征：

教学和学习共同构成了教师利用网上科技文献的主要目的。统计结果显示，“教学”、“学习”在教师利用网上科技文献的用途中占前两位，分别为 36.76%，27.57%。此外，“科研”和“解决实际问题”并列第三位，比例均为 16.76%（见图 5-7）。这与教师的“知识工作者”的身份是一致的。与整体样本比较，教师利用网络

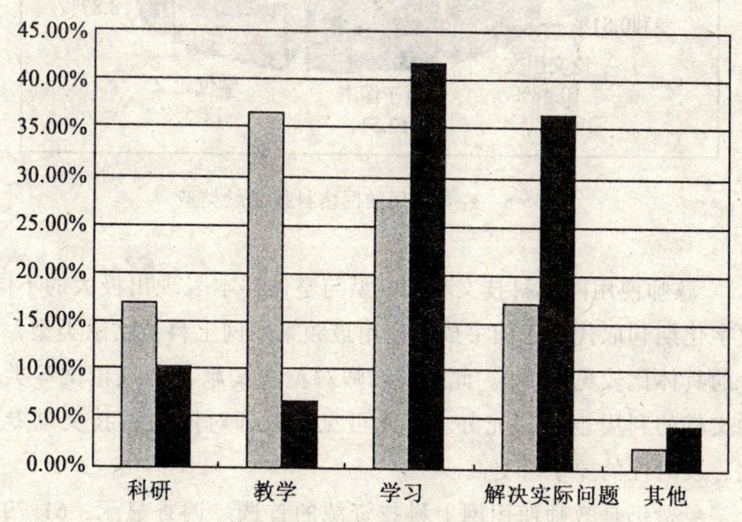

图 5-7　使用网络科技文献用途对比

的主要目的不仅在于满足当前工作需要，也是为协助其进行知识更新和自我提升。

网上免费资源与纸质图书期刊均为教师群体使用较多的科技及文献获取途径，使用网上免费资源、纸质图书期刊、数据库资源和封装型电子出版物的比例分别为 39.76%、35.54%、21.69% 和 3.01%。对比整体样本情况，教师使用网上免费资源偏少，而使用纸质图书期刊则偏多。

数字化期刊、专著、学位论文和电子图书成为教师使用频率最高的网上科技文献类型，分别占总数的 14.92%，12.90%，12.50% 和 12.50%，具体情况见图 5-8。

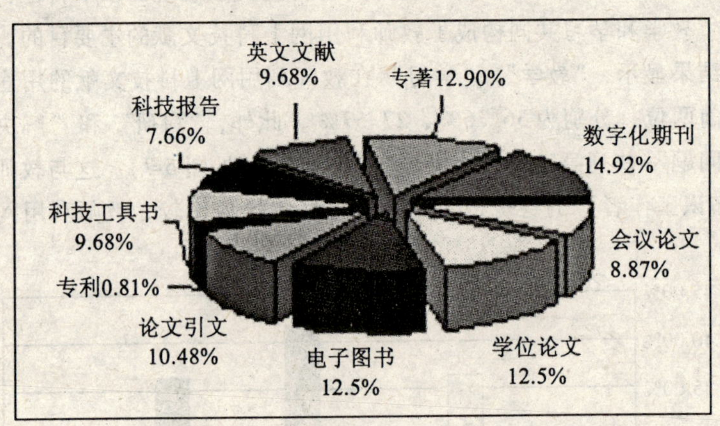

图 5-8　经常使用的网络科技文献类型

教师使用网上科技文献的类型与整体样本表现出极大的不同。数字化期刊取代电子图书成为使用最频繁的网上科技文献类型，两者的具体比较见图 5-9。此外，教师对英文文献、会议论文等类型的文献的利用也更为充分。由此可见，教师对网络科技文献专业化、及时性的要求都更高。

免费仍是教师使用网上科技资源的首选。调查显示，61.79% 的教师选择使用免费网上资源，选择集体购买和个人购买的则分别占 24.39% 和 13.82%，但是这一比例已经远远高于整体样本情况。

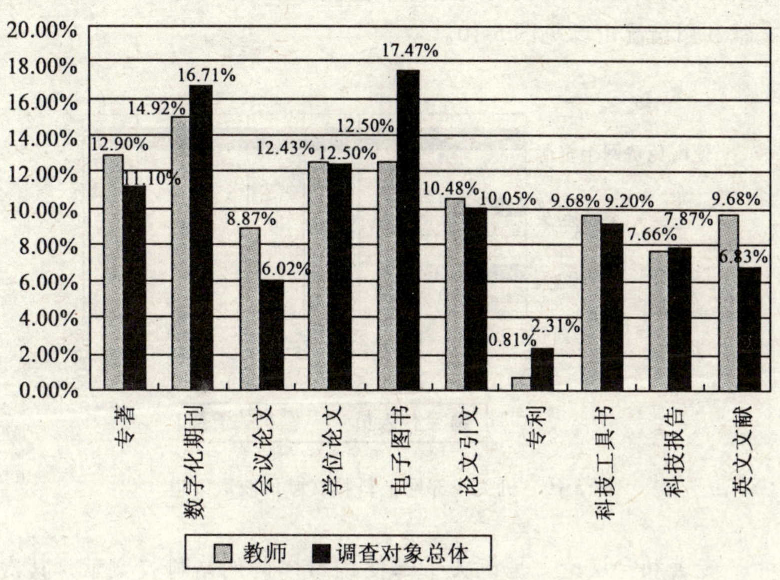

图 5-9 经常使用的网上科技文献类型

（4）机关干部利用网上科技文献的情况。

本次调查所选择的机关干部主要是国家公务人员，他们的学历结构几乎和本次调查对象的整体结构相吻合，但是具有博士和本科学历的受访者低于整体样本，具有研究生和大专学历的受访者高于整体样本。

机关干部每周上网超过 3 次的人数占受访干部总数的 73.68%，高于整体样本 60.94% 的比例，每周上网少于 1 次的人数占 14.04%，也高于整体样本 11% 的比例，这说明机关干部内部对于网络的利用情况差异较大。机关干部利用网上科技文献表现出以下特征：

机关干部使用网上科技文献的目的是很明确的，50% 都集中在“解决实际问题”上，表现出比大众更强烈的需求，“解决实际问题”和“学习”这两个目的加起来更是占到了总数的近 90%。

网络是机关干部获取科技文献的重要途径。机关干部对网上免费资源和封装性电子出版物的利用高于整体样本情况，而对于数据库资源和纸制图书期刊的利用低于整体样本情况，四种类型的科技文献利用情况可参见图 5-10。

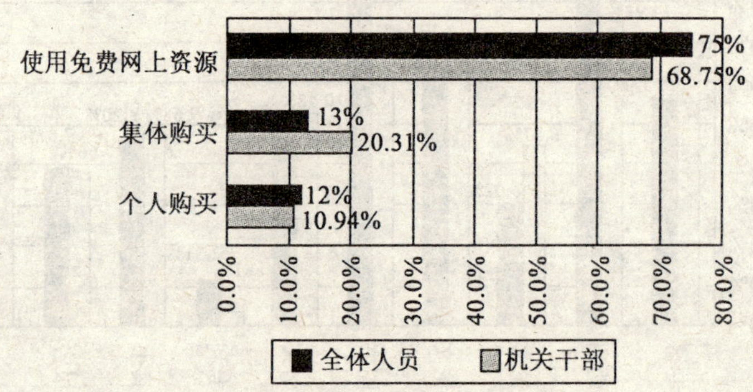

图 5-10　机关干部网上科技文献的获取渠道

专著和会议论文是机关干部使用最多的网络科技文献，其次是数字化期刊。在整体样本中居于首位的电子图书，在机关干部使用的网上科技文献中仅排在第四位。机关干部在 Apabi 电子教学参考书、万方数字化期刊子系统、中国期刊网、中国科学引文数据库、中文科技期刊引文数据库、中国人民大学复印报刊资料系统等电子图书和数据库的使用上要略高于总体水平。这些数据库都是使用面较广，名气比较大的。这一结果也显示出被调查者对一些专业的数据库还不够了解，信息化水平有待提高。

在获取网上资源的经济支付方式行，机关干部利用集体购买的网上资源的比例高于整体水平。虽然免费获取仍是最主要的途径，但是机关干部利用免费资源的比重低于整体水平，个人购买网上科技文献的比重也低于整体水平。

（5）企业员工利用网上科技文献的情况。

本次调查收到职业为“企业员工”的有效问卷 159 分，占总数的 18.71%。在受访的企业员工中具有大专以上学历的占总数的 80%，学历层次在本次调查人群中偏低。企业员工利用网上科技文献表现出以下特征：

“解决实际问题”成为企业员工利用网上科技文献的主要目

的。选择“解决实际问题”的比例占总数的52.22%，远远高于36.45%的整体水平。满足“学习”需求仍旧是企业员工利用网上科技问题的主要的目的，这项比例占到总体的36.95%，但是比整体水平下降了5个百分点。这说明企业员工更加重视利用网络科技文献提供的有用信息来解决工作中遇到的实际问题，换言之，企业员工利用网络科技文献的现实针对性更加突出。

就四类主要的科技文献获取途径而言，企业员工所使用的情况依次为网上免费资源占51%，纸质图书期刊占29.72%，数据库资源占12.45%，封装性电子出版占6.83%，该结构大体上表现出与整体样本水平一致的水平，只是对于数据库资源的利用较低，而利用网上免费资源比重略高。

电子图书、科技工具书、数字化期刊是企业员工使用最频繁的网上科技文献，它们所占各类型网上科技文献的百分比分别为：25.32%、14.29%和11.69%。企业员工对于科技工具书的依赖为各类人群中最高，较平均水平高出5个百分点，对于电子图书的青睐也是值得关注，比平均水平高出近9个百分点。

个人购买网上科技文献资源是企业员工利用网上科技文献的一大特色。作为获取网上科技文献的三种经济支付方式——免费获取、集体购买、个人购买的比例分别为66.11%、22.03%和11.86%。与整体样本比较，免费获取降低了8.7%，而个人购买提高了近10个百分点。由此可见，企业员工更舍得花“自己的钱”消费网上科技及文献。只要产品和服务能够得到他们的认可，企业员工更容易成为网上科技文献的个人用户。

5.1.3 网络科技文献利用中存在的问题

通过对各类读者利用网络科技文献的综合考察，我们认为目前网络科技文献利用中仍然存在以下几个方面的问题：

（1）对网络科技文献缺乏了解。

网上科技文献出版的爆炸性增长并没有直接带来使用者对网上科技文献认识的加深。目前对于多数人而言，仍然存在着以下认识上的偏差。

第一，不知道所需资源的存在。调查显示，11.71%的受访者表示不了解网上科技文献，即使对问卷表上所列的一些常用的网上科技文献也感到陌生。书生之家、超星中文电子图书、Net Library电子图书、Apabi电子教学参考书，这几种名牌电子图书的使用人数占总调查对象的82.42%；万方数字化期刊子系统、中国期刊网、维普中文科技期刊库、Elsevier Science电子期刊、Ingenta公司数据库、IEEE/IEE Electronic Library数据库这几个品牌的使用率占到了89.73%；这固然与这些产品本身的性能优越有关，但是也不排除很多人不了解其他产品的不得已选择的因素。尤其是一些优秀的专业数据库资源不为广大的科技文献需求者接受，因而呈现出“曲高和寡”的状况。

第二，不信任网上资源。科技文献的可信度是影响其利用的重要因素之一。因特网的开放性和自由性使得任何人都可以随意在网上发布信息，从而导致正式出版物与非正式出版物交织在一起，学术信息、商业信息以及个人信息混为一体，信息资源处于高度分散状态、有序化程度低、质量良莠不齐，其可信度和科学性自然受到置疑。因此，许多使用者宁可花费数倍于网上查询的时间按照传统的方式查阅科技文献而不是选择获取网上资源。

上述两种原因直接导致已经出版的网上科技文献不能顺利进入消费领域，或者在消费过程中价值被大打折扣。这个问题不解决，网上科技文献的利用率和效用率就无法提高。

(2) 非付费使用形成习惯。

根据调查，在获取网上科技文献的路径选择上，免费的网上资源仍是网上科技文献使用者的首选，占总调查对象的74.89%，选择集体购买或个人购买网上科技文献的分别占13.06%和12.05%。以上情况与国人固有的消费习惯和观念是密不可分的。长期以来，人们形成了从网络获取各种免费资源的消费习惯，并形成了“网络——免费”的自然联想，对网络资源的付费模式仍有一个接受的过程。此外，网上科技文献的主要使用者是高校学生，这部分使用者消费能力十分有限，且在条件允许的情况下，他们往往可通过集体购买数据库资源、阅读纸质出版物等途径获取科技文献，因而即使网上科技文献针对个人使用者制定十分低廉的价格，也较难吸引这部分使用者。

与此同时，使用者对网上科技文献的质量和服务提出了更高的要求，网上科技文献提供者需要承担更大经营成本。比如，支付给知识信息版权人的版权费用，知识信息加工、整理、集成、优化的费用，产品服务营销推广活动的费用，读者培训和售后服务的费用，处理读者反馈意见的费用等。

从政治经济学的角度分析，产品交换必须以价值量为基础实行等价交换，非付费方式使用网上科技文献商品和服务，阻碍其价值实现，从而使网上科技文献的再生产活动受到严重阻碍，从而导致一部分已经开发的产品不能及时维护，同时也打击了一些新产品的开发。

（3）计算机操作和信息检索技术水平低。

网络资源对于使用者的文化程度、网络检索技能都有相当程度的要求。网上科技文献更是如此。本次调查中，95%的调查对象拥有大专以上学历，但仍有超过15%的调查者认为自身使用网上科技文献的主要障碍是“缺乏专业科技文献检索技术”或“不善于利用网络和计算机”。网上科技文献使用者的绝对主体是高学历人群，这部分人群应当普遍接受过计算机和网络应用的基础教育，但对网上科技文献的使用仍然存在这样的苦恼和困惑，可见网上科技文献的检索技能门槛已成为制约其发展的重要因素。

（4）网上科技文献提供者服务质量不高。

网上科技文献服务包括两类，一类是内容提供商就产品内容提供的服务，另一类是科技情报以及图书馆等单位提供基于产品使用的服务。

首先来看内容提供商提供的服务。在对获取网上科技文献主要障碍的调查中，“信息质量和时效性低”和“网上科技文献种类数量不足”成为中选率最高的选项，分别有307人次和268人次，占调查对象总人数的36.12%和31.53%。具体说来，网上科技文献在内容质量上的问题集中在几个方面：第一，信息重复现象严重。由于缺乏统一的规划和标准，工作协调不到位，各网上科技文献供应商出于对利益的追逐，往往一哄而上，在内容上缺乏明确的分工，相互之间在技术上、数据格式和标准并不兼容，导致网上科技文献内容大量重复，造成了人力、物力、财力上的极大浪费。第二，信息更新速度慢。从互联网在线数据库看，目前记录的更新比例比较低，其中35%的网站每周更新所有记录中1%到5%，20%的网站每周对记录更新的比例在1%以下。以“中国学术期刊网”为例，其期刊上网的时间一般较纸质期刊滞后6个月，而国内学术期刊的发表周期一般为6~12个月，可想而知，科技文献内容的时效性势必大打折扣。

再来看科技情报机构提供的服务。在受访者中138人对图书情报机构的服务感到不满意，占总数的7.77%。尽管一些高校中逐步建立起一些方便大众的科技界文献服务，但是这些服务很少被广大使用者所真正拥有。

由此可见，科技文献资源生产者和传播者的服务水平低也是影响网上科技及文献利用的重要因素。

以上是从整体上对网络科技文献利用情况所进行的综合分析。下面我们再分别对各类型网络科技文献的利用特点进行专门分析。

5.2 网络科技专著利用特点分析

网络科技专著是指通过网络渠道出版发行的科技类专著。它是指科技工作者将自己在专业领域的研究成果用文字表述出来形成自成体系的文本形式，然后通过互联网公之于众。就具体的出版物形式来说，网络科技专著通常以电子图书的形式存在，所以网络科技专著利用情况主要的分析对象是科技类电子图书。随着电子图书市场的不断发展，许多专业的网络出版公司大量涌现。比如，美国时代华纳公司专门成立了出版网站（www.iPublish.com），负责向作者组稿和编辑出版，在网上以低廉的价格为读者提供内容下载。美国的专业网络出版商“网络图书馆”（www.netlibrary.com），能为读者提供具有检索功能的各类传统出版物的网络版，该公司目前已经获得数十万纸质图书的网络出版权。在国内出版业，为了适应网络出版的发展潮流，许多传统出版机构以及部分大型网络公司、网站纷纷加入电子图书的出版行列。例如，辽宁出版集团成功地开发出中文电子阅读器“掌上书房”，同时还建立了中国电子图书网站（www.cnbook.com.cn），为广大读者提供了超过10万种付费或免费下载的电子图书。目前，国内从事电子图书的企业主要有方正、超星、书生、清华同方、中文电子图书等几家信息服务商。超星的最大特点是图书丰富，拥有20多万种数字化图书，远远超过其他任何一家。书生之家现在已经建设成了一个网上开架书报刊交易平台，下设图书网、期刊网、报纸网等多个子网，能够提供图书、期刊、报纸等各种出版物的信息以及下载服务。网络科技专著的利用与上述网络科技文献的利用有很多相似之处，因此我们在论述网络科技专著的利用情况时，不再重复相同的特征，而仅仅就网络科技专著利用方面的特点进行分析。共性部分由于上文已经进行了较为详细的阐述，故而不再赘述。

网络科技专著的使用者多为专业研究者或者教育工作者，所以此类读者获取科技类电子图书出版发行信息的渠道自然具有浓厚的行业特色，比如通过专业期刊、同行介绍、权威人士推荐等，所以网络科技专著的使用受宣传推广方式的影响较大。试想如果目标读者不知道某一部科技类电子图书已经出版，则他们根本就不可能去购买阅读该出版物。而对于一般的读者而言即使机缘巧合，偶然获得了网络科技专著出版发行的消息，也不会轻易去购买。这是因为对于专业外的普通读者来说该书没有多大意义，这类出版物由于专业性强其内容大都艰深晦涩，普通读者阅读起来存在困难。因此网络科技专著的出版发行信息的传播应该针对专业读者，目标受众的范围应该非常明确。这种专业性阅读决定了网络科技专著的利用具有很强的专指性，要满足专业研究人员求知和实用的阅读需求。所谓专指性是指科技类电子图书的知识内容不同于一般图书具有通融性，每一部专著都有特定的知识内容和读者对象，彼此之间很难相互替代。专指性主要是从网络科技专著的使用价值的角度来分析的。换言之，网络科技专著的使用价值具有针对性强的特征，除了本专业的研究者之外，对于其他领域的读者来说意义不大。所以，网络科技专著需求的伸缩性是比较小的。不同行业的读者对于知识和信息的需求差别非常大，出版企业的营销策略能够改变一般图书的需求量，但是对于科技专著而言这些策略往往收效甚微，甚至徒劳无功。简言之，网络科技专著的需求量是比较固定的。对于本专业的研究者来说，网络科技期刊只要反映了本领域研究的新成果，对工作学习有指导意义，即使价格等方面有不如意的地方，目标读者照样会去购买，而对于非本专业的读者来说，其他专业的专著对于他来说毫无价值，他根本不会去关注，所以即使价格低廉、服务周到、传递快捷也不会对他构成多大的诱惑。读者利用网络科技专著的这个特点决定了出版商在营销的时候一定要注意读者定位工作，找准服务对象，确定目标读者的范围和数量，然后有的放矢地进行生产和销售，避免经营活动的盲目性。

网络科技专著利用的另外一个特点是电子图书的分割消费。所谓分割消费是指读者在购买电子图书的时候可以根据阅读需要来决定只要网络科技专著的某一部分或者某几部分，而不是将整部电子图书全部购买。与分割消费对应的是分割销售，即网络科技专著的出版商根据读者的需要来分章节销售，读者需要哪些章节就将该部分提供给这个读者。分割消费反映了读者的需求多元化和个性化的发展趋势，也是读者降低购买成本的需要。在买方市场的条件下，读者消费的自主性得到了进一步张扬，企业为了竞争需要，必须按照消费者的要求行事，分割销售就是为了满足读者对文献分割消费需求而出现的。网络科技专著的内容设计，会和印刷型的科技类专著一样，为了体系的完整和理论阐述的需要而面面俱到，但是读者的阅读却是有选择的，一本专著中读者需要并且会认真阅读的可能只是其中少数几个章节，这几个章节就是出版商应该根据客户资料分析挑选出来并提供给读者的核心产品。如果这个工作可以做好，则对读者的学习和研究大有助益，可以提高他们工作、学习的效率。分割消费就是要求出版商能够做到这一点，即发现他们对于网络科技专著最为关注的章节，并将这几个章节提供给他们。

读者利用网络科技专著除了对内容结构有较高的期望之外，同时对阅读辅助功能也有一定的要求。网络科技专著因为其内容一般涉及科研领域最为前沿的知识、信息，因此阅读的过程中会遇到这样或那样的疑难需要读者来自行解决，这就对网络出版商提出了附加工具书以辅助阅读的功能要求。读者对于网络科技专著的阅读是一个消化吸收最新科技知识的过程，这个知识内化的过程要顺利完成就必须有相关的工具书来辅助，在数字化出版时代，工具书应该与阅读设备一起提供给读者，方便他们一边阅读一般查找，省去他们查阅纸质工具书的麻烦，这是阅读辅助功能的第一个含义。阅读辅助功能的第二个含义是指读者阅读网络科技专著时能够随时随处做笔记、批注、画线、圈注、画亮、加书签等，而且不用的时候可以方便地取消，不留任何痕迹。这种可以做电子读书笔记的功能也是对传统阅读习惯的沿袭和创新。“不动笔墨不读书”是传统知识分子阅读的重要习惯，对于阅读过程中的感悟体会，很多读者喜欢将它记录在正文的边边角角，或者对认为重要的语句段落进行勾画圈点等，这些要求在网络出版时代仍然存在。阅读设备技术上的完善对于满足这种要求提供了客观条件，而且也不会增加太多成本，所以这种阅读辅助功能在电子图书的生产上应该得到重视。阅读辅助功能的第三个含义是指电子图书应该能够进行目录和全文的迅速检索。电子图书不像传统的纸质图书那样可以用手来随意翻动，所以检索具体的某个内容要由附带的阅读设备来代替人工完成。虽然图书的载体和外形发生了变化，但是人类阅读图书时附带的这些细微需求是恒久不变的，检索查询是人们阅读过程中理解知识信息的需要。当读者读到图书某一段时，为了深入理解其内涵，很可能要结合其他段落来深化认识，这就需要电子图书的阅读设备提供内容和目录的检索功能，而且最好是相关的段落能够在同一个界面同时显示，方便读者的对照和比较。电子图书的目录和内容检索功能可以帮助读者更好地理解图书的内容架构，这个功能一般是由阅读器附带的。上述三种阅读辅助性功能是科技类电子图书应该在内容资源高品质的前提下，完善读者服务工作的追求。读者在购买网络科技专著的时候，固然看重图书内容，然而这些辅助性功能对于电子图书的利用而言也是不可或缺的，因此网络出版商应该对这些辅助性的功能予以充分重视，与阅读设备的生产商加强沟通合作来完善这些功能，以方便读者一站式地解决阅读过程中的问题。

网络科技专著的发表同样存在着社会承认与否的问题，网络科技专著的出版机构的品牌成熟程度决定了读者对它的认可和接受程度，如何科学地对网络科技专著进行评价和管理是一个系统性的问题，需要政府管理部门、出版产业和科技文化界的共同努力，只有网络科技专著的评价和管理问题得到了妥善的解决，作者出版电子图书具有了合法性，网络科技专著的利用才会有健康的发展。具体评价和管理措施在文中相关部分已有专门论述，不再赘述。

5.3 网络科技期刊利用特点分析

科技期刊出版流程的网络化是无可回避的发展趋势。网络科技期刊作为网络科技文献的一种，它以促进科技论文的发表和传播为主要功能。作为科技论文的网络发表园地，网络科技期刊汇集着各个学科领域最新的研究成果。网络科技期刊由于网络技术的支持而缩短了出版周期，期刊内容的编辑、修订和改版非常迅速，很多文章可以在作者完成的瞬时得到发表，读者可以即时阅读使用。利用网络来传播科技论文具有天然优势。除此之外，在政治法律环境方面国家已经颁发了相关的法律，为网络科技期刊的出版提供了较好的法制环境。另外，随着我国科技文教事业的进步和社会主义市场经济的发展，人们对于网络科技期刊的需求不断增长，改革开放30年来物流配送等产业的发展为科技期刊的网络出版提供了外部环境上的支持，都为网络科技期刊的出版提供了良好的外因。期刊出版业只要抓住历史机遇，不断探索创新，迅速适应网络环境下传播事业发展的新变化，就一定能将网络科技期刊的出版事业推向前进。正是因为信息载体的变更和出版流程的重构，读者对于网络科技期刊的利用呈现出了许多前所未有的特征，以下就网络科技期刊利用方面的特点进行一些简要分析。

网络科技期刊利用的特点之一是读者对于科技论文①的准确性和完整性要求的高标准。读者利用科技论文的主要目的是教学、学习和研究，如果文献的准确性和完整性缺乏保证，那么读者利用网络科技期刊的热情将会大打折扣。读者对于文献最基本的要求就是内容完整可靠、信息准确无误，对于科技类论文而言这个要求实际上更高。文献的准确和完整对于读者的重要性是不言而喻的。网络传播时代由于出版主体的多元化，这些问题的重要性更加突出。对于论文的作者来说，文献的完整性也是保护其著作权的基本要求。科技论文代表的是作者精神劳动的成果，凝结着研究者的智慧和心血，从法律意义上说是作者人格的一部分，关系到作者的社会声誉和公众形象，如果作品随意被他人删削涂改，那么作者最基本的著作权就得不到保障，这必然会进一步影响到作者通过网络发表研究成果的积极性。所以，网络出版机构作为科技论文发表的中介，应该担当好联结作者和读者的桥梁作用。网络科技期刊的编辑人员一方面要加强内容的编审工作，为读者过滤掉不科学不可靠的内容，保证论文中知识信息的科学性和完整性；另一方面，编辑人员要和技术部门加强合作，防止网络上一些道德自律程度欠佳的读者随意更改已经发表的作品，保障作者作品的完整性不受损害，必要的时候借助法律手段来维护作者和出版机构的合法权益，为科技论文的网络出版创造一个良好的外部环境。

网络科技期刊利用的第二个特点是读者重视出版商是否提供与论文相关的资料。读者在阅读科技论文的过程中经常需要浏览其他相关资料来深化认识，网络出版机构应该高度关怀读者附带性的阅读需求。具体地说，读者在阅读某一文献的时候，可能同时还需要阅读与之相关的文献（比如相同主题的文章、该领域的研究现状等），以及其他背景资料（比如作者信息和以前的研究情况、作者的其他研究成果、附录、实验数据等），以此来加强对于文献本身

① 网络科技期刊以发表科技类论文为主要功能定位的，所以讨论读者对网络期刊内容的特殊需求，即就是探讨读者对于发表在期刊上的科技类论文的要求。

的消化吸收，或者是扩展自己的学术视野。从理论上来说，数字化期刊在数据容量方面没有限制，只要期刊的服务器硬盘足够大，就能让期刊的容量无限大，因此只要是有价值的资料都可以在同一期刊内得到发表，即使附加材料篇幅很长也不会被删减。另外通过互联网出版的数字化期刊都采用超文本（媒体）的形式存储信息，具有超文本（媒体）链接功能，这种链接包括：文章内的链接（比如与注解、附录、参考文献等的链接）、期刊内的链接（比如与目录的链接）、不同文章之间的链接、与期刊提供的其他资源的链接等；期刊之外的链接对象包括因特网上的其他出版物、数据库、软件等①。有了这些链接，读者在阅读网络科技论文的时候通过点击鼠标就能方便地阅读其他相关资料，有利于提高读者的阅读效率。因此可以认为满足读者对于附加材料的阅读需求从技术上是没有任何障碍，只是这些资料的编辑加工需要出版企业耗费人力、财力来组织进行，会增加经营方面的成本。但是这些相关资料如果由读者自己来查找工作量会比较大，而且如果每一个单体读者重复性地完成这个工作，从全社会的角度来考察不符合经济原则。网络科技期刊的出版机构由于长期从事某一类文献的编辑加工工作，在文献的收集整理方面具有一定的优势，对于文献的分类非常熟悉，这些经验积累决定了出版机构可以为读者提供科技论文的相关资料。当然，网络科技期刊出版机构在提供相关资料的时候，要事先征求读者的意见，在读者同意接受的情况下再提供相关资料更能得到读者认同，反之就会被读者认为是捆绑销售，影响到读者消费的积极性。一言以蔽之，读者的需要才是市场营销的现实基础，一切应该以读者的想法为转移。

网络科技期刊利用的第三个特点是读者有和其他读者沟通阅读经验的需求。读者在阅读的过程中经常会出现交流阅读体验、分享阅读感受的心理需求。网络科技期刊提供给读者的不仅仅是新颖的、原创的科技论文，更应该顺应读者的需求，为读者创设一个交流的社区，让读者在阅读之后可以发表自己的阅读体会，同时了解

---

① 谢新洲．数字出版技术［M］．北京：北京大学出版社，2002：65-66

别人的阅读感受，以此来深化对于文献的理解和认识。网络作为共享功能强大的信息交流平台，它为读者及时地交互反馈创造了前所未有的可能。网络出版机构作为传播科学信息的媒介，应该为读者的沟通做好服务工作，为他们的互动沟通创造便利条件。

网络科技期刊利用的第四个特点是网络科技文献的获取具有连续性和稳定性。网络科技论文的读者通常是一些长期关注某个学科领域的信息用户，这些读者会随着时间的演进不断地寻找有价值的科学信息，从而让自己的研究和工作实现可持续发展。因此，他们的注意力比较集中，一般会局限在学习和工作所在的领域，而且这种注意力会长期维持，相对比较固定、集中，有被培养成忠诚客户的潜质。基于这种原因，网络科技期刊的需求具有一定的连续性和稳定性。期刊作为精神文化产品一般具有稳定的风格定位，内容资源具有相对固定的范围，服务对象的选择也比较明确。网络期刊作为传统期刊与网络技术结合的产物，在定位清晰方面与传统期刊是相似的，甚至有过之而无不及。这种“有所为有所不为”的做法使得期刊在内容主题上具有相对的稳定性，在科技期刊领域就表现为学科范围上的畛域分明，这给读者选择阅读对象显然提供了方便，而内容的相对固定也让读者的消费行为具有了连续性。换言之，只要网络科技期刊的内容风格没有明显的变化，读者就会连续地购买和阅读。

网络科技期刊出版的天职是迅捷准确地传播科技创新的成果，其发展的理想状态是网络科技期刊应该在各个方面超越传统期刊的传播效果。但实际上中国目前的网络科技期刊营销工作还很不成熟，网络资源在科技文献交流中的巨大优势和深层潜力还远远没有被开发出来。网络科技期刊的出版商应该以发展的眼光看待读者的阅读需求和产业发展的前景，网络给期刊业发展提供了广阔的天地，从国际上的先例来看，通过网络来开发期刊的内容资源，满足读者对于某一领域知识信息连续稳定的需求是具有可行性的。国外一些著名的学术出版商比如学术出版社里德·艾尔斯威尔公司早在20世纪80年代就开始进行大量的电子期刊的出版实验，目前已经可以提供上千种网络期刊。据美国商务出版社的统计，它所代表的

1 200 种期刊中，1990 年有 20% 设立了自己的网站，而到 1998 年，这一数字已增加到 90%，不少传统期刊开始分享到网络传播带来的好处。英国医学杂志网络版 1995 年上网发行，至 1998 年 3 月，网上浏览人数已达 1 070 万人，远远超过阅读印刷版的人数，而且 70% 是英国以外的读者。美国《时代》周刊于 1993 年开始发行网络版，仅一年半订户就达到 18 万人。① 1997 年，美国《科学》周刊获得了《科学在线》在中国的网上发行权，中国作者可通过登录网站 www. submit2science. org 向美国首都华盛顿编辑部投稿，具体要求和操作程序可由国家科技图书文献中心网站 www. nstl. gov. cn 进入 science 查得。② 上述实例说明了网络科技期刊未来的发展潜力。网络科技期刊在知识信息的表达方面具有很多优势，网络传播在内容展示方面的诸多优点都可以运用到科技期刊的网络营销活动中来。众所周知，营销活动的核心是策划，作为内容产业的网络出版事业更加强调创意的核心地位，网络出版商只有深度地关怀读者需求，结合科技文化发展的潮流，不断地推陈出新，才能为读者提供及时有效的科技信息服务，才能提高科技期刊的发行量和利用率，提高科技出版的社会效益和经济效益。随着网络基础设施建设的不断完善和学术界对网络发表科技成果这一新的出版模式的接受，网络科技期刊和传统期刊一样必须依靠内容资源提高影响力，如何提高期刊的整体质量，如何利用网络的优势改善表现形式，如何进行成本控制确立合理的收费方式才是网络科技期刊长远发展所必须解决的关键问题。

5.4 网络科技数据库利用特点分析

网络科技数据库作为网络科技文献的一种，它的利用和其他网

---

① 全国出版专业职业资格考试办公室．出版专业理论与实务（中级）[M]．上海：上海辞书出版社，2001：441-445

② 李嘉，刘淑华，傅晓琴．科技期刊的网络营销 [J]．编辑学报．2004 (1)：59

络科技文献具有很大的相似性，为行文简洁起见，对于共性的特征笔者将不再重复，以下仅就网络科技数据库利用的若干个性特征进行简要分析。

网络数据库作为数据库技术发展的高级阶段，在社会信息化过程中应该发挥重要的服务功能。其中，网络科技数据库在各种信息资源的开发上具有明显优势，尤其是在科技信息资源方面，许多传统的科技期刊、论文、图书的集中上网就是利用了数据库技术来开发科技信息资源，提高科学信息交流的效率。科技信息的最大特点就是更新速度很快，新的研究成果如果传播不及时很快就会陈旧过时。网络数据库在规模和数据容量上非常巨大，而且数据更新速度快、周期短，制作成本的降低让普通读者的购买成为可能，等等，这些因素都决定了网络科技数据库将具有良好的发展空间，因此研究读者利用网络科技数据的特点，为网络出版商的经营提出若干建议成为理论探索的必要。

网络科技数据库利用的第一个特点是读者对于信息服务个性化、人性化的要求将日趋明显，经营者必须通过智能化的服务来满足日益挑剔的读者需求。一般地讲，读者比较重视的是数据库信息收录量、数据库的检索能力和数据库的集成功能等。数据和资源共享这两种技术结合在一起即成为在今天广泛应用的网络数据库（也叫 WEB 数据库）。它以后台数据库为基础，加上一定的前台程序，通过浏览器完成数据存储、查询等操作的系统。数据库是管理信息的工具，而 Web 提供了共享数据的新方法，因此数据库与网络的连接大大扩张了数据库的信息来源，为向读者提供个性化的服务创造了良好条件。此外，网络科技数据库出版商还会通过信息服务的专业化等手段，能有效地满足读者的个性化需求。网络科技数据库服务的专业化表现在文献传递服务和定制服务两个方面，其中定制服务主要指对于个体读者或者图书馆等团体读者提供个性化的文献报道服务，即让读者自己创建检索策略，经营者定期将符合条件的检索结果传递给读者供其决策参考。当然专业化的信息服务工作非常复杂，出版商只有将各项工作做到细致入微才能满足读者的个性化需求。

网络科技数据库利用的第二个特点是读者对于网络数据库检索功能的高要求。与电子图书和数字化期刊不同的是，网络科技数据库一般都存储有数据量庞大的科技类文献，而且各种文献主题之间的关联度也没有图书和期刊那么高，因此如何让读者在最短的时间内获得符合需要的文献资源是网络科技数据库赢得认可的关键。读者利用数据库的目的是获取符合需要的有效信息，如果数据库提供的海量信息无法简便地检索查询，那么使用数据库就失去了实际意义。读者利用网络科技数据的时候会根据自己的信息需求提出一些检索条件，比如关键词、著者、刊名、发表时间等，这些要求在目前数据库技术的条件下是很容易满足的，但是这只是最基本的信息需求。从深层角度来说，读者希望数据库出版商能够提供的是系统化的知识以及各种信息资源利用情况的分析报告，如果信息服务机构可以提供学科发展的进展，文献增长的规律，读者检索次数、下载或者用电子邮件传送文件的次数等信息，这对于读者的工作学习无疑具有更大的帮助。因为这些数据库使用情况的统计分析结果可以让研究者了解研究的进展、研究的热点、研究的走向等信息，这对于用户的科研工作是大有裨益的。随着实时在线管理功能的增强，网络数据库可以提供使用统计报告、事先通知、在线服务等附加功能。这些功能可以满足读者对于检索功能的高要求，让出版商提供的文献资源更加系统，更加符合研究需要，更加有利于科学事业的发展。另外，网络数据库的出版系统是开放性，这种开放性意味着一个数据库系统与其他信息资源系统之间具备了信息资源集成的功能，信息资源的整合优化工作取得了新的进展。这种开放性让读者可以更方便地在更大范围内查询自己需要的信息，对于信息的查全率、查准率都有很大帮助。

网络科技数据库利用的第三个特点是读者对出版商是否提供使用技能培训、数据库的维护等售后服务非常重视。以下仅以读者培训为例加以说明。网络科技数据库的使用需要读者具备一定的技能，这一点在我们的调查结果中得到了反映。不论是从使用者的教育背景，还是从读者使用过程中存在的问题来看，他们对于网络科技数据库的使用在技能方面还是有待提高的，主观上读者也希望能得到相关培训。数据库技术是不断进步的，而且不同的数据库系统在具体细节上或多或少存在着一定的差异，这些因素都决定了读者不可能自然而然地会使用网络数据库。所以读者培训工作在网络科技数据库的营销工作中占据着重要地位。如果读者使用技能培训工作不到位，读者无法自如地利用数据库本身的各种功能，那么读者对于网络科技数据库利用的积极性就会大打折扣。我们在分析调查问卷的过程中发现，许多读者都是因为畏惧使用中的困难而选择通过其他途径来获取科技信息，放弃使用网络科技文献。这就说明网络科技数据库出版事业的发展，必须重视读者使用技能的培训。读者培训工作可以帮助读者掌握数据库使用技能，可以帮助读者养成新的信息获取习惯，可以宣传出版机构的产品和品牌，可以发现读者使用过程中存在的困难进而完善数据库的功能，是市场培育工作不可或缺的一个环节。虽然出版机构在推出新的数据库系统之前，会在一定的范围内进行产品试用，但是产品功能到底如何，使用过程中存在哪些障碍，诸如此类问题在试用过程中并不能得到全面反馈。而读者培训就可以视为与读者沟通的良机，培训者作为出版机构的工作人员熟悉数据库系统开发的整个过程，对于数据库的功能和使用程序了如指掌，在将使用技能传授给读者的过程中，他们可以直接获取读者对于这些功能的看法，比如网络科技数据库功能界面的设计有些时候在开发者看来是科学合理的，但是读者使用起来并不方便，或者不符合他们的习惯偏好，这些问题在面对面的培训过程中就很容易暴露出来，从而引起开发者的重视。读者培训工作要在产品推广的初期就开始进行，并且在数据库系统功能更新后再次开展，同时要建立专门的网站来进行长期的使用技能介绍工作（比如将使用技巧制作成幻灯片在企业的网站上连续播出），总之读者培训工作的目标就是要尽量减少读者使用过程中可能出现的问题，即使遇到难题也可以尽快得到指导和帮助。没有消费者愿意购买自己不熟悉、不会使用的产品，因此读者培训工作是网络科技数据库产品营销的重要环节，应该受到网络出版商的重视。

网络科技数据库利用的第四个特点是读者对于消费成本的重视。网络数据库的购买者希望出版商能够依据他们的实际使用情况制定个性化付费标准。成本是指消费者为了获得产品和服务而支付给企业的资金，成本的高低一方面会影响到厂商的利润，另一方面也是读者作出消费决策的重点考虑因素。购买成本超出了消费者的货币支付能力，消费者一般会选择借贷消费（比如分期付款）、寻找相对低价的替代品或者干脆放弃此次消费，而无论消费者选择以上哪种行为，都会影响到厂商的产品销售。消费者的理性决定了他们会高度重视产品的性价比，在产品和服务内涵相似的情况下，价格的降低显然可以提高性价比。更多的情况是，消费者会根据自己的实际需求要求厂商改变产品组合，降低价格削减购买成本，从而达到提高性价比的目标。目前，网络科技数据库的购买方式有两种，一种是集团联合采购，费用由参加采购的成员按比例分摊，另一种是个体读者单独购买，成本由读者个人负担。不管以哪种方式采购，就有限的经费（收入）而言，数据库的价格仍是不菲的。因此，不应忽略购买成本问题。数据库成本包括购买成本和使用成本。其中购买成本包括数据库购买价格、需要配置的设备和后续的数据库维护及更新成本等；使用成本主要考虑是否有检索成本（用户每检索一次数据库的成本投入）、登录成本（用户每登录一次数据库的成本投入）、下载成本（用户每下载一篇全文或文摘所需的成本投入）等。网络数据库的采购方式除集团采购或单独购买两种常用方式外，针对不同规模的用户群体，当前国外一些数据库出版商也开始采用灵活多样的定价方式，如论文单篇付费、美国物理学协会新引入的 Tiered Pricing 和按照专题打包售卖等①。站在消费者的立场来看，他们希望网络科技数据库出版商能够从他们的具体使用情况出发，为其设计最为经济实惠的付费方式，而不是让所有的读者按照统一的价格策略付费，那样显然有失公平。一般情况下，网络科技数据库的出版商可以通过对数据库用户、登录次数、检索次数、下载量、用户反馈信息等数据统计分析来分析数据库的利用情况。其中，登录次数是用户打开一个数据库的次数。用

---

① 叶佩珍．网络数据库评价标准探讨［J］．科技情报开发与经济．2007（8）：9

户打开数据库的原因很多，不一定就是为了使用，因此这个数据无法非常客观地反映其使用情况，只能作为一个基本的参数。检索次数是用户在一个数据库中提出检索式的次数。它的客观程度相对较大，次数越多说明数据库利用率越高。下载量是用户下载数据库文献的数量，它反映了用户使用该数据库文献资源的情况，下载量越大，说明该数据库资源满足用户信息需求的程度越高，对购买者的教学、科研作用越大①。出版商应该通过分析购买者的利用情况，为购买者提供适当的产品和服务组合，并制定尽量低廉的收费标准，这样才能满足消费者提高性价比的要求，从而让他们感到满意并产生忠诚。

网络科技数据库利用的第五个特点是用户界面要亲和友好，操作方便。从技术角度来说，网络信息检索对读者屏蔽了各局部网络间的物理差异，包括各主机的硬件平台、操作系统、客户程序和服务程序、信息的存储方式，以及各种不同的网络通信协议的差异等，读者在使用这些服务是明显感到系统的透明度。检索者使用自己所熟悉的检索界面和命令方式输入查询提问，就可实现对各种异构系统数据库的访问和检索。网络科技数据库一般使用的交互式的作业方式，系统透明、通用的 Windows 界面和符合大多数用户检索习惯的用户接口等都使得信息检索功能变得简单易行，这样一来读者可以不需要太多培训就可以使用网络科技数据库。具体来说，网络科技数据库的操作界面的友好性可以从以下几个方面来进行突破：①操作性。操作性强的界面应该直观、透明、具有一致性。界面的直观性使用户可凭直觉找到系统通过的路径。直观系统是可直接操作的系统，其命令名有明确意义，响应符能自我解释，出错信息的叙述有效，并能提供切实有效的帮助。直观系统使用户将感到与自己有关的每一件事都写在屏幕上；即使初次使用者也只需理解最少的概念；操作中的语法规则最少。直观性是用户友好性最重要的表现。由于软件技术人员对此认识较早，因此可支持直观性的计

① 叶佩珍．网络数据库评价标准探讨［J］．科技情报开发与经济．2007（8）：9

算机技术很多，如图形图像技术、多媒体技术等。在透明的系统中，计算机的处理过程对用户是不可见的。换言之，用户只需知道让计算机做什么，完全不必具有计算机怎么做的知识。它体现在方便的进入过程、人机对话时的最小延迟和最大灵活性等。一致性遵守“最小惊奇原则”，在整个系统中有一主要输入模型，系统所做的一切都必须严格遵守这一模型。例如都使用同一种语言，语法规则相同，用户菜单和输入/输出屏幕始终都有相同的格式、一致的风格。一致性可以转换成可预见的一致性，减少用户的认知负担。只要掌握了一个屏幕上的操作，其他屏幕通过联想就可举一反三。②健壮性。健壮性是防御用户错误和用户破坏的能力。它体现在响应用户每个输入信息，无论输入正确与否；用户的错误在任何情况下都不能破坏系统，或使系统死锁和异常终止；必要时可提供关于恶意用户的操作信息，以便寻找真正的破坏者。这就需要对用户输入的正确性和完整性进行全面检查；分别处理和响应正确与不正确的输入；出错时（无论是由用户输入直接或间接引起的）能给出有意义的信息，解释错误地方和如何纠错；在设计时就应预见用户容易出错的地方，并做出避免出错的预防性设计；必要时对不正确的输入进行审计处理。健壮性使用户不必担心误操作会搞坏系统，也不会因系统无响应而不知所措。此外，不应给用户提供修改系统模型的条件，通过使用鼠标、不设直接输入命令的数据窗口、输入基本采用下拉式菜单进行选择等手段，使用户不可能破坏系统。显然，健壮性设计已超出界面表示级用户友好性的范围，开始涉及软件内部的算法设计，进入过程级用户友好性。③易学习性。易学习性设计的指导思想主要有三个方面，一是使事先培训时间减至最小，甚至只需几小时；二是便于边操作边学习；三是区分不同的用户对象。良好的操作性可大大缩短事先培训的时间；帮助系统可帮助用户边操作边学习；智能帮助系统可按用户对系统的不同熟悉程度进行操作指导。操作性是对易学习性的有力支持，帮助系统性能是易学习性好坏的重要标志。帮助系统不仅是用户友好性的外在表现，也是涉及软件内部结构设计的内在表现。以区别不同用户对象为例，智能帮助系统可根据用户累计提出问题的次数和类别（根据要求帮助的内容和次数记录)，或根据不正确输入的次数和类型，自动区分高级用户和初学者用户，从而提供最直接的帮助。它甚至能学习用户的经验，找出更佳的系统方案。④可扩展性。用户在使用中一方面熟悉了系统，另一方面自然会发觉系统的不足。具有用户友好性的系统应便于用户修改和增加新功能，也就是说，应有高度的可维护性，使用户自己就可对系统进行扩展。没有扩展性的系统完全由软件开发人员进行系统维护和扩展，用户只能使用系统而无法自己维护。可扩展性有不同的层次。最初级的可扩展性是可实现在同一平台上与其他开放软件的控制集成，即用户软件与其他开放软件可相互调用；其次是可在专业软件开发人员协助下扩充新功能；最高级的可扩展性是用户可方便地独立完成系统的维护工作。用户可独立完成维护任务（包括维护性开发）的系统必须有高度的可重用性——有完善的文档和优秀的软件结构，以及方便的维护 CASE 工具。当然，用户通过一段实际应用后对系统有了较深层的了解也是一个必要前提。可扩展性是结构上的用户友好性，可能在人机界面上没有直接表现，而且短期内往往难辨可扩展性好坏，但它却是用户友好性的最高级体现。① 网络出版商可以从以上所述的设计思路改进网络数据库用户界面的友好性，以提高读者使用的方便性。

网络科技数据库的出版商应该牢记的一点是，提供标准化的信息服务是网络数据库营销活动所必需的，但又是远远不够的。标准化的产品组合满足的只是读者对于科技文献最基本的需求，在当前的技术条件下，这个需求的满足已经不再是什么难题，每一个数据库供应商都可以做到。所以如何在同质化的产品竞争中脱颖而出就是经营者必须思考的重大问题。个性化策略是打开营销成功大门的金钥匙。经营者应该以认真细致的态度来收集消费者（包括个体读者和图书馆等团体读者两类）的资料，然后对客户信息进行分类整理，建立相应的数据库，并根据数据挖掘的结果来指导产品、

① 赵晓华，方松．用户友好性设计．http：//www2. ccw. com. cn/1996/41/145290. shtml（访问时间：2007-12-20)

价格、宣传、服务等营销策略的制定，最大限度地满足读者的个别需求。

以上所述，读者利用网络科技数据库的特点无不说明，读者对于网络科技数据库的需求正在发生着重大的变化，尤其是个人化的需求越来越多并且更加易变，这些都对经营者的反应能力提出了更高要求。网络科技数据库的出版商应该不断地修炼内功，加强内部管理，提高自身对需求瞬易的市场的反应能力，在满足读者个性化需求、提高产品性价比的基础上实现自己的经营目标。

5.5 其他网络科技文献利用特点分析

在其他网络科技文献中，博客是比较重要的一种网络出版形式，这里我们仅仅以科技类博客为研究对象，介绍读者在利用专家博客方面的一些基本情况和若干特点，至于其他网络科技文献传播形式，比如主题论坛、讨论组、BBS 等与科技类博客的利用有相似之处，因此在这里不做具体阐述。

博客是目前互联网传播技术中发展最迅速的应用之一，该词来源于“Weblog（网络日志）”的缩写。博客是网络上的一种流水记录形式，因此亦称为“网络日志”，是一种表达个人思想和交流观点、内容按时间顺序排列、并且不断更新的出版形式①。由上述定义可以看出，博客是对大众开放的网络传播方式，任何人都可以建立属于自己的博客，将自己的观点、见解、想法等加工成内容资源，通过文字、图片、声音、视频等方式来传播，尽情地展示自我、分享感受、参与交流，实现自助式的个人出版。博客给科技文献出版带来的契机在于许多专家学者可以通过博客将科研成果公之于众，让更多读者可以免费地获得这些文献。博客使用的“零进入门槛”给普通读者开博与作者进行开放式互动提供了客观上的

① 周海英．“博客”的传播学分析［J］．江西社会科学．2004（7）：170

可能，博客更新的简易方便让博客传播信息在时效性上有了技术上的保证。博客赋予公众以平等的话语权，这对于科技成果在全社会的共享具有积极意义。博客是一种新型媒体，它让大众的参与变得简单易行，从而让科技出版具有更多的稿件来源。无论是精品博客经过编辑加工出版纸质图书，还是转换成数字化出版物进一步传播推广，抑或保持原来的网络化文献形式，博客都给科技工作者带来了更多的发表成果的机会。博客的传播速度快、范围广、影响大，其在传播上的辐射力远远超过了传统出版物。科学信息交流是人类生生不息的伟大事业，我们不能满足于某一类传媒“垄断”科技文献出版的现状，而是要大胆地利用一切合理的方式来传播科学信息，为人类科技事业的进步服务。

科技类博客利用的第一个特点是读者对于博客作者权威性和知名度的要求比较高。知名专家学者的博客在传播效率上具有天然的优势，能够得到更多关注和认同。名人博客在先天上具有传播优势，是由于博客这种新媒体缺乏编辑把关而导致内容鱼龙混杂这个事实决定的。由于博客缺乏有效的把关机制，没有专门机构对其内容进行审查核校，这就使得网络日志的内容显得良莠不齐、泥沙俱下。在这种情况下，受众会设法通过其他途径来判断博客内容的价值高低，其中很重要的一个方法就是看博主（博客的作者）是不是某一领域的权威和专家。我们知道专家和权威作为知名人士，他们不仅在自己的专业领域具有精深造诣，而且一般都非常重视自己的社会声誉和个人威望，所以他们的创作态度是非常审慎的，对于研究成果通过博客发布表现得非常严肃，能够始终坚持实事求是的原则。与此同时，专家权威的博客在内容风格上会具有深刻性，不像一般博客那么随意浅显，这就节省了读者在众多博客当中沙里淘金的时间。专家权威的身份在一定程度上就是博客内容可靠性和可信度的保证，读者选择他们的博客是符合情理的。可以说，以科技信息为主要内容的学术性博客，作者的知名度、内容的真实性、形式的规范化是其传播成功的关键。通过博客传播科学信息，与科技文献的其他出版形式相比，究其实质仅仅是信息渠道上存在差异，从内容上来说，科学性和规范性依然是传播过程中必须重视的问题。学术规范的目的在于通过公认的标准来统一传播者的表达方式，给不同个体互动交流创造共同的话语，提供基础性支持。如果某些概念任由各个研究者随意表述，势必会给其他研究者了解其成果进而切磋探讨造成障碍，这是有违学术交流的宗旨的。因此，学术博客虽然应该借助博客鲜活的形式来促进学者之间的互动沟通，但同时也必须提倡博主恪守学术规范，按照统一、公认的标准来发表研究成果。学术博客点击率集中在少数几个权威的现象虽然是自然趋势，但是对于学术新手的博客应该设法予以推广，否则博客在话语权分配上比较平等的优势就要大打折扣，违背了利用博客来传播科技文献的初衷。从这个角度上说，一个学科的权威专家应该适当地利用自己的社会影响，通过博客链接或者撰文推介的方式来促进后辈学者学术成果的传播。当然，这种做法也是利用了读者对于专家权威的信任，因此专家权威在推荐他人博客时一定要公正客观。另外，前辈学者对于学术新手的意见和建议要予以高度重视，尊重他们的发言权，对于他们的见解要慎重考虑，不能随便臧否或者不屑一顾。

科技类博客利用的第二个特点是读者对于学术博客的著作权归属问题非常重视。网络信息传播中的著作权问题是一个非常复杂的问题，有时一个细节就关系到方方面面的利益，如果处理不当就会导致更多的纠纷。具体来说，主要包括：未经著作权人同意，擅自将著作权人的博客作品转载、复制或者粘贴到其他网站；或者设置各类超链接引起著作权纷争；以及将博客作品非经作者本人同意任意用于商业目的等。所以学术博客的作者应该严格按照明文颁布的《著作权法》来约束自己的行为，在文章中要详细注明引文出处，若全文属于转载则应说明来源，尽量减少可能导致的纠纷。博客的优势在于它的草根性和低门槛，这两个优点让博客传播可以博采众长、兼容并包、百花齐放、异彩纷呈，为精英和大众提供了良好的交流平台。然而任何事情都有两面性。博客的缺点正根源于它的随意性。博客随意性的一大表现就是大部分博客作者没有接受过严格的学术训练，缺乏知识产权保护意识，很多博客内容属于转载却没有注明出处，这就给著作权管理工作带来了很多困难。网络管理的科学化和规范化最终必须依赖网民素质的提高和公民自觉自愿的配合，在目前情况下，学术博客传播领域应该形成树立良好风气，尊重别人的精神劳动，不论是作者引用别人的原创成果，还是读者阅读后在自己的作品中引用他人博客，都需要注明来源以方便查找和管理。这些最基本的细节性工作做好了，著作权管理成本就会大大下降，管理绩效也会明显上升。学术博客著作权问题的解决除了依靠读者和作者权利意识的树立和巩固之外，还有就是要求政府管理部门给予高度重视。从实践的角度来看，政府主管部门对于网络传播的著作权问题应该给予充分关注。随着信息资源数字化和网络化的发展，知识信息通过网络来传播逐渐在科学信息交流中占据了越来越重要的地位，网络信息交流的健康发展有赖于良好外部环境的构建和维护，其中著作权保护工作到底效率如何关系甚大。不难想象，在著作权得不到合理保护的环境下，科技文献的网络出版事业的发展一定会受到严重阻碍。政府管理部门应该在网络科技出版事业发展过程中发挥积极的助推作用，为著作权保护工作提供法制和政策上的鼎力支持，从制度设计和安排上完善著作权保护的程序性规定，大力宣传知识产品保护的重要性和严肃性，在全社会开展著作权保护的宣传教育活动，有重点地打击一些违法行为以儆效尤等，这些具有“公共产品”性质的活动不可能依靠某个私人机构来完成，为了国家科技出版事业的健康发展，管理部门应该责无旁贷地担负起这一职责。

科技类博客利用的第三个特点是目标读者集中为同一领域的科技或教育工作者。读者阅读学术博客的主要目的集中在教学、科研等方面，使用目的相对比较单一。从传播效果来看，博客具有更新迅速、互动性强、出版成本低等相对优势，应该成为科技工作者之间进行学术交流的重要工具。学术交流具有公益性质，对于学术交流的信息渠道科技工作者看重的评价因素主要是代价的低廉和速度的快捷。博客在这两个方面都具有天然的优势。一方面，博客的写作和阅读都属于私人行为，不涉及第三方利益，而且作者发表作品本身就说明他愿意免费提供给公众阅读，这在无形中就省略了版权交易这个环节，读者只要可以上网就可以随意地阅读使用（当然，这种使用必须是为了个人学习、研究或者欣赏的目的，而不能为了商业目的）；另一方面，博客的发表和更新由作者一人完成，减少许多中间环节，这样读者获取信息的速度就明显提高了。通过博客，科技成果可以在较大范围实现快速共享。学术博客由于专业性强的缘故，读者一般为本领域的科研工作者，这种使用的集中现象在博客传播过程中表现得非常明显。读者由于知识准备和兴趣偏好的缘故，对于行业之外的研究性文献视而不见是非常正常的，而同行之间互相关注彼此在科研事业上的进展也在情理之中。在传统出版中，科技类书刊面对的同样是比较集中的读者群，科技出版的一大特点就是专业性、针对性比较强。科技类博客作为学者个人负责的网络出版形式，应该考虑到阅读对象比较集中这种特点，在文字的表述、博客的订阅等方面利用读者专业背景相似的特征来提高传播效率。比如，通过同行之间的会议、同行之间的口耳相传来扩大博客的点击率等。博客内容更新之后可以及时通知订阅者浏览阅读，这在技术上已经不存在困难，读者如果是该领域的研究者就会比较固定地阅读同行的博客，及时通知方便了读者的信息获取。总之，读者的集中性决定了科技类博客可以采取某些措施来提高传播效率，扩大博客内容和博客作者在相关领域的影响。

博客这种新媒体在起初出现的时候并不是以传播科技信息为目的的，但是其自身特点决定了它在交流科学信息方面具有许多优势，所以利用博客传播科技文献网络的前景是非常光明的。电子邮件、专业性论坛、讨论组、BBS等网络传播形式也同样可以用于网络科技文献的传播，提高科学信息交流的效率，促进科技事业和人类社会的进步。总之，网络技术的进步大大地改变了科技出版的既有范式，许多前所未有的信息渠道被大胆地加以开发和利用，科技信息网络传播方式的多元化、融合化、差异化、互补化将是不可逆转的发展潮流。因此我们一定要认真研究新的传播环境，利用更好的新方式提升科学信息交流的效率。同时，由于读者利用网络科技文献也会呈现出一些新特点，所以网络出版商应该认真研究读者行为的变化，目的明确地进行信息产品的研发、生产和销售，以促进网络科技出版事业的发展。无论网络信息传播方式如何变化，科技文献网络出版的最终目的是被读者利用。一切以读者的需要为出发点和落脚点是出版商经营获胜的关键。只有以读者为本、以读者需求为转移，才能在激烈的竞争中立于不败之地。

6　网络科技文献的用户研究

在互联网飞速普及的今天，在知识更新换代日益频繁的21世纪，传统的纸介质出版遭到了较大的冲击，网络出版、电子出版顺势而发，网络科技文献也逐渐成为网络出版的热点之一。而出版业在“买方市场”的压力下，“读者第一”的观念已是业内人士的共识。因此，我们在探讨网络科技文献出版和利用时，就必须对网络科技文献的读者，即用户（下同）进行较为系统的分析和研究。

6.1　网络科技文献用户概述

网络科技文献用户是指在科研、技术、生产、管理、文化等活动中需要利用网络科技文献的个人或团体。网络科技文献用户虽然属于网络型用户的范畴，但由于网络科技文献的查寻和利用，对用户自身知识水平、检索能力等方面具有比较高的要求，因此也具有不同于一般网络型用户的特点，其类型研究也具有特殊性。

6.1.1　网络科技文献的用户构成

正如前面所提到的，要成为网络科技文献的用户，至少应具备两个条件：一是计算机上网条件，二是具有对网络科技文献中所含科技知识与信息的需求。用户对网络科技文献的需求，又由很多因素决定。正是由于影响网络科技文献需求因素的不同，决定了网络科技文献用户也有着不同的类型。

从网络科技文献用户的职业看。根据我们的调查，大学生、企业员工和教师共同构成了网络科技文献用户的主体（全体调查对象职业具体分布见图6-1），其中又以大学生人数最多。这一方面是由于这三类人群的基数较大，另一方面则是由于学校、企业的网络建设更为先进和完善，给他们提供了较为便利的上网条件，为网络资源的利用提供了方便。

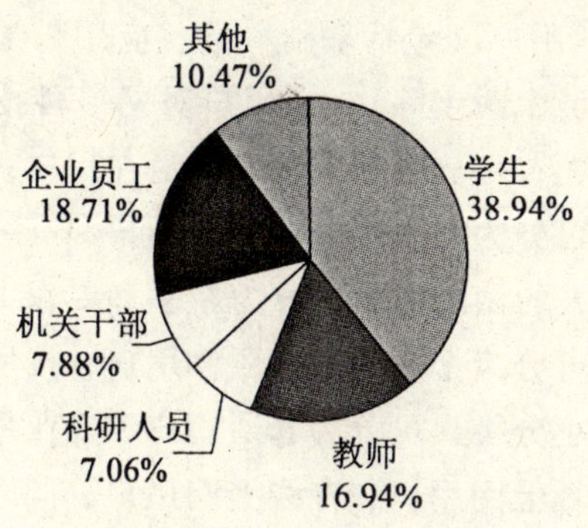

图6-1 调查对象的职业构成

从网络科技文献用户的文化程度看。调查结果显示，拥有大专及以上学历的用户占网络科技文献用户的绝大多数（95%），各学历层次按比例高低依次是：本科，59%；硕士，20%；大专，12%；博士，4%。2004年我国高等教育毛入学率约为19%①，也即我国正在接受高等教育的人数约占18～22周岁学龄段人口的19%，可见网络科技文献的利用对用户的文化程度有较高的要求，高学历人群是使用网络科技文献的绝对主力。具体而言，从对文化与技能需求的角度出发，接受本科层次以上的教育方能基本满足利用网上科技文献的技能要求。在学历层次的分布上，本专科学历与研究生学历人数比例约为3.0∶1。参照周济部长在教育部2005年度工作会议上讲话中的数据：2004年我国普通高校本专科招生约440万人，研究生招生约32.7万人，本专科与研究生人数比例约

① 周济．用科学发展观统领教育工作全局［OL］．http://www.edu.cn/20050104/3125709.shtml（访问日期：2005-11-1）

为13.5∶1。将两比例相互对照，我们可发现，学历越高，网络资源使用者在同学历者中所占比例越高。

网络科技文献用户的类型，除了可以按上文中提到的依照职业的不同划分外，还有如下划分方法。按网络科技文献用户工作所属的学科范围进行分类，可分为社会科学用户（包括从事社会科学研究、教育、管理等方面的人员以及文化、艺术等方面的实际工作人员），自然科学用户（包括基础科学、应用科学的研究人员、工农业生产技术人员、医生等）；按用户对网络科技文献信息需求的表达情况进行分类，可分为正式用户和潜在用户；按用户的能力和水平进行分类，可分为初级用户、中级用户和高级用户，或者按照Navarro-Prieto等人的做法将用户分为新手和专家①；按用户的组织形式进行分类，可分为个人用户和团体用户；按用户对网络科技文献利用程度的大小分类，可分为普通用户和专业用户；按上网方式划分，可分为拨号上网用户、专线上网用户、同时使用专线与拨号的用户、移动终端上网用户、其他信息家电上网用户等；按用户经常上网的地点划分，可分为家庭上网用户、工作单位上网用户、学校上网用户、其他场所上网用户等；按上网费用来源划分，可分为自费上网用户、公费上网用户、自费和公费上网兼有型用户；按上网的频率或时间投入程度划分，可分为轻度上网用户、重度上网用户、上网痴迷型用户②。

此外，在网络环境下，用户的信息需求与行为在很大程度上要受到年龄、收入等条件的影响，所以我们也可以将年龄与收入高低情况等作为划分网络科技文献用户类型的依据。

---

① Navarro-Prieto et al. Cognitive strategies in the Web searching. http://zing.ncsl.nist.gov/hfweb/proceedings/navarro-Prieto. 转引自：沙勇忠，任立肖. 网络用户信息查寻行为研究. 图书情报工作，2005.49（1）：130

② 邓小昭. 因特网用户信息需求与满足研究［博士毕业论文］. 武汉大学，2002：7

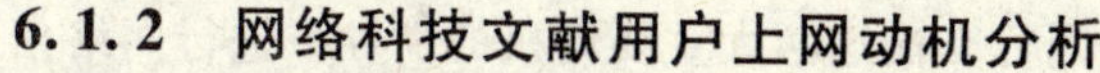

6.1.2 网络科技文献用户上网动机分析

用户的动机，来源于用户的需求，是实现用户自身目标的行为原因。对于网络科技文献用户的上网动机，我们可以将其理解为用户在网络环境下，利用网络技术来满足自身需求、实现上网目标的内在驱动力。不同用户有不同的上网动机，不同学科的用户在上网动机方面也存在着差别。在前文中，我们已对网络科技文献的范围进行了定义，主要包括自然科学总论、数理科学和化学、天文学、地球科学等十个学科门类，属于自然、技术科学的范畴。因此，在分析网络科技文献用户的上网动机之前，让我们先对各类学科的网络用户的整体上网动机有个大致的了解。

根据邓小昭 2002 年撰写博士论文《因特网用户的信息需求与满足研究》中所作的调查，不同学科用户上网动机的情况如表 6-1 所示。

表 6-1 不同学科用户上网动机的比较（%、排序、多选题）

学科 动机	自然、技术科学		社会科学		人文科学	
获取专业、业务信息	80.9	1	67.6	1	62.4	1
对外联络、同行交流	56.0	2	46.3	2	43.0	2
获取社会动态信息	20.2	4	28.2	3	29.0	3
聊天、娱乐	19.0	5	16.2	4	15.1	4
下载免费软件	21.4	3	14.4	5	11.8	6
获取生活所需信息	16.7	6	13.9	6	14.0	5
网上炒股或购物	6.0	7	6.0	7	3.2	8
随意浏览	3.6	8	3.7	8	2.2	9
其他	2.4	9	1.9	9	4.3	7

由动机排序可见，三大类学科的网络用户都是在获取专业、业务信息与对外联络、同行交流这两大主要动机的引导下进行网络信息交流活动的。

而根据本课题组的调查，学习和解决实际问题是用户利用网络科技文献的主要目的，其比例分别占整体的 41.95% 和 36.45%。其次，服务于科研和教学，也是网络科技文献用户的上网动机之一，分别占整体的 10.43% 和 6.67%（见图 6-2）。

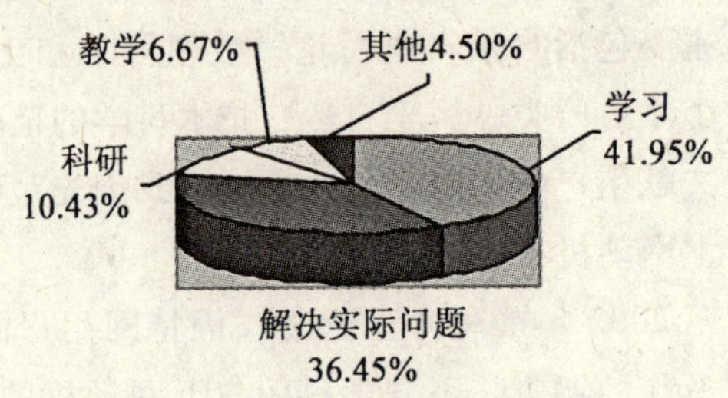

图 6-2　利用网络科技文献的目的

综上所述，我们可以将网络科技文献用户的上网动机，归纳为以下几个方面：

（1）求知动机。求知，是用户产生的一种想学习知识、不断进步、不断充实自我、超越自我的心理状态。知识经济时代，科学技术飞速发展、日新月异，科技知识更新换代的数量之大、速度之快，让人们瞠目结舌。尤其对于网络科技文献的用户来说，其中绝大部分为高校学生、科研人员、国家关键部门的机关人员等，他们对不断变化发展的科技知识有着持续的渴求和需要，而他们对科技知识的及时学习和掌握，对我国科学技术的发展具有相当重要的作用。只有通过不断求知，自主学习、自主研究，他们才能够不断扩充自身的知识储备，构建科学合理的知识结构，从而在求知的过程中发现自身感兴趣的知识点，并逐步进行创造性学习和研究。求知动机，是网络科技文献用户最为主要的上网动机之一。

（2）实用动机。网络科技文献用户在学习、工作或科研的过程中，会遇到这样或那样的实际问题，比如化学实验中的化学反应出现了意外的结果、工程师在改造房屋电路布局时遇到了难题等。由于网络科技文献信息资源较为丰富、查寻速度快等优势，用户会借助网络科技文献来寻找解决实际问题的有效方法，并获取大量的相关信息，为高效高质地攻克实际困难开辟一条便捷的途径。同时，用户在浏览网络科技文献的过程中，对其提供信息的实用性具有普遍的要求，希望科技知识密切联系实践、指导实践，能够让用户学以致用，解决实际工作中碰到的各种疑难问题，在实践中发挥科技知识的价值和效用。

（3）交流动机。网络科技文献用户之间的交流和沟通，是获取信息、解除疑惑、产生灵感的重要方式。而网络科技文献的出版周期要比传统纸质文献短，信息更新快，信息涵盖面广，可以为用户提供各个科技领域内的最新观点、最新资讯和最新动态，让用户掌握最前沿的科技信息，从而为同行之间的相互交流、相互探讨做好准备。一方面，用户在交流的过程中，会吸收到其他用户感兴趣的科技信息，从而扩大自身的知识面；另一方面，当用户自身对于其他用户提到的理论观点不熟悉或不赞同的时候，会促进用户进一步查寻网络科技文献去寻找答案或为自己赞同的理论观点寻找支撑材料。因此，用户之间的交流既是用户查寻网络科技文献的目的，又会促进新一轮查寻行为的实现，两者相互联系、相互促进。

（4）好奇动机。科技知识既有深奥、专业、晦涩难懂的一面，也有新颖、奇特的特点，对用户而言，具有很强的吸引力。在网络科技文献的知识海洋中，蕴含着大量的珍宝，它们为用户了解世界、了解人类、了解自身打开了一扇窗，并引导用户踏上揭开谜底、探索奥秘、追求真理的科学之路。对科学领域中的未知世界的好奇和疑问，对科学技术发展方向和发展趋势的好奇和疑问，会推动用户对网络科技文献的了解和利用，并激发用户的求知欲望，引导用户的信息行为。在该类动机下，用户会时常根据自己的兴趣爱好查找相关的科技文献信息，满足自己在精神方面的需求。

6.2 网络科技文献用户的信息需求分析

信息与用户是一一对应的，不同类型的用户需要不同类型的信息，具有不同特点的信息需求。信息需求也会直接影响用户的信息行为，信息行为的最终目的是实现用户需求的满足。用户信息需求研究，可以为更好地开展信息服务工作提供依据，有针对性为特定用户提供信息和服务，从而满足用户日益个性化的信息需求。同时，我们需要指出的是，网络环境下的信息需求与传统意义上的信息需求是有区别的。我们在探讨网络环境下科技文献用户的信息需求时，一方面要立足传统意义上的信息需求理论，了解其基本概念和特征；另一方面，应着重研究网络环境下科技文献用户的信息需求特点和规律，并探讨不同用户群体的网络科技文献需求特征，从而设计满足不同需求的网络科技文献出版制作方案，实现定制化信息服务。

信息需求是指人们在从事各项实践活动的过程中，为解决所遇到的问题而产生的对信息的不足感和求足感，并且具备获取信息的能力的一种状态①。信息行为始于信息需求，信息需求是引发信息行为的原动力，构成信息需求的要件是人们获取信息的需要及能力。

6.2.1 网络科技文献用户信息需求的主要类型

由网络科技文献所具有的信息集中度高、交互性强等特征决定，网络科技文献用户的信息需求，不仅仅是对网络科技文献中所含知识信息获取与吸收的愿望与要求，还包括了通过网络发布相关信息，与网络科技文献的著作者、出版者及其他服务提供者进行相

① 侯丽．知识经济时代信息消费者的心理和行为特性探讨［J］．图书情报工作，2003（6）：42

互交流互动的需求。我们可将网络科技文献用户的需求类型分为以下几个方面：

（1）对科技文献信息客体的需求。科技文献信息客体是用户加工、开发和利用的科技信息资源，主要包括知识型信息、消息型信息、实物型信息、数值型信息、事实型信息等信息资源。各种类型的信息资源都是必不可少的，往往会按照用户的需求相互转化，构成用户信息需求的完整客体。

①知识型信息。此类信息主要由基础性的科技知识组成，为用户提供科学技术的相关认识、概念和理论。科技知识的深入掌握和运用，是网络科技文献用户区别于一般用户的关键因素，科技知识是其知识结构中最为重要的部分，是帮助用户解决具体问题的必备条件。因此，知识型信息是网络科技文献用户所需的首要信息类型。

②消息型信息。主要包括科技领域内相关活动的报道、资讯等，是一种动态信息，供用户决策时参考。尤其对于一些高新技术的企业人员和主管国家关键行业的机关干部来说，关于国际、国内的科技发展状态、重大事件等的消息报道，具有十分重要的意义。

③实物型信息。实物包括自然实物和人工实物，蕴含着大量的科技文化信息。对于网络科技文献用户来说，实物型信息主要是指有关新产品、新技术、新工艺等方面的具体信息，比如工农业产品的样品信息、建筑物的设计图纸实例信息等。

④数值型信息。此类信息主要包含数字数据，如统计数据、科学实验数据、科学测量数据等，可以为网络科技文献用户的科研活动提供数值证明和数值依据，其准确性、精确性会直接影响科学研究的最终结果。

⑤事实型信息。即用户为了给某些事件、人物、现象或成果提供真凭实据而产生的信息需求，主要包括人物、机构、事务等的现象、情况、过程之类的事实性数据，如机构名录、大事记等。事实型信息是静态的，为用户查考某一事实而用，具有重要的参考价值。

（2）对科技文献检索工具、传递工具和系统的需求。对检索工具和系统的需求是一种中间需求，源于用户获取信息和对外发布与传递信息的需要，包括对各种索引、目录、文摘、检索系统等的需求。根据我们的调查，网络科技文献用户经常使用的引文数据库为：三大引文索引（SCI，SSCI，A&HCI）（占总数的36.62%）、中文科技期刊引文数据库（32.39%）、中国科学引文数据库（CSCI）（28.17%）、全国报刊索引数据库（15.38%）等。

(3) 对科技文献信息服务的需求。用户对信息服务的需求，表现为信息需求的表达和陈述，信息服务据用户的客观信息需求引出。对服务的需求是多方面的，包括：原始信息提供服务；信息发布与传递服务；信息加工服务；信息分析与咨询服务；其他专项服务等。

6.2.2 网络科技文献用户信息需求的特点与规律

随着网络技术的不断发展，网络信息资源成倍增长，给用户提供了涉及经济、科技、文化、生活等各个方面的信息和资讯，并以其更新迅速、信息丰富、使用便捷等优势，逐渐成为了满足用户信息需求的重要来源。而随着社会和时代的发展，用户的信息需求会处于不断变化的动态发展中，一种信息需求被满足后，各种新的需求又会日渐涌现，对信息提供者、信息服务者提出了更高的要求。网络科技文献用户不同于一般的信息用户，其信息需求内容是科技文献，对信息的准确、及时、深入等方面具有很高的要求，信息需求日益复杂化、多样化。准确把握用户的信息需求特点，是网络科技文献出版工作首先要解决的问题。只有在深入了解网络科技文献用户的需求特点和需求规律的基础上，才能为用户提供优质高效的科技文献资源以及设计友好交互的信息服务方案，从而推动网络科技文献的设计和出版朝着多元化、个性化的方向发展。

我们认为，网络科技文献用户的信息需求特点，可以归纳为以下几个方面：

(1) 信息需求广泛化。随着部分基础性学科的日益成熟，学科之间的融合不断加深，科技知识之间的交叉应用非常频繁，交叉性学科在科学研究领域中逐渐占据了重要的地位。用户在学习、科研的过程中，已不再局限于对本专业、本学科知识的应用和研究，还需要从其他学科的研究方法和研究成果中寻找与自身研究方向的契合点，借助其他学科中新颖的观点和先进的技术为己所用。同时，用户为了跟上科技发展的步伐，必须构建科学合理的知识结构，必须对与自身专业相关的各个专业都有一定的了解，从而推动用户的科技素质和科研能力向综合性、复合型发展。因此，网络科技文献用户信息需求的广泛化，主要表现在：①信息需求内容的学科覆盖面广，既要注重学科划分明晰，又要突出学科之间的联系，便于用户的查找和使用。②要求信息检索范围广，不仅仅局限在某一科技文献类型或某一时间段内，应不断扩大信息检索的信息范围。

（2）信息需求准确化。科技知识和科技信息是科技工作的依据，其准确与否，直接影响着科技工作的成败，其准确性、精确性是保证科技工作和科学研究顺利开展的关键因素。而在网络环境下，科技文献信息数量大、范围广，需要用户花费大量的时间和精力来辨别优劣、去粗取精。因此，网络科技文献用户对信息的准确化、精品化有特别的要求，主要表现为四个方面：对信息质量的要求，信息需求由模糊性向精确性转变，对信息查准率的要求，对精品化信息服务要求。

（3）信息需求高效化。知识经济时代中，科技文献日益增多，文献老化速度加快，用户越来越重视信息的新颖性、及时性。一方面，用户的学习和工作节奏加快，客观上对满足信息需求的效率提出了要求，希望及时获取最新的信息解决实际问题；另一方面，由于网络环境突破了时空的限制，网络空间极其巨大，一些价值含量高的科技信息可能会散布在广袤的信息海洋中，网络信息资源的自由性与科学研究的规范性、网络信息资源的巨大规模与用户的有限精力之间的矛盾会成为制约网络信息资源利用的瓶颈，阻碍了科学研究的顺利开展。因此，网络科技文献用户的信息需求呈现出快速、及时、高效的特点，主要表现为以下四方面的要求：信息更新及时，信息检索快速，信息传输方便快捷，信息利用高效。

(4) 信息需求多样化。网络科技文献用户多样化的信息需求，主要表现在以下三个方面：①需求信息类型多样。网络科技文献用户需求信息的类型主要包括电子图书、数字化期刊、学位论文、科技报告、会议论文，还包括介绍产品样本、提供实物信息的产品手册、专利说明书等。②需求信息来源多样。网络科技文献用户希望信息来源不再局限于本地区、本单位，而是扩大到国内乃至世界各地的信息资源。③需求信息时间跨度多样。一方面，用户对现实的动态信息有需求，另一方面也需要近一时期或时间跨度较大的回溯性、历史性信息资源。

(5) 信息需求明确化。网络环境下，信息用户的需求表现出目的性与无目的性。无目的性用户一般没有明确的查寻目标，而是随意浏览网页，对其上网行为的结果没有预先的设定和期待。而网络科技文献用户通常属于目的性用户的范畴，他们会带着自身的疑问以及需要研究的问题，有目的地进行查询、检索。网络科技文献用户明确自身的信息需求和上网目的，也能制定明确的查寻方案来保证信息需求的有效满足。他们通常知道自己需要哪些方面的信息、从哪些渠道可以获取所需信息，其信息需求表现出明确化的特点。

(6) 信息需求个性化。随着网络科技文献资源规模的迅速扩张，用户不再满足于一般性地利用网络来获取普通信息，而是希望获得更多的来自于信息服务部门的增值信息服务，希望内容提供商能够有针对性地满足他们的知识信息需求，逐步实现信息内容的深度加工，为他们提供特色化、个性化的信息服务。网络科技文献用户大多注重时间的利用，讲究学习效率和工作效率，会集中精力处理重点问题，不可能花费大量的时间去浏览不相关的一般性信息，而是要求信息服务部门将分散在本学科、本领域及相关学科领域的专门知识信息加以集中组织，进行文献信息内涵知识的二次开发，从中提炼出对其学习、研究、开发具有重大意义的有针对性、有深度的信息。数据检索的个性化需求也会越来越明显。由于语言理解技术与人工智能技术的进步，科学家在传统检索技术的基础上发明了智能检索技术，这种技术可以对网络科技文献的内容进行分析、分类、细化和整理等工作，这将极大地方便用户进行有效的信息检索，迅速找到自己真正需要的信息。在未来社会中，网络科技文献出版者将会在中国图书资源链接、科研机构链接、知识元链接等基础上，构成如清华同方知网独创的文献“知网节”，使每个数据库构成一个反映知识体系和知识管理的知识网络，以达到最终以知识为指针的检索方法，大幅度提高文献的增值利用价值和内容提示能力，提高科技文献的传播效率。通过这种方式可以满足用户对于特定内容的需要，以实现针对用户的个性化服务。

用户信息需求规律，是用户信息需求的内在规定性。我们可以将网络科技文献用户的信息需求规律归纳为以下几点：

(1) 信息需求的便利性。便利性包括求便与求快两个方面。求便是因为部分网络科技文献用户对网络科技文献的分布、内容和检索方法不熟悉，所以希望得到网络科技文献出版者和信息服务部门的协助，从而方便地查寻自己所需的科技文献信息；求快是网络科技文献用户在查寻科技文献信息时，希望在最短的时间内获得最有效的信息。网络科技文献用户信息需求的便利性，对网络科技文献出版者设计友好导航、超链接等界面功能提出了新的要求。如何在用户和对应的信息之间建立便捷渠道、如何帮助用户以最少的精力消耗和最低的时间成本来获取最有效的信息，将成为网络科技文献出版者和信息服务部门亟需解决的问题。

(2) 信息需求的易用性。易用性，主要是指易见、易学和易用。网络科技文献用户信息需求的易用性，主要是基于信息检索系统而言的。用户总是希望网络信息检索系统的使用趋于简单，对用户自身的信息检索能力没有过高的要求，可以较为容易地掌握系统内的检索方法。有关研究表明，越是简单易用的检索系统，用户使用的频率越高。反之则很少有用户去使用。针对用户信息需求的易用性，信息服务者设计检索系统的重点在于让检索系统的设计能够符合用户的习惯与需求，让用户在浏览和检索的过程中不会产生压力或挫败感，并能让用户在使用系统各项功能时，能以最少的努力发挥最大的效能。

(3) 信息需求的阶段性。信息需求的阶段性包括两个方面的意思：一是由于科技发展水平的阶段性而引起科学研究的阶段性；一是某一具体科研工作的整体进程中会呈现阶段性的特点。科技发展水平受到政治、经济、文化、教育等因素的影响，在一定的时期内，会有重点研究课题和重点发展方向。因此，用户的信息需求会和一定时期内的科技发展水平相契合，表现出此阶段的科技文献信息需求的特点。另外一般可将科研工作的过程大致分为计划阶段、实施阶段和鉴定阶段。在不同阶段，用户会需要不同的信息。因此，根据网络科技文献用户信息需求的阶段性，信息服务部门在提供科技文献的过程中，应充分考虑科技发展的整体水平和阶段性特征，并根据具体科研工作的阶段性来对科技文献信息进行分类和整合，以方便用户查寻和利用。

（4）信息需求的专业性。网络科技文献用户具有特定的职业范围和学科背景，他们一方面要吸收其他学科的精华、扩大自己的知识面；另一方面也要不断加强自身专业知识的深化和优化。科技知识不仅需要“广”和“博”，“专”和“精”更是用户能够立足于某一学科领域并不断攀登科学高峰的关键。网络科技文献用户在实践中经常遇到的问题或亟需解决的问题，都是以本专业、本学科为中心来探索解决问题的方案，他们所从事的工作或研究无不体现出专业化的特点。因此，为了追求科技知识的专业化、精深化，网络科技文献用户已不再满足于直接提供科技信息的初级信息提供方式，而是更需要以解决专业问题、形成具体方案为目标的、专业针对性强的深层次服务。信息需求专业化，即是对信息内容的深度和专业化信息服务的要求。

6.2.3 不同用户群体的网络科技文献信息需求特点

在前文中，我们已经对网络科技文献用户的范畴进行了界定，大学生、企业员工、教师等职业是网络科技文献用户的主体。因此，在这里我们将以用户的职业为划分不同用户群体的依据，在比较不同职业用户的网络科技文献信息需求的基础上，总结不同用户群体的网络科技文献信息需求的特点。我们将重点从用户对文献类型、信息服务的需求来分析大学生、企业员工、教师、机关干部和科研人员的网络科技文献信息需求特点。首先，让我们来了解一下不同用户群体利用网络科技文献的主要类型（见表6-2）。

表6-2 不同用户群体利用网络科技文献的主要类型

网络科技文献类型 \ 用户群体	大学生	企业员工	教师	机关干部	科研人员
电子图书	17.17%	25.32%	12.50%	11.76%	12.98%
数字化期刊	16.65%	11.69%	14.92%	15.44%	16.79%
学位论文	16.34%	4.87%	12.50%	8.09%	3.05%
专著	9.62%	10.71%	12.90%	16.18%	14.50%
论文引文	11.58%	9.09%	10.48%	10.29%	11.45%
科技工具书	6.62%	14.29%	9.68%	8.09%	10.69%
科技报告	7.34%	9.09%	7.66%	8.82%	12.21%
英文文献	6.72%	4.23%	9.68%	4.41%	9.16%
会议论文	6.20%	5.84%	8.87%	16.18%	3.05%
专利	1.76%	4.87%	0.81%	0.74%	4.58%

不同用户群体利用网络科技文献的信息需求特点分别如下所述：

（1）大学生的网络科技文献信息需求特点。大学生是思维敏捷、好奇求真、勇于创新的群体，乐于追踪现代科技发展，善于将现代科学知识运用到自身的专业学习和科研中，与日新月异的科技发展趋势十分吻合。大学生的天职是学习，努力掌握科学知识是大学阶段的首要任务。大学生渴望通过网络平台来查寻有利于自身专业知识学习的科技文献，以有效提高学习效率和实践能力。根据表6-2，我们可以看出电子图书、数字化期刊、学位论文、论文引文是大学生利用最多的网络科技文献类型。其中，学位论文的利用，相比其他用户来说，其利用率是最高的。这一方面是由于高校对大学生的毕业论文或毕业设计都有较高的要求，大学生在完成毕业论文或毕业设计的过程中，会大量参考已有的一些学位论文，以寻求不同的研究角度和切入点，对学位论文，尤其是优秀学位论文，具有迫切的需求；另一方面，高等院校的课程设置和培养方案在学术论文的撰写和发表等方面，对大学生有一定的要求，而学位论文往往具有系统性和深入性的特点，大学生可以通过大量浏览或深度阅读本专业的学位论文来掌握论文撰写的方法和技巧，相对于其他用户来说，对学位论文的利用更具有经常性和高频率。

（2）企业员工的网络科技文献信息需求特点。在这里，企业员工主要是指科技企业的工作人员。他们一般从事实际业务的操作，工作中解决实际问题的需要决定了他们在业余时间里会不同程度地关注与工作有关的科技信息和科技知识的获取与利用。根据表6-2，我们可知企业员工对电子图书、科技工具书、数字化期刊和专著的利用最多，其利用率均超过了10%。其中，电子图书的利用率高达25.32%，大大高于其他用户的利用率。这主要是由于电子图书中包含有大量的参考工具书，如百科全书、词典等，符合企业员工解决工作中的实际问题的需求。企业员工对科技工具书和专利文献的利用，在各类用户群体中也是最多的。这是因为科技工具书包括科技文献指南、科技百科全书、科技手册与年鉴、科技术语等内容，能够集中迅速地为企业员工提供帮助，以排除业务工作中的具体障碍和困难，提高其工作的效率和准确性；而专利文献的主要内容包括专利产品的说明书、权利要求书或者图片、照片等，可以为科技企业提供直观、详细的发明创造介绍，可以帮助企业员工寻找共同开发创造新产品的合作伙伴，从而节省企业的科研成本，有效利用已有科技资源。因此，我们认为，企业员工使用网络科技文献时更追求文献的实用功效和功利价值，其需求呈现出实用性、功利性的特点，对信息服务的有效性、针对性具有较高的要求。

（3）教师的网络科技文献信息需求特点。教师是“知识工作者”，是学校教学科研的主体，具有知识水平高、信息敏锐力强的特点，对专业信息注意力持久，具有较强的信息查寻能力和信息获取能力。根据我们的调查，教师对各类网络科技文献的利用都较为普遍，除专利以外，其他各类文献的利用率均超过了7%，不同类型文献之间的利用率差距不大。这说明教师因其职业的特殊性，担负着教学和科研的双重任务，对各类科技文献都有一定的需求。其中，教师对英文文献的利用最为充分，这一方面是由于教师自身的外语水平较高，具备利用英文文献的主观条件；另一方面则是由于教学科研的国际化交流日益频繁，教师需要及时掌握国外科技动态和科技成果的第一手资料，从而保证自身知识储备的不断更新，并引导学生走在科学研究的前沿。同时，相对来说，教师对会议论文的利用也较为充分，对所属学科的发展动态和热点问题十分关注。由此可见，教师的网络科技文献信息需求呈现出文献类型多样化、文献语种多样化、文献内容国际化和及时化等特点。

（4）机关干部的网络科技文献信息需求特点。机关干部可以理解为国家公务人员，即对国家各方面事务进行管理，依法履行公职，纳入国家行政编制，由国家财政负担工资福利者。这就要求机关干部应当具备相当的专业知识和管理水平，必须在实际工作中不断学习以提高自身能力。根据表6-2，机关干部对专著和会议论文的利用是最多的，利用率均达到了16.18%。这一方面是由于专著是针对某一领域加以研究而成的著作，作者一般是该领域的专家学者，内容具有权威性、针对性、深入性的特点，机关干部需要参阅符合其所在单位和岗位性质的科技专著，从而较为系统地掌握某一领域的理论知识和实践成果；另一方面则是因为机关干部需要经常学习相关会议文件精神以提高政治、管理理论水平，其对会议论文的需求远远高于其他用户的需求水平。由此可见，机关干部对网络科技文献的需求具有权威性、及时性的特点，要求科技文献在其领导决策的过程中发挥借鉴和参考的作用。

（5）科研人员的网络科技文献信息需求特点。根据我们的调查，科研人员对数字化期刊、专著、电子图书、科技报告的利用最为广泛；而相比其他用户群体，科研人员对科技报告的利用是最为充分的。科技报告是一种很重要的信息资源，注重详细记录科研进展的全过程，是科研人员交流其研究活动及成果的重要手段。同时，科研人员作为科学技术的先锋者，既需要前人的知识积累，也对最新的科研信息具有相当的敏感度，对网络科技文献的需求属于功能型需求，具有目的明确、专业性强、指向性强的特点。科研人员信息需求专业性强的特点决定了提供给他们的信息也要专业对口，针对普通大众的典型的信息数据库不能完全满足他们对于专业信息的需要。鉴于此，信息服务者有必要开发一些有针对性的规模小、专业性强的小型数据库资源，并提高更新速度，以更新、更快、更全的信息内容满足科研人员的特殊需求。

6.3 网络科技文献用户的信息行为

在前文中，我们已经对网络科技文献用户的信息需求进行了探讨，对其特点和规律有了一个较为明确的认识和界定。而用户产生信息需求以后，会通过一定的行为来实现其信息需求的满足，这种行为我们可以称作信息行为。信息行为是用户信息需求的外在表现，是用户信息需求得以满足的必然途径。信息需求指引信息行为的方向，信息行为反映信息需求的特点。潘天群认为，作为信息需求组成层次之一的信息需求表达本身也与信息行为分不开来，或者，更确切地说，信息需求的表达本身就是一种信息行为①。邓小昭认为，信息行为与信息需求处于互逆的过程之中，信息行为因信息需求而产生，它以满足信息需求为目的，同时又能促进信息需求的进一步深入②。因此，我们可知，信息需求与信息行为是密切联系、相互作用的有机整体，在分析了信息需求相关内容的基础上，我们有必要进一步对信息行为进行分析和研究。同时，需要指出的是，网络环境中的信息行为与传统意义中的信息行为相比，具有特定的内涵和行为方式，我们将从传统意义中的信息行为的概念出

① 潘天群．行动科学方法论导论［M］．北京：中央编译出版社，1999：41

② 邓小昭．因特网用户信息需求与满足［博士论文］．武汉大学，2002：41

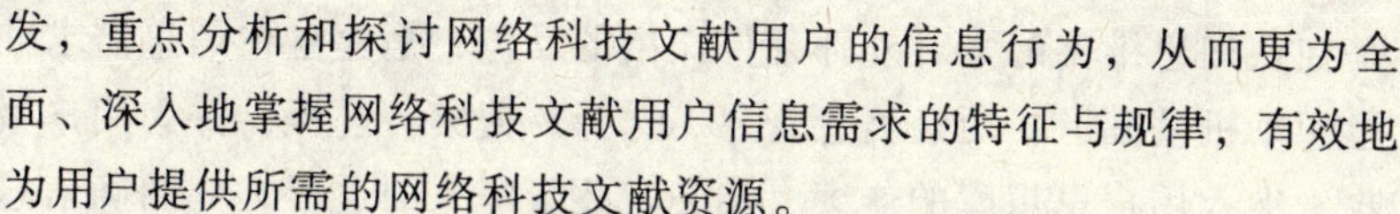

发，重点分析和探讨网络科技文献用户的信息行为，从而更为全面、深入地掌握网络科技文献用户信息需求的特征与规律，有效地为用户提供所需的网络科技文献资源。

6.3.1 用户信息行为及其特征

关于用户信息行为内涵的认识，国内外学者有各种不同的看法。以下所介绍的几种信息行为的定义，多为传统意义中的信息行为的界定，较少涉及网络信息行为的内容。我们首先来了解一下国外学者对信息行为的定义①。波尔扎（Abdelmajid Bouazza）将信息行为定义为信息利用，亦即利用信息来满足一个人的信息需求的行为。莱恩（Maurice Line）认为信息行为是因用户觉知其目前的知识状况少于所需而产生的行为。克利克拉斯（James Krikelas）说："当一个人欲确认某一信息以满足其感受到的需要时，他所从事的任何活动就是信息行为。"威尔逊（T. D. Wilson）则认为，信息行为源于用户意识到的对某种需要的认知。根据 Wilson 的界定，信息行为是指与信息资源和信息渠道有关的人类行为，包括主动的或被动的信息查询行为和信息利用行为，还包括面对面的与他人的交流。信息查询行为、信息检索行为、信息利用行为均是信息行为的有机组成部分②。关于信息行为内涵的认识，国内学者的观点主要有以下三种：①信息行为主要是指人类运用自己的智慧，以信息为劳动对象而展开的各种信息活动，即人类的信息查询、采集、处理、生产、使用、传播等一系列过程③。②信息行为是在动机支配下，用户为了达到某一特定的目标的行动过程④。③用户信息行为

---

① 邓小昭．因特网用户信息需求与满足研究［博士论文］．武汉大学，2002：42

② 沙勇忠，阎劲松，苏云．网络环境下科研人员的信息行为分析［J］．情报科学，2006. 24（4）：485

③ 岳剑波．信息管理基础［M］．北京：清华大学出版社，1999：64

④ 张国海，张玉玲．论用户情报行为［J］．图书情报工作，1994（1）：23-25

是在认知思维支配下对外部条件作出的反应，是建立在信息需求和思想动机基础上，历经信息查寻、选择、搜集各过程，并为用户吸收、纳入用户思想库的连续、动态、逐步深入的过程，如明确信息需求实质、选择适当的信息系统、制定正确的检索策略等①。

参考以上关于用户信息行为的定义，我们可以试着给网络科技文献用户信息行为做一个界定，即网络科技文献用户信息行为就是网络科技文献用户，在对科技文献产生信息需求和心理动机的支配下，利用检索工具、搜索引擎等网络工具，对科技文献信息资源进行检索、浏览、交互、选择等活动。

借助托尔曼的克分子行为理论，邓小昭将用户信息行为的一般特征概括为以下几个方面：①用户的信息行为是用户为了满足信息需求而从事的行为。它是一种有目的的活动，这种目的，从根本上而言，就是指向某种有待满足的信息需求。②信息行为需要利用环境作为达到目的的手段和方法。产生信息行为的环境是一个拥有各种途径、渠道、工具、同时也充满障碍的环境。为了达到目的、满足信息需求，用户就必须充分地利用或克服环境中的这些因素。③人的信息行为通常会表现出一定的活动规则，如遵循“最小努力原则”（Principle of Least Effort），即面对容易的“短径-目标”与困难的“长径-目标”，他往往对前者具有优先的选择性。④用户的信息行为带有“认知”的色彩和“学习”的痕迹。选择某一途径达到某一目的后，当需要再次实施这一行为时，能够表现出迅速而有效的成绩。⑤一切有目的的、认知的、按规则来实施的行为都是“可驯的”（Docile），换言之，对实施这类行为的人是可以加以教育的，可以让他们改变其行为，进行新的认知选择以便从诸多路径中选择最为经济的，又最符合其目标的路径。对用户的信息行为也可如此。⑥总体而言，人类信息行为是一种带有满足信息需求这一目的的理性行为，但是，在这一行为的实施过程中，非理性行为

---

① 白海燕，赵丽辉．网络环境下的用户信息行为分析［J］．燕京大学学报（哲学社会科学版），2002（2）：1-5

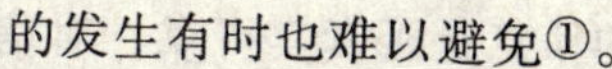

的发生有时也难以避免①。

6.3.2 不同类型用户的行为与偏好

用户类型的不同，会影响其信息需求的不同，其信息行为也会呈现不同的特点和偏好。在这里，我们将对不同类型用户的信息行为作一个大概的介绍，让大家对不同类型用户的信息行为特点和偏好有个初步的了解和认识，为进一步了解网络科技文献用户的信息行为打下基础。在前文中，我们已经向大家介绍了几种划分用户类型的方法，我们将按用户的能力和水平的分类标准来把用户分为初级用户、中级用户和高级用户，并分别介绍其信息行为的相关情况。

（1）初级用户的信息行为特点。初级用户一般是指刚开始利用网络来查寻信息的用户，利用网络的时间还不长，即我们常说的新用户、新手；也包括区别于专业用户的普通用户，对网络信息的利用程度较低。归纳起来，初级用户的信息行为特点主要有以下几点：①信息行为盲目性、随意性较大。初级用户由于刚开始接触网络和利用各种网络工具，对网络的各种功能还不够了解，既存在对未知的好奇心、探究心，也会出现茫然感、迷惑感，信息行为缺乏指向性、稳定性。初级用户大多随意浏览网络信息资源，对网络信息资源的关注点比较分散，对某一特定信息资源的注意时间也较短。②不懂网络检索技术。初级用户往往只能进行一般的检索，采用最为基本的检索途径。他们一般没有制定查寻计划，而是依赖于网站的栏目分类或提供的检索词进行检索，很少会利用复杂的搜索功能，信息检索行为具有依赖性、被动性、简单性的特点。③对网络信息资源价值的判断能力有限。网络信息资源极为丰富，但信息资源的质量却是参差不齐、优劣并存。这就对用户的信息判断力和鉴别力提出了一定的要求。而初级用户对网络信息资源的各种来源

① 邓小昭．因特网用户信息需求与满足研究［博士论文］．武汉大学，2002：42-43

渠道还比较陌生，不能准确判断其获取的信息是否真实可靠，对信息资源的价值缺乏有效判断。④信息行为挫败感较强。初级用户由于尚未具备专业的网络检索技术，对网络工具各种功能的使用也不熟悉，所以他们在利用网络来查寻信息的过程中，可能会遇到各种困难，信息行为的最终结果可能无法满足其信息需求，从而让用户产生失望感、挫败感。在利用网络的情况下，如果他们不能较好地实现其需求的满足，他们就很可能放弃获取信息的网络渠道，而通过网络以外的其他方式来解决问题。

（2）中级用户的信息行为特点。中级用户是介于初级用户和高级用户之间的用户类型，其利用网络的时间和频率、利用程度以及利用技巧和能力，处于初级用户和高级用户之间。可以说，中级用户群体在各种用户中是数量最多、范围最广的部分。他们具有一定的信息查寻能力和信息鉴别能力，但距离高级用户的专业化水平又存在一定的差距。他们的信息行为特点主要体现在以下几个方面：①具有一定的信息检索技术，能够较为熟练地运用基本的网络工具。②需要信息服务部门对其信息行为提供一定的指导和帮助，并能够较为积极主动地了解网络信息资源的分布和学习专门的信息检索技术。③信息行为的目的明确、指向性较强，知道自己所需的信息在何处能查找到、实施特定的信息行为会导致何种结果等。

（3）高级用户的信息行为特点。高级用户一般是指无需信息服务部门的专门指导就可查寻信息并得以满足的用户，也可以称为专业用户、专家型用户，包括科研人员、高校学生、教师等。可以说，网络科技文献用户中有很大一部分用户属于高级用户的范畴，大多具有较高的计算机水平和网络利用技能，在检索工具、搜索引擎的使用方面，具有较为丰富的经验，可以准确、快速地查寻到自己所需的信息，并逐步形成自己所特有的信息查寻路径和查寻方案。根据相关调查和研究，我们可以将高级用户的信息行为特点归纳为以下几点：①在实施信息行为前，一般会制定具体的查寻计划，事先考虑查寻方式和可能遇到的查寻障碍，并提前制定解决问题的方案。②能够利用较为高级的检索工具，不局限于同一种检索工具的运用，愿意更多地尝试不同的检索工具和检索方法。③获取信息行为和发布信息行为并重，不满足于单纯地借助网络工具获取自身所需信息，也具有为大众提供有效信息的责任感和使命感，会主动发布信息、传播信息，实现信息资源使用价值的最大化。

6.3.3 网络科技文献用户的信息查询行为

从广义的角度讲，信息查询行为包括信息检索行为和信息浏览行为；从狭义的角度讲，信息查询行为相当于信息检索行为。信息查询是网络用户最为重要的信息行为之一，尤其对于网络科技文献用户来讲，信息查询行为的启动、维持以及最终结束的情况，将直接影响用户对网络科技文献的查找和利用，将直接影响用户的科研进程和决策，对用户信息交互、信息选择等其他信息行为的实施，也有一定程度的影响。在这里，我们将对广义的信息查询行为进行分析和探讨，向大家介绍网络科技文献用户信息检索和信息浏览的相关情况。

网络科技文献用户的信息检索行为，即用户为了查找所需的网络科技文献而利用网络信息检索工具来满足科技文献需求的信息活动。网络科技文献用户的信息检索行为具有以下几个方面的特点：

(1) 用户不局限于采用单一的检索词汇。检索词是表达用户信息需求和编写检索提问式的最小元素。检索词的选择是否恰当，对检索结果有直接影响。就目前的网络信息资源查找技巧来讲，大多数用户倾向于采用单一的检索词。斯宾克（A. Spink）等曾对Excite搜索引擎的近300位用户作过实验，他们发现，在被试验用户的检索提问式中，人均输入的检索词为3.34个①。邓小昭通过对用户使用中国期刊网和Google时的检索行为的研究，发现90%左右的用户输入的中文检索单字为2~6个，其中2字词居多（占

① 转引自：邓小昭．因特网用户信息需求与满足研究［博士论文］．武汉大学，2002：45

58%)，其次为4字词（占18%）和3字词（占14%）①。网络科技文献用户不同于一般的网络用户，其用户群体呈现高学历、专业性强等特点，在信息检索过程中强调检索结果的有效化和集中化，会主动提高自身的检索技巧，尝试采用复合型的检索词汇以及使用同义词进行检索。

（2）对于同种检索工具，他们更愿意构建布尔检索式，利用高级检索功能、二次检索，不断变换检索词反复测试多种检索策略查找所需要的信息；对于不同的检索工具，他们可以利用网络检索工具之间的差别调整自己的检索策略②。而一般用户只使用简单的检索策略，很少使用布尔逻辑检索、截词检索等限制性检索。斯宾克（A. Spink）等发现，仅有5.24%的检索式中包含布尔逻辑算符③。邓小昭对用户使用中国期刊网的研究结果表明，约40%的用户不能正确运用字段检索或二次检索；80%左右的用户不能正确运用高级检索功能④。

（3）非常重视品牌的引导作用，对成熟的品牌有一定的依赖性。根据我们的调查，网络科技文献用户经常使用的电子图书集中在书生之家、超星中文电子图书、Net Library 电子图书、Apabi 电子教学参考书等，这几种名牌电子图书的使用人数占总调查对象的82.42%；用户经常使用的数字化期刊集中在万方数字化期刊子系统、中国期刊网、维普中文科技期刊库、Elsevier Science 电子期刊、Ingenta 公司数据库、IEEE/IEE Electronic Library 数据库等几个品牌期刊数据库，其使用率高达89.73%；用户经常使用的引文数据库多集中在中文科技期刊引文数据库、中国科学引文数据库、三大引文数据库（SCI，SSCI，A&HCI）、全国报刊索引数据库、中

---

① 邓小昭．因特网用户信息检索与浏览行为研究［J］．情报学报，2003.22（6）：654

② 李书宁．网络用户信息行为研究[J]．图书馆学研究，2004(7)：84

③ 转引自：邓小昭．因特网用户信息需求与满足研究［博士论文］．武汉大学，2002：45

④ 邓小昭．因特网用户信息检索与浏览行为研究［J］．情报学报，2003.22（6）：654

文科技期刊数据库、中国人民大学复印报刊资料系统、中国学术会议论文数据库等名气较大的数据库，使用的集中度很高。由此，我们可以看出，网络科技文献用户在检索科技文献资源时特别重视品牌的导向作用。

6.3.4 网络科技文献用户的信息交互行为

20世纪60年代，科技精英们研制计算机网络最主要的目的是通过网络交换计算机中的资料和共享研究信息，几乎无人想到将网络作为人际间沟通的工具。1978年，社会学家希尔茨(S. R. Hiltz)与特拉夫(M. Turoff)发表论著《网络之国》(The Network Nation)。这才引起了对计算机为交流中介的（Computer-mediated Communication，简称 CMC）的研究①。

现今的网络时代里，交互性是因特网最为显著的功能特征之一。借助网络平台，网络用户可以通过人-机互动和人-人（用户与用户之间）互动来实现在线信息交流。用户与用户之间不仅能够进行科学信息的交流，通过电子论坛、网络会议、新闻组等中介建立起“无形学院”，以了解学术发展动态、传播科学信息，而且人们也在网络上构建起了人际信息沟通与交流的巨大空间。

我们将网络科技文献用户信息交互行为的特点归纳为这样几个方面：

（1）选择性。网络科技文献用户在进行信息交互行为的过程中，会相当注意对信息交互对象的选择。由于其学习、工作和科研的专业性较强、用于信息交互的时间和精力有限，网络科技文献用户会倾向于选择有利于解决目前实际科研问题的用户来进行信息交流和共享，信息交互行为具有较强的目的性和实用性。

（2）学术型、知识型交互。根据信息交互行为的分类，网络科技文献用户的信息交互行为通常属于学术型、知识型交互。一般

---

① 郭嘉文．我国大学 BBS 站图书馆讨论区之调查研究［J］．大学图书馆，1999.3（3）：81-105

来说，网络科技文献用户发布、交流和共享的信息主要是科技信息和科技知识，如对某一具体科学实验中出现问题的探讨和解答，对某一科学成果的评价，对某一研究领域的开拓和展望等。虽然网络科技文献用户是网络用户整体中的局部，也会有情感交流、娱乐休闲等方面的信息交互行为，但其职业性质、工作岗位等特点决定了网络科技文献用户信息交互的重点是学术型、知识型交互，用户希望通过信息交互行为来获取专业信息，满足其在学术研究、知识积累方面的需求。

（3）信息交互中的聚群行为比较明显。在网络环境下，当某一信息被集中、反复、多角度报道、转载和评论，就能很快达到放大的效果，短时间内就可以把大量用户的注意力集中到这一热点或敏感信息上，这样就发生了“聚群行为”，如下载热门软件和流行音乐、虚拟社区十大热帖等。网络科技文献用户的聚群行为也很明显。当某一热点科学问题被置于网络讨论的平台，会吸引很多本学科领域的专家学者参与讨论和发表评论，相关专业和外专业的研究人员也会关注对该问题。一般网络用户聚群行为在很大程度上受到从众心理、好奇心理的影响，而网络科技文献用户聚群行为则主要是受求知心理、探究心理的影响。

（4）信息交互中的利他行为较为突出。网络用户的利他行为主要表现在主动解答他人的提问，帮助其他用户查寻所需资料，调节论坛的气氛等。利他行为可以为他人提供很多方便，节省查寻信息的时间，十分有助于用户间信息交互行为的进行。尤其对于网络科技文献用户来说，他们大多具有高素质和专业技能，会更加积极主动地去给其他用户提供帮助和便利，为用户之间的信息交互行为创造一个互助合作、共同进步的良好氛围。

6.3.5 网络科技文献用户的信息选择行为

在网络时代中，网络一方面以其极为丰富的信息资源、高速的信息传输速度和及时的信息更新为用户提供了极大的便利，另一方面也给用户提出了挑战——面对网络的信息汪洋，用户应该如何分辨信息的优劣真伪？用户应该如何选择对自身最有帮助的信息资源？这一问题是纸质出版时代中用户未曾考虑的，纸质出版物的内容会经过编辑把关，出版物的内容质量有一定保证。而在网络环境下，信息资源的筛除、挑选等工作不仅需要信息服务部门来进行，更对用户的信息选择能力提出了要求。信息选择行为是对大量的原始信息以及经过加工的信息材料进行筛选和判别，选取所需内容，并内化为自身知识结构的信息行为。信息选择是一种综合了判断、评价与决策的行为，它包含着注意、记忆、思维和情感等复杂的心理过程和心理特征。

网络科技文献用户的信息选择行为的特点可概括为以下几个方面：

(1) 积极选择行为比较突出。与一般的网络用户相比，网络科技文献用户在信息选择上表现出更为积极的态度，力求筛选出最符合自身需求的信息。虽然信息繁杂、时间有限等客观因素会给用户的信息选择带来心理压力，但网络科技文献用户大多会本着科学求真的精神和认真负责的科研态度进行信息选择，在较强的理性支配下对科技文献信息逐一评判，并最终获取重点信息和关键信息。而一般网络用户面对网络的超量信息，往往会感到不知所措，无从下手。他们往往会出现非理性选择和延迟选择，表现出较为消极的行为状态。

(2) 首因效应与近因效应心理较为明显。首因效应和近因效应是有关社会印象形成的心理学研究的重要课题。首因效应，是指在认知过程中，主体首先获得的关于客体的信息极大地影响主体对客体的印象或看法①。其对网络用户信息选择行为的影响体现在，用户容易根据视觉最先触及的信息来进行信息选择，这是因为，最先呈现在用户面前的信息不易受到前摄抑制的干扰。这就意味着如果信息的排列显示是与用户的信息需求的程度相吻合，首因效应就可能有利于信息需求的满足；反之，则会影响信息选择的准确性。

---

① 姚利民．影响编辑审稿的心理效应［J］．湖南大学学报（社会科学版），1999.13（3）：112

一般来说，网络科技文献用户在对检索结果信息的查看上会受到首因效应的影响，倾向于选择查看最先出现的信息，信息的“先入为主”现象时有发生。而且随着时间的推移，越接近结果信息的排列末端，用户对结果信息的查看越可能出现疲劳、抵制等情绪，对信息的关注度和探究欲都会大打折扣。而在对某一具体科技文献的选择中，首因效应也会发生作用。即一篇科技文献如果一开始就观点新颖、论述严谨，就会给用户留下很好的印象，用户便会认为科技文献的其他部分也不错，进而对该科技文献作出选择的决定；反之，用户则会由于科技文献开头的不足而否定科技文献的全部，作出“不用”的决定。近因效应的理论根据在于，最后出现的信息不受倒摄抑制的干扰，所以会改变先前原有的印象，留下最后的印象。近因效应多发生在用户浏览信息时所作的选择行为中，用户最近浏览到的信息对于其印象的形成影响很大，用户倾向于选择最后浏览到的信息，而对最先浏览的信息会出现记忆模糊、判断不清等现象。首因效应和近因效应都可能影响用户对处于中间阶段的信息的选择，可能会造成有效信息资源的浪费和损耗，不利于用户全面地选择信息。

（3）信息选择上的定势行为较为多见。有相关研究发现，网络用户在信息选择上较多地受经验、定势、印象扩散效应的影响，从而体现出一种较为稳定的信息选择习惯①。对于网络科技文献用户来说，信息选择中的定势行为也是比较多见的。网络科技文献用户不仅对某类科技文献信息的选择会表现出偏好性、习惯性，在对信息来源、信息服务方式的选择上，也会形成自己的选择习惯和定势思维。比如，大多数用户会习惯于长期使用某几个最初使用的网站或搜索引擎，会习惯于使用关键词检索、时间限制检索等检索方式，会习惯于选用自己偏爱的界面设置和导航系统等。定势行为对于在经验支配下迅速获取信息有积极的作用，但也不利于网络科技文献用户及时适应不断变化的网络信息环境。

---

① 邓小昭．因特网用户信息需求与满足研究［博士论文］．武汉大学，2002：55

7 网络科技文献评价与质量控制

在网络技术飞速发展的今天，从传统出版到网络出版的转变，使得学术传播活动中的参与者都面临着新的机遇与挑战。尤其对作者来说，得到了更多的现实出版权利，出版成为人人可为。网络出版一方面使信息呈几何级数增长，另一方面也使得出版质量严重倒退。在本章中，我们将从网络科技文献评价的意义与原则、网络科技文献评价的标准、网络科技文献评价的方法以及网络科技文献质量控制机制等方面，对网络科技文献的评价工作展开较为深入的探讨，以期能够对网络科技文献评价工作的开展有所裨益，对网络科技文献出版的发展有所促进。

7.1 网络科技文献评价的意义及原则

因特网所具有的开放、自由等特点，使它在为用户提供大量信息的同时，也产生了信息过量和信息污染等新问题，使今天的读者经常处于"有限的信息处理能力与信息庞杂之间的矛盾"① 之中。与传统印刷出版环境相比，网络的开放性特点使得通过网络发表和出版科技文献变得十分容易，但与此同时其整体出版质量也存在非常严重的问题。对网络科技文献进行评价不仅对作者科学创作及其学术作品能进行客观鉴定，能在一定程度上促进文献质量的提高，而且对我国科学研究项目的选择、科学研究计划和政策的制定等科

① 徐丽芳．读者需求的变化及其对出版业的影响［J］．图书情报知识，2002（4）：91

学研究及管理工作也具有十分重要的指导意义。因此，需要对网络科技文献进行合理评价。

7.1.1 网络科技文献评价的意义

对网络科技文献进行科学评价，对于网络科技文献的出版与利用都能起到重要的导向作用。其具体意义我们可以从以下三个方面来认识：

(1) 对网络科技文献进行科学评价，是促进国际学术交流的需要。21 世纪将是进一步开放和国际化的世纪，随着我国改革开放的深入发展，对外交流的加强，加快网络科技文献评价工作的步伐势在必行。一方面，我国网络科技文献的数量急剧增长，而质量上未能得到有效控制。中国科学技术信息研究所 2007 年 11 月 15 日在北京公布了 2006 年我国科技论文的统计结果。2006 年，我国作者发表在国际主要科技期刊和会议上的论文共有 17.2 万篇，已占世界论文总数的 8.4%，比 2005 年的 15.3 万篇增加 12.4%，所占份额较 2005 年增加了 1.5 个百分点。按照国际论文数量排序，我国已跃居为世界第 2 位，仅排在美国之后。但如果从质量上看，过去十年间我国论文被引用次数依然排在世界第 13 位，也就是说，多数论文发表后没有获得任何“反响”①。这也可以从某些方面说明我国科研论文的质量还相对落后，因此有必要在论文出版前就对其进行科学评价，以杜绝质量低下论文的发表。另一方面，对网络科技文献进行科学评价的目的，从更大意义上来说是为了扩大网络科技文献的交流范围，提高科技文献的利用率。通过对网络科技文献进行科学评价，有利于我们学习国外先进的科学技术，了解世界科研动态，促进我国的科技发展；有利于我国的网络科技文献进入

---

① 李大庆．我国科技论文：质量提高赶不上数量“跃进”［OL］．http：//www.stdaily.com/gb/stdaily/2007-11/16/content_741866.htm（访问日期：2007-12-21）

国际重要的情报检索系统，在世界范围内进行交流和传播，扩大影响；有利于缩小我国网络科技文献质量与国际标准的差距。总之，要想使我国的网络科技文献出版工作达到世界水平，就有必要对网络科技文献进行科学评价。

（2）对网络科技文献进行科学评价，是提高其出版质量的关键手段。网络科技文献容易出版、分散无序、传播速度快、变化频繁的特点，要求我们对它进行必要的评价。与传统印刷出版环境下科技出版都有一套严格的审稿制度相比，网络开放和自由的特点，使得文献的发布和传播都缺乏严格的审核和过滤机制，从而使网络科技文献不仅很容易被出版和传播，而且也极容易被篡改。同时，职称评审和科研成果评审中的不正之风盛行，如为了应付职称评定工作，部分人在撰写学术论文时只追求数量，不重视质量，甚至采取将一篇论文改头换面为多篇发表的做法，都会对提高我国科学论文的质量产生负面影响。更有少数人不顾科学道德、不负责任地胡编杜撰，甚至抄袭他人论文，窃取他人研究成果。如此种种，网络科技文献出版质量如何可想而知。中国科学技术信息研究2007年公布的数字表明，在我国科学论文数量上升的同时，论文质量并没有相应提高。再者，评价体系的缺位和错位，也导致了学术垃圾的泛滥和学术不端行为的盛行，污染了学术空气，削弱了学术创造力和创新精神。因此有必要开展网络科技文献的评价工作，通过评价对网络科技文献起一种监控作用，以促进网络科技文献出版质量的提高。

（3）对网络科技文献进行科学评价，有利于提高读者的满意度。今天的读者，处于“有限的信息处理能力与信息庞杂之间的矛盾”之中，找到可靠的资源，成了人们上网的第一要义。虽然读者可以通过关键词等检索途径对海量信息进行筛选查找，然而网络科技文献的开放性与用户对它的要求之间还存在一定的差距，目前我国网络的开放性有限，使那些对用户有用的科技文献源常常淹没在海量的网络信息资源之中而难以被用户发现。虽然搜索引擎的出现，使得网络科技文献的查找更加容易，但是搜索引擎存在覆盖面有限、查准率不高、更新速度慢等缺陷，使得用户在寻找有用的网络科技文献时，仍需要耗费大量的时间和精力。如果通过对网络科技文献进行科学评价，合理分类后形成网络科技文献检索条目，就能起到网络信息导航作用，帮助读者了解网络科技文献的分布及质量水平，为有关文献的取舍提供判断依据，这样才能真正为读者节约时间，方便读者使用，提高读者满意度。同时，网络科技文献出版就传播效果而言，目前其权威性有限，还没有得到广泛的承认。这是因为，通过网络发表的学术成果，还没有纳入一定的评价机制里面去。由此也可以看出对网络科技文献进行合理评价的必要性。通过科学的评价，能帮助读者去伪存真，快速准确地查找到自己所需要的信息。

7.1.2 网络科技文献评价的原则

为了科学、客观地评价网络科技文献，在评价时必须遵循如下原则：

(1) 客观性原则。客观性是一种理解方式。为了对生活或世界的某些方面获得更客观的理解，人们就要对客观存在进行多次的反复认知。评价过程也是一个重新认识的过程，因而必须保持客观性。评价的客观性是指所评价结果必须真实、准确、可靠。评价的目的是为了决策，而评价的质量直接影响决策的正确性。要保证评价的客观性，就必须保证评价资料的全面性、可靠性和真实性，尽力避免评价专家的个人倾向性。

网络科技文献评价的客观性体现在评审专家的价值尺度能否有效地用来度量文献的实际价值。评价者不是孤立的主体，其认识能力受到科学发展水平和时代条件等多方面因素的限制，在评价时很可能带有主观性。因此，网络科技文献评价应尽量避免评价者主观性，强调评价的客观性。诚然，评价活动的本质属性是主观的，但毕竟是成果的价值反映，这种价值反映准确与否，取决于评价是否客观。因此，作为评价主体的评审专家在确立价值尺度时必须摈弃个人偏见，站在理性的立场上，坚持科学的态度，运用科学的方法，遵循科学的基本规律，客观地反映评价客体，做到以科学评价科学，这样才能保证评价结果的客观。

（2）科学性原则。科学是人类主观世界对自然、社会、人类思维领域客观规律和本质的认识和反映，它是人类精神世界与物质世界相互作用的产物。科学以知识的形态表达与传承，知识是科学的载体，是沟通人类精神世界和物质世界的桥梁和纽带。人类可以直接从物质世界中认识和掌握科学，也可以从知识中认识和掌握科学，但无论从哪个方面去认识和掌握科学，其真理性都要接受实践的检验。网络科技文献评价的科学性是指网络科技文献评价要符合事实、符合逻辑、符合规范、符合目的，要用科学的理论和方法评价网络科技文献。

科学性原则要求网络科技文献评价工作中的评价者，在进行文献评价时必须设置严谨的评价指标体系，运用科学的评价手段，采取有科学依据的评价方法。一方面，在指标体系中，其评价指标的选择、分值和权值的确定、数据的选取与计算，都必须以公认的科学理论为依据。另一方面，必须全面、准确地分析和描述网络科技文献，综合考虑网络科技文献的特征、内容、功能、设计等诸多方面，使指标体系充分满足网络科技文献评价的各项要求。指标的选择、指标权重的确定、数据的选取计算，必须以公认的科学理论（统计理论、决策科学的理论等）为依据，同时，必须对网络信息资源的揭示和标引及各方面的相互关系作出准确、全面的分析和描述，综合考虑网络信息资源的内容、设计、运营等诸多方面，使指标体系既满足网络信息资源的全面性和相关性要求，同时，又要避免指标间的重叠。

（3）整体性原则。整体性原则，就是把考察的对象看做是由各个要素按一定方式构成的有机整体，或将对象放入某一整体中，通过对整体的研究，从而达到对被考察对象的讨论研究的目的。整体的这个重要特征源于整体属性与部分属性的异质性，整体性不是部分诸属性的简单加和或集总，而是它们的整合效应。科学评价是整个社会科学文化的重要组成部分，在评价一种原创性的科研成果时，不能不考察其产生、发展的社会背景和条件，包括社会制度、经济体制，以及价值观念、文化传统等；当评论某项重大科技成果时更不能不考虑其社会、经济和环境效益，以及对生产方式、生活方式的改变或影响。网络科技文献评价的整体性原则要求要从评价对象的整体去评估其学术价值，而不是片面地、孤立地从某一个方面或某一个层面从评估其学术价值。

科学系统的综合性和复杂性决定了科学评价必然涉及多个方面、多个层次和多个角度。科学评价是一种既具有专业性、学术性，又具有社会性和群众性基础的科学文化活动。科研活动是一项系统工程，其大多以科技文献形式反映的研究成果往往是对某些复杂的问题提供解决的方法、措施或对策，以供决策者参考。对这些文献的评价必须作整体性把握，决不能片面孤立、支离破碎，以局部代替整体。整体性就要求评价者既突出重点，又把握整体，在整体中突出重点。科研成果中纵与横、时与空、点与面、因与果、主体与客体等种种因素往往呈现为交错的织体，其中每一概念都处在和其余一切概念的一定关系中。因此，评价者应深入把握其联系性、互动性、过程性、发展性，从中找出价值所在，并以点带面地予以揭示。

（4）定性与定量相结合原则。任何事物都是质和量的统一体，单从某个方面评价事物，无法准确地反映其全貌；网络科技文献的价值也有质和量两个方面，所以，对网络科技文献的评价应从质和量，即定性和定量两个方面综合记性评价。在“质”的方面，要考察网络科技文献是否有充分的事实依据和理论基础、在逻辑上是否通顺、结论是否真实可靠、成果是否有创新，这是一种定性评价。在“量”的方面，可以考察网络科技文献的创新程度、研究难度、社会效应、经济效益、同行反映引用情况等，这是一种定量评价。

定性评价的优点是操作简便，适应面较广，不足之处是有一定的主观性，可比性不如定量评价好；定量评价的优点是可比性较强，在数据准确的前提下更具有说服力，不足之处是数据收集繁琐，有误差，同时由专家对各指标给出的权重带有一定的主观色彩。定性评价与定量评价相结合，则更能准确评价网络科技文献的价值。也只有这样，才能克服评价过程中的主观性、片面性。为此必须建立一套科学的评价指标体系，该体系首先要简单、明确，既能反映网络科技文献的水平、质量、效益，又便于操作和进行数据处理；其次指标体系还要具有综合性，既能综合评价网络科技文献的研究过程、网络科技文献成果的效益等，而且过程评价、成果评价、效益评价等所占权重应适当。评价指标体系的科学性是网络科技文献评价结果科学、客观的基础保证。

（5）适应性原则。适应是指个体与环境达到和谐关系的动态过程，而适应性是指个体与环境在适应过程中形成的适应能力。在网络科技文献评价活动中，评价者与评价对象之间，可能存在着学科、职业、地域、需要和价值取向等的差距，即使是同行评价，相关领域评价者的研究方向也不尽相同。因此，只要评价对象在科学上是正确或基本正确的，评价者就应尽可能地缩小与评价对象之间的距离空间，去适应评价对象，通过双向建构，作出正确判断。当然，评价者必须坚持原则，不能一味地迁就评价对象，要给予评价对象实事求是的评价，以调动科研者的积极性。另外在强调评价方法科学性的同时，还要十分注重评价方法与评价内容和评价指标的适应性，改进评价机制、方式和手段，以保证评价结果的科学、合理、公正，促进学术成果的有效传播。

如今，哲学、社会科学和自然科学等学科的交叉渗透，科学与技术、艺术的融合，理论与实践的结合使得学术研究成为一种综合性的活动，因此，在进行网络科技文献评价时，我们必须综合运用和遵循上述原则，以保证评价合理有效。

7.2 网络科技文献评价的标准与方法

7.2.1 网络科技文献评价的标准

要对网络科技文献进行有效的评价，首先必须确立网络科技文献质量评价标准。印刷型文献在长期发展过程中已经形成了相对稳定的规范和相应的评价标准，而且大部分印刷型科技文献的评价标准都可用于网络科技文献评价领域，但在网络出版环境中，对网络科技文献的评价标准要更具批判性，因为传统的印刷型科技文献的出版包括了一整套质量控制措施和手段，以尽可能地减少低质量的科技文献出版，而在网络环境下，这些质量控制措施和手段则几乎没有。借鉴印刷型科技文献的评价标准，考虑网络科技文献的自身特点，对网络科技文献的评价应包括如下内容：

（1）网络科技文献的学术规范标准。

学术规范是为解决文献数量激增与学术传播之间的矛盾而采取的一种行之有效的方法，它是提高学术传播效率的重要手段，对网络科技文献传播意义重大。20 世纪 90 年代以来，我国学术活动一直处于繁荣状态，论文著作等各类研究成果数量呈高速上升之势。但与此同时，学术成果中的假冒伪劣等问题也非常突出，严重污染了学术环境、浪费了学术资源、误导了学术取向，引起了学术界和舆论界的广泛关注。重视学术规范，从本质上说是对知识产权的尊重，从功能和意义上说是为了保证学术资源和力量的有效增长。关于学术规范讨论的重心，不同学者有不同的概括：第一种意见认为，不断泛滥的抄袭剽窃浪潮最为令人头疼，要解决学术道德败坏问题，重点在打假；第二种意见认为，在全球化时代，学术研究与交流是世界性的，但我们今天的大量研究是自说自话，自我欣赏，得不到国际主流学术界的关注和承认，应着重建立与国际学术接轨的一整套规则；第三种意见认为，学术研究的灵魂是创新，而如今的绝大多数研究者或者是注释或者是重复，只有建立学术积累和问题意识才能步入学术活动的正轨；第四种意见认为，规范首先是制度规范，当今学术研究的种种问题根源在于学术评价机制不当，对研究发生了严重的误导作用，必须从构建合理的学术制度首先是评价制度入手，才能逐步引导从选题到方法到引证等整个规范的确立。在网络出版日益繁荣的今天，对学术规范问题的讨论也不外乎上述四个方面。而单从网络科技文献出版的角度加以考虑（论文的学术质量除外，下文将单独讨论），其学术规范考察主要包括以下内容：

首先是引文格式规范。对于研究论文的撰写，无论是在引用资料上，还是编制参考文献时，都应遵循一定的学术格式规范。这一方面是对他人研究成果的尊重；另一方面，在引用资料时，如果没有详细记录引用出处，或者引用不规范，日后读者想要查阅论文所引资料时，往往不可考，甚至发生引用错误的情况。除此之外，引文格式规范对于作者来说，不仅可以佐证自己学术研究的严谨，而且可以避免使自己陷于抄袭的恶名。在网络出版条件下，要对引用文献和参考文献进行超链接，就更要求论文的引文格式符合规范要求。在进行引文格式规范评价时，可以参考国际标准化组织1987年颁布的《参考文献著录标准》（ISO690：1987）国际标准、1997年颁布的《电子参考文献著录标准》（ISO690-2：1997），我国1987年颁布的《文后参考文献著录规则》（GB7714-87）、1992年颁布的《科学技术期刊编排格式》（GB3179-92）等标准的要求，合理进行引文格式评价。

其次是论文结构规范。网络科技文献在论文内容结构规范要求方面应与传统印刷文献保持一致，主要体现在两个方面。一是在论文内容整体结构要求上，它的组成和顺序应为论文题目→作者或合作者→摘要→关键词→正文→参考文献。我国1992年颁布执行的《科学技术期刊编排格式》（GB3179-92）规定：每篇论文一般应附有摘要和关键词，摘要编写应参照《文摘编写规则》。摘要以及关键词编写在科学信息交流中有重要作用，它们为文献查询和检索提供了方便，对二次文献的编制、参考以及全文数据库的建立都有重要意义；要求在每篇文章题名下应列出作者姓名及工作单位，为判断文献价值及与作者进一步展开交流提供参考；参考文献标准主要参照的是《文后参考文献著录规则》。二是在正文的内容结构要求上，由于在国内还没形成相对统一的模式，往往由作者自己设计安排，因而显得十分杂乱。为此，我们可以借鉴西方学术界已经形成的学术规范，如可以采用西方学者通常采用的“介绍（Introduction）→理论（Theory）→研究方法（Methodology）→实验设备（Instrumentation）→结果（Results）→讨论（Discussion）→结论（Conclusion）”① 正文结构来规范我们的论文正文结构。

（2）网络科技文献内容质量评价标准。

学术论文作为在科学领域内表达科学研究工作的书面总结，能够迅速报道和及时推广科研成果，促进学术交流，是衡量个人学术水准的重要依据之一。因此，如何评论学术论文的质量成为学术共同体十分关注的问题。由于存在学术论文的定量与定性分析需要一定的时间予以验证以及学术论文所涉及的成果及其效益经常难以找到计量的参照指标等问题的困扰，因此，评价一篇学术论文的学术质量的高低、学术价值的大小往往是较为困难的。但长期以来，对印刷文献质量的评价还是产生了许多理论和方法。同行评议等定性方法的使用在论文出版质量控制和评价方面起到了积极的作用，而文献计量学和科学计量学等学科的产生和发展又为文献质量评价提供了量化工具。这些理论和方法在评价标准方面虽然不尽相同，但在论文的原创性和创新性与以往作品和知识的相关性、论据和数据的客观性、论证的严密性、结论的准确性、引文和参考文献的规范性等方面的要求基本一致。

对于网络科技文献评价来说，网络科技文献内容质量评价标准是网络科技文献质量评价最重要的标准，因为文献内容是对文献学术成果科学性、创新性等的真实体现。在评价网络科技文献内容质量时，我们理所当然要参考印本文献的评价标准，因为印本文献和网络科技文献仅仅只是发布载体不同而已。这些评价标准主要包括：文献内容的原创性和创新性；内容的准确性；作者和出版者的权威性；与刊物宗旨的相关性；数据、论据的客观性；论证的严密性；知识表达清楚；文章结构和表现形式的可接受性；对事物的敏感性和启发性；用语的规范化和生动性；理论应用的相关性；方法的可操作性；参考文献的新颖程度等。对网络科技文献内容质量进行评价，评价标准会因学科范围等的不同而有所不同。但是，准确性、创新性、科学性、权威性、全面性、便利性等永远都是在进行

---

① A. J. Meadows. Communicating Research [M]. San Diego: Academic Press, 1998: 118

网络科技文献内容质量评价时需要强调的重要指标。

（3）网络科技文献的版式设计标准。

由于网络科技文献以电子形式储存，读者需透过屏幕阅读以过滤信息，因此，网络科技文献的呈现方式必须清晰易懂。网络科技文献的版式设计主要包括：字体、字号、字体颜色、版心、行间距、字间距、图表、表格、链接位置等的设计。在版式设计过程中，必须考虑阅读的便利性这个主要因素。人们在阅读时对字体、字号、字距、行空距、图表的排放等都有一定要求，如果内容排得过密，用字很小，往往不利于阅读。传统印刷型科技文献的出版，由于商业出版机构总是希望在版式设计上能节约成本，或由于受印本期刊篇幅的限制而想多刊载一些论文，所以经常字排得很小，密度很大，非常不利于阅读。而网络科技文献的出版已不再受具体内容篇幅的限制，因此，编辑在版式设计时首先应当考虑人们的阅读习惯，便于读者直接在屏幕上阅读，或者打印成纸本阅读。在阅读功能上，读者可以根据自己的阅读习惯和喜好对版式设计自行调整；同时还要考虑使用表格、图表、图像、视频、声频等技术和手段，以准确、详尽地展示作者的观点和文章内容。

在进行版式设计评价时，在首先考虑是否适合读者在线阅读需要外，其评价标准还应包括是否具备与印刷型文献相同的排版方式，是否采用多媒体出版方式，是否包含图表、方程式、图片等。同时，要将传统学术出版好的编辑模式、编辑方式、流程控制应用到网络科技文献出版中，并且根据网络出版的特点，在保证出版质量的基础上进行流程改造和革新。因此，网络科技文献出版编辑在进行版式设计时，在参考 1977 年国际标准化组织制定的《文献工作——期刊的编排格式》（ISO-1977（E））、1987 年颁布的《参考文献著录标准》（ISO690：1987）、1997 年颁布的《电子参考文献著录标准》（ISO690 - 2：1997）和国家标准局 1992 年颁布实行的《科学技术期刊编排格式》（GB3179-92）、2000 年 1 月教育部发布的《中国高等学校社会科学学报编排规范》等编排标准的要求的基础上，要大胆采用数字化出版手段，合理进行版式设计，以满足读者新的阅读方式的需要。

(4) 网络科技文献传播质量评价标准。

印本文献的传播主要通过读者的阅读、抄写、摘录、复印等手段和方式进行传播。随着网络的进一步普及，网络科技文献的出版和传播已成必然趋势，印本文献出版和网络科技文献出版与传播，将形成一种互相补充和互相促进的格局。网络科技文献出版在坚持印本文献出版的原则和要求的基础上进行了内容整合，使其无论在传播手段和方法还是在传播广度和深度上与传统期刊、图书相比，都有巨大的提升传播效果。随着网络的兴起，网络科技传播的竞争十分激烈。面对激烈的竞争，网站的管理者除了充分利用和挖掘网络的特点之外，还使用多媒体的组合方式传播科技文献，在出版科技论文的同时，发布相关照片、图表、声音、图像，以使传播效果最大化。然而，由于技术的不成熟，在网络传递信息的速度还急待提高的情况下，利用多媒体进行文献传播，其传播质量还存在不足之处。为了准确地获取网络科技文献传播质量数据，更加理性和正确衡量不同网络媒体组合对科技文献传播质量的影响，帮助我们更加深入认识在现有技术条件下网络科技文献传播的最佳方式，非常有必要对网络科技文献传播质量进行评价，以提高网络科技文献的传播效果，促进科学信息交流。

网络科技文献的传播质量是评价网络科技文献质量的重要内容，也是网络科技文献独有的、有别于印刷型科技文献的重要评价指标。评价网络科技文献传播质量的指标主要包括：网络科技文献的传播途径；获取的难易程度；网站的稳定性；内容的可视性；网络的安全性；文献格式的兼容性；出版周期；传输速率；文献的传播效果；传播的可信任度和可控制性；是否易于进行检索；是否可超链接注释或参考书目；检索接口及资料维护能否满足个人的特别需求等。

应当指出的是网络科技文献与印本文献都是以视觉为主的学术传播文献，为了更好地确立网络科技文献的学术地位，提高网络科技文献的学术价值，网络科技文献的出版应当更多地汲取印本文献出版过程中所形成的一系列规范，包括版式设计、论文内容的结构安排、编辑标准以及学术评价标准等，来提高其学术出版质量。

7.2.2 网络科技文献评价的方法

对网络科技文献进行评价的方法有很多，笔者主要从定性、定量以及定性与定量相结合等方面简单介绍网络科技文献评价的方法。

(1) 定性评价方法。

定性评价是指按照一定的评价标准，从主观的角度对网络科技文献进行概括性评价。定性评价法研究和应用较早，有关定性评价指标的研究也较多，主要包括以下几种方法：

①同行评议法。同行评议（Peer Review）是指同一个学科或研究领域或同一个研究方向的专家按照一定的标准对研究成果进行的评价活动，它往往是通过电子邮件方式直接与作者进行交流，或在有关论坛上发表。作为对网络科技文献进行定性评价的重要方法，在网络科技文献提交、评审和利用过程中形成的这些评语会同文献一起被长期保存，是评价网络科技文献不可忽视的素材。

②网络科技文献质量控制法。网络科技文献质量控制法是指通过考察网络科技文献质量控制手段和措施的优劣来评价网络科技文献质量高低的一种方法。虽然目前很多网络科技期刊也采取如同行评议、编委会审查等手段来控制其出版质量，但由于多种原因，网络科技文献的质量控制仍存在很多问题。所以可以从考察网络科技期刊论文的质量控制方法和措施入手，如网络科技期刊的编委会的成员情况、知名评审人员的稳定性、期刊录用稿件的来源广度和稿件录用率、论文出版时效性等，来评价网络科技文献的质量。如果网络科技期刊由知名专家学者组成编委会并且编委会成员相对稳定则可以推断该刊出版的论文的学术水平有保证；如果稿件的录用率较低则可以说明期刊的影响力广泛，得到科研工作者的认可度高，从而间接表明期刊刊载的科技文献的质量就好。

③网络科技文献网站性能测评法。网络科技期刊作为学术性网站，其目的是将出版的科技文献通过网络提供给用户浏览、检索、下载和合理使用。网站所提供的相关服务的性能和稳定性与其出版

质量之间存在一定的联系，可以作为评价的指标对其所刊载的网络科技文献进行质量评价。可以通过考察诸如：网络科技期刊网站的可靠性和运行稳定性；网站提供的浏览和检索功能的完善性和返回检索结果的准确性、相关性；网络科技期刊网站对其出版过的科技文献获取功能的提供方式；网络科技文献的组织方式、揭示方法是否符合用户的查找习惯和信息需求；网络科技期刊网站描述科技文献所采用的元数据格式的标准化程度以及是否具有通用性等指标，来评价网络科技文献质量。

（2）定量评价方法。

定量评价是指评价者按照数量分析方法对网络科技文献进行具体精细的评价。从文献计量学角度来说，文献的被引用次数和被收录次数等相关量化指标能反映网络科技文献的学术价值和文献质量。定量评价方法主要包括：

①期刊载文量法。根据布拉德福的文献集中与分散规律，某一学科的少数高质量的期刊集中了该学科的大量论文，这一评价指标在传统期刊评价中得到广泛应用并获得各类专家的认可。网上科技期刊同样可以通过考察期刊发表相关学科的论文数量的多少来测定不同网上科技期刊之间的质量差异，进而评价其刊载的网络科技文献的质量。

②参考引文分析法。参考引文具有预测功能、检索功能、佐证功能、评估功能、链接功能等多项重要功能。借助参考引文的佐证功能、评估功能和链接功能，可以通过参考引文分析法对网络科技文献进行评价。对网络科技文献进行评价，其被引量是一个关键参数，网络科技文献被引用的频次多少，不仅反映了它的利用率，也反映了它的学术水平。通过参考引文分析法对网络科技文献的被引用频次进行分析，不仅可以从文献引证的角度来透视其学术水平和质量，还可以了解研究过程中，著者对该文献的借鉴和吸收情况。因此，可以采用参考引文分析法对网络科技文献进行量化评价。

③引文分析法。引文分析法是目前最常用的量化评价印刷型期刊论文质量的方法，它是由英国化学家加菲尔德研究创立的，它通过文献的引用与被引用关系来综合评价论文的影响力和学术质量。

引文分析法一般是利用引文分析工具SCI、SSCI等的《期刊引用报告》(简称JCR)提供的影响因子的大小来评价期刊质量。影响因子的高低在一定程度上也反映期刊在学术界的影响和地位以及相应期刊的学术水平和质量，一般情况下期刊的影响因子越大，它的学术影响力和作用也越强。目前，越来越多的网络科技期刊被SCI、SSCI等收录并发布相对应的影响因子，所以引文分析法也可以用来评价网络科技文献的质量。

④下载影响因子法。经过国外研究人员Michael J. Kurtz等在多个学科领域的研究表明，期刊论文的被浏览及下载次数与后期的被引次数之间存在一定的正比例关系。因而可以通过统计网络科技文献的被浏览次数、下载次数、用户的国家机构分布等指标对网络科技文献进行相关评价。对网络科技文献来说，不仅可以计算有多少人访问过该文献，也能收集每篇论文的阅览数据和下载次数，还可以统计从Web站点或从其他网络期刊链接到该网络文献的次数，这些都是评价网络科技文献重要参数，它们在一定程度上反映了网络科技文献的利用率和质量。

⑤链接分析法。网络中各站点之间的链接与被链接关系类似于传统文献的引证与被引证关系，链接分析是评价网络科技文献时广泛采用的一种方法，尤其是网络科技文献的外部链接数更是重要的评价指标。一般来说，一个网络科技文献的外部链接次数越多，则该文献在网络空间中的影响就越大，文献被链接数与其质量存在正相关关系。网络科技文献的被链接数量的高低有助于我们全面了解其影响力和质量，这也正是利用链接分析法评价网络科技文献质量的意义所在。

(3) 综合评价法。

综合评价法是定性和定量相结合的评价方法。它要求在建立评价指标体系时，既要有定性指标，也要有定量指标，从定性和定量两个角度对网络科技文献进行评价。理想的综合评价法应该是定性评价法和定量评价法的有机结合，以定性评价法的全面性和成熟性来弥补定量评价法的不稳定性，以定量评价法的科学性和客观性来弥补定性评价法的主观性，从而达到全面和科学评价网络科技文献的目的。目前，综合评价法尚未形成比较成熟的理论，正在探讨和研究中的综合评价法主要有如下几种：

①层次分析法。层次分析法是美国运筹学家、匹兹堡大学教授托马斯·萨蒂于20世纪70年代中期提出的一种定性与定量分析相结合的系统分析方法。这种方法充分利用人的分析、判断和综合能力建立判断矩阵，通过判断矩阵计算各层次的相对于系统总目标的合成权重，并进行层次总排序。目前，将层次分析法运用于网络科技文献评价的具体方法是：构建网络科技文献评价的层次结构和评价指标体系，确定各指标的权重，对各指标进行单一评分和综合评分，从而用确定各指标的重要性来进行网络科技文献评价。运用层次分析法进行网络科技文献评价，具有高度的可靠性、简明性和广泛的适用性。

②专家评价法。专家评价法是比较常用的一种综合评价方法。专家评价包含同行评议，但不等于同行评议，专家评价与同行评议最大的区别就在于选择专家不再只局限于同行，而是包括评价对象的使用者、相关领域的科学家和管理专家等。这样做可以避免"近亲繁殖"，从而使评价结果更客观、更公正、更可靠。关于专家评价法的实施过程将在下文中作详细介绍。

（4）其他评价方法。

①第三方评价法。所谓第三方评价法，是指由第三方根据特定的信息需求和目的，建立网络科技文献评价指标体系，按照一定的评价程序或步骤，对网络科技文献评价的方法。目前，这种评价方法主要有两种形式，一是网络资源评价网站进行的评价。这种评价注重访问量、网页设计效果等外部形式，专业指导性不强。二是学术性信息服务机构进行的评价。这种评价注重网络科技文献的内容，具有专业性，适用于专业研究人员。第三方评价法所具有的主观性在很大程度上影响了评价的客观性，作为一种常用的网络科技文献评价方法，其核心在于选择合理、科学的评价指标体系，因为它决定了评价的客观性、公正性和科学性。

②用户评价法。所谓用户评价法，是指有关网络资源评价的专业机构，给用户提供相关的评价指标体系和方法，用户则根据自己

的特定信息需求，从中选择符合需求的评价指标和方法，对网络科技文献进行评价的方法。这种方法由用户来决定网络科技文献的优劣，有助于用户收集符合自身特定需要的网络科技文献。但由于用户评价法需要用户依照评价指标和评价方法，对每一个网络科技文献进行评价，需要大量时间和精力，给用户造成了一定负担，因而实际工作中运用不多。

采用何种评价方法进行网络科技文献评价较为适合，目前在认识上还尚未统一。网络科技文献评价不同于一般的工作评价，有些是可以定量评价，有些则不能或很难量化，因此选取何种方法进行网络科技文献评价，要根据不同的文献特点而区别对待。笔者将在以后的章节中分别介绍网络科技文献评价的主要方法。

7.3 网络科技文献专家评价模型研究

评价是以某种标准为根据而展开的认识。它是由认识主体根据特定价值尺度对客体价值所作出的理性评价①，对网络科技文献的评价应从学科发展、学术价值、文献学价值等方面多角度、多方位地进行。目前，同行评议是学术界最常用的论文评价方法，但对其评价结果的客观性、公正性和可靠性的争论以及其难以支持创新和交叉学科等问题的存在，使同行评议饱受争议。直到美国的国家科学、工程和公共政策委员会在1999年出版的《评估联邦研究项目：研究和政府绩效管理法案》报告中提出了专家评价的概念，学术评价方法才有了更好的选择。专家评价包含同行评议，但不等于同行评议，专家评价与同行评议最大的区别就在于选择专家不再只局限于同行，而是包括评价对象的使用者、相关领域的科学家和管理专家等。这样做可以避免“近亲繁殖”，从而使评价结果更客观、更公正、更可靠。本文通过精选网络科技文献评价指标，力求建立

① 杨曾宪．论价值取向评价与价值认知评价［J］．天津师大学报，2000（6）：5

简单、实用的网络科技文献专家评价模型，使网络科技文献的出版质量和使用质量得到进一步提高，以促进我国的科技进步。

7.3.1 专家评价模型评价指标的设定

实践证明，仅用访问量、引用率等文献计量统计指标定量地评价网络科技文献，或光用用户意见等定性地评价网络科技文献，两者都有不足之处。唯有将两者有机地结合起来，才有可能建立较为公正、合理的评价标准。因此，我们在参考、借鉴传统论文评价指标的同时，还应根据网络科技文献自身固有的特点及其组织方式、运作模式等诸多因素，从定量和定性两方面来选择专家评价模型的指标。

(1) 定量指标的设定。

结合网络科技文献的特点，参考传统印刷型科技论文的定量评价指标，我们设定如下七个网络科技文献定量评价指标：

①被访问次数。

被访问次数是指网络科技文献发表后在一定时期内被读者浏览或访问的次数，它是评价网络科技文献的重要指标之一。一般来说，统计论文的被访问次数包括点击数和页读数两个方面的数据，需要注意的是，在考察网络科技文献的被访问次数时，一般要设定考察的时间范围。建议选择网络科技文献刚发表后的一段时间为考察周期，这样得到的数据比较公平、客观。

②被引用次数。

被引用次数是指网络科技文献从发表之日起被其他作者引用的次数，它是从信息反馈的角度评价论文质量的基本指标之一。被引用次数可以测度网络科技文献的学术影响力，该项指标从历史的角度，用论文被引用的数量直接反映该论文在科学发展和文献交流中所起的作用。被引用次数高的论文，一般来说都具有一定的研究深度和理论价值，创新性强，对学术研究有指导意义等特点，因此其质量也相对较高。

③被下载和打印次数。

被下载和打印次数是指网络科技文献被读者下载和打印的次数，它包括网络科技文献全文、部分内容和目次页被下载和打印次数的总和，它是评价网络科技文献重要性的指标之一。读者如果下载或打印了该论文，则说明该论文对其有用。论文被下载和打印次数与论文的重要性呈一定的正相关关系，论文被下载和打印次数越多，说明该论文的重要性越大。

④被转载次数。

被转载次数是指网络科技文献发表后被其他网站、期刊或其他媒体全文或部分转载的次数，论文发表后被转载的次数越多，说明论文的质量越高。在纸介质出版环境下，评定论文学术质量时，被转载次数的多少和转载率被视为评定论文学术质量的重要指标之一，在评价网络科技文献时，被转载次数是同样不可忽视的重要指标之一。

⑤引文数量。

引文数量是指网络科技文献引用其他参考文献的数量。作者若要写出高水平论文，必须对该领域非常熟悉，不仅要了解经典的研究成果，而且还要了解近期该领域的新进展，因此，当论文引用的文献量较少时，我们就会怀疑作者对该领域了解的全面性。由此可见，引用文献数量的多少也是评价论文质量的关键，引用文献越多，说明作者查阅的参考文献越多，作者对问题了解越全面，因而论文的质量相对也会越高。

⑥链接数量。

网络科技文献的链接数量通常能显示论文的重要程度。链接数量包括内部链接数量和外部链接数量两个方面，所谓内部链接数量，指的是同一论文内网页之间的相互链接数量，它对一些深层页面的浏览和检索起着至关重要的作用；外部链接数量是指该论文网站或网页上外来链接的总数量，被其他网站或网页链接的数量直接关系到该论文的访问量和在搜索引擎中的排名位置。一般地，从其他网站或网页链接到某一网络科技文献网站或网页的数量越多，那么这篇论文就越重要。

⑦论文相关研究成果获奖次数。

论文相关研究成果获奖次数是指论文发表后，相关的研究成果获得各种奖励的数量和等级，这是一项能直接反映论文学术水平的指标，获得奖励的数量和级别越高，其论文的学术价值通常也越高。

(2) 定性指标的设定。

一般说来，定量评价比定性评价更客观、更具体、更精确、更具操作性。但是要获得客观、公正的评价，还需处理好定性评价与定量评价的关系。根据网络科技文献自身特点，结合传统印刷文献的评价指标体系，我们将从权威性、准确性、新颖性、全面性和便利性五个方面，设计网络科技文献的十三个定性评价指标。

①权威性指标。

权威性是指网络科技文献的影响程度，它包括来源网站及其主办者、发布者、作者等的权威性、知名度和影响程度。权威性指标是衡量网络科技文献的质量、可信度和可靠性的重要指标，它又可以分解为三个具体指标：第一，网络科技文献的权威性。要考察论文是否有较强的学术背景；其学术性是否有知名专家和学者的认可和支持；若是纸介质论文的简单电子化，那么则需要重点考察来源刊物的权威性。第二，论文作者的权威性。考察作者是否提供联系方式以及提供的联系方式是否真实、有效等；尤其应该重点考虑作者在其学科领域的学术地位以及作者的社会影响力。第三，发布网站的权威性。不仅要考察发布论文网站的情况，若是转载和转发的论文，还需要考察其来源网站的情况；同时包括网站的主办者、网站的专业性、发展动态等也是评价和考察的重点。

②准确性指标。

准确性是指网络科技文献的内容、格式、论文来源是否准确。准确性指标也是评价传统论文的主要指标之一，主要包括以下三个次级指标：第一，论文内容的准确性。对内容的考察需要了解作者的论点是否以具有足够说服力的事实或试验作为依据①，因而要考

① 刘雁书，方平．网络信息质量评价指标体系及可获取性研究［J］．情报杂志，2002（6）：10

察论文观点是否客观，引用数据、事实是否准确，统计表格或图表是否清晰易读等。第二，论文格式的正确性。主要考察论文是否有语法或拼写错误；标点符号使用是否正确；参考或引用文献标注是否准确；是否有论文摘要；关键词是否准确等。第三，论文来源的准确性。主要考察发布者、作者相关信息的准确性；论文如果是传统刊物的电子化，则主要考察其标注的来源刊物的相关信息是否正确；与原刊物内容核对，内容是否准确无误。

③新颖性指标。

新颖性是指网络科技文献内容所涉及的主题、表达的思想观点和运用的观点是否新颖独特，以及其在研究对象、研究视角、研究手段等方面是否有独到和创新之处；因为“学术论文重在言他人所未言、做他人所未做、行他人所未行”。① 新颖性指标包括两个次级指标：一是论文的论题、内容是否新颖。主要考察论文的论题是否独特、新颖；论文的观点、内容和研究方法是否有创新性；研究成果是否新颖等。二是论文的写作和发表日期是否新颖。要考察包括论文的写作日期、上网日期、修改日期或电子化日期等，看它们是否为最新发布。

④全面性指标。

全面性是指网络科技文献是否能够全面地论述主题和观点，是否能够反映客观事物的各种因素、各种关系等，全面性是评价网络科技文献的重要指标之一。在对论文的全面性进行评价时，主要考察两方面指标：一是考察论文内容的全面性。主要考察论文涉及主题的深度和广度、论文的读者对象等。二是论文出版形式的全面性。考察论文是否只用本国语言出版；论文刊载网站是否提供如BBS等网络交互功能以方便与读者互动；网络文件的格式是否多样；论文是否采用多媒体出版形式等。

⑤便利性指标。

便利性是指网络科技文献是否符合用户的实际需要并方便其使

---

① 方金秋．学报的定位与审稿的原则［J］．大连教育学院学报，2002（4）：78

用，它最能体现网络科技文献对用户友好的特点。因为“网络资源的内容固然重要，但形式也是需要考察的一个因素”①。对便利性的考察主要包括三个方面的指标：一是用户界面是否友好。要考察是否有使用指南等帮助信息方便用户查阅；论文能否以多种格式打印和下载；论文内部和外部链接是否充分、有效及合理；信息传输速度是否快捷；网站运行是否稳定等。二是要考察检索功能。要考察论文是否有检索功能；检索途径是否齐全；检索界面是否多样；能否提供布尔检索等高级查询方式；检索结果是否准确等。三是要考察网络安全。主要考察重要信息是否使用了专用服务器；是否采用防止黑客攻击及病毒感染的技术措施等。

7.3.2 专家评价模型指标的量化处理

定性指标有它的好处，但是运用定性指标进行评价通常只能得到“好、中、差”等较为模糊的结果，而通过定量指标得出的评价结果往往是十分精确的。评价的目的就是要尽可能地减少模糊性，提高精确性，因此，在既包括定量指标，也包括定性指标的评价体系中，如果不对定性指标进行量化处理，那么这个体系的实用价值就无法得到保障，因为它无法综合运用定性评价指标与定量评价指标而最终得到一个确定的评价结果。对评价指标量化处理工作的重点是确定指标的权重，我们发现许多指标权重的设定带有一定的经验色彩，在很大程度上取决于指标体系制定者的主观感觉和经验。为使指标权重的设定更科学、更合理，专家评价模型设计了一套简洁、规范的量化处理流程。

（1）设计调查问卷。

设计调查问卷的重点工作是要将指标的重要性程度设定为非常重要 K_1、比较重要 K_2、一般重要 K_3、不太重要 K_4、不重要 K_5 五个等级，并给每一等级设定一个分值：其中 $K_1=9$，$K_2=7$，$K_3=$

---

① 应峻，徐一新．专业网络信息资源评价方法及标准［J］．中华医学图书情报杂志，2004（2）：8

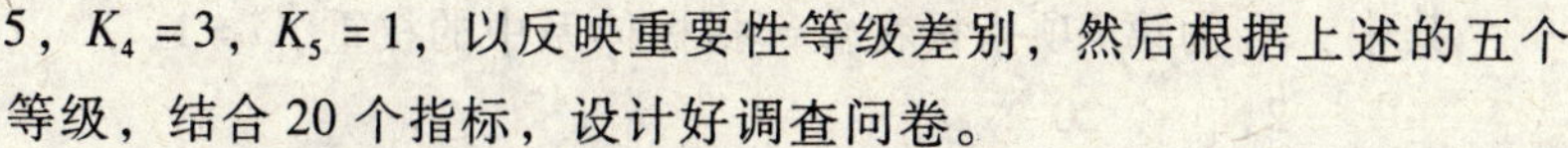

5，$K_4=3$，$K_5=1$，以反映重要性等级差别，然后根据上述的五个等级，结合20个指标，设计好调查问卷。

（2）选择合适的专家样本。

遵循"专家评价模型"的专家选取原则，选取若干相关领域的专家作为调查样本，专家的选择要多样化，不仅要包括该研究领域内的专家，还应包括该领域外的相关专家。

（3）完成问卷调查。

将调查问卷和答题卡送达或邮寄给这些专家，并要附上详细的答题说明，以方便他们准确、客观地回答问题；最后，在确认专家完成答卷后回收调查问卷。

（4）计算指标重要性程度得分。

首先，分析问卷的有效性，对不符合要求的无效问卷进行剔除；其次，对有效问卷进行详细分析，计算出每项指标的重要性程度得分，每一项指标的重要性程度得分的计算公式为：

$$B_i=K_1C_{i1}+K_2C_{i2}+K_3C_{i3}+K_4C_{i4}+K_5C_{i5}$$

其中：i 为变量，表示 i 项指标，$i=1$，2，…，20

B_i 表示第 i 项指标的重要性得分，$i=1$，2，…，20

C_{i1} 表示有效问卷中认为第 i 项指标非常重要的专家人数

C_{i2} 表示有效问卷中认为第 i 项指标比较重要的专家人数

C_{i3} 表示有效问卷中认为第 i 项指标一般重要的专家人数

C_{i4} 表示有效问卷中认为第 i 项指标不太重要的专家人数

C_{i5} 表示有效问卷中认为第 i 项指标不重要的专家人数

最后，计算全部指标的重要性总得分，所有指标的重要性总得分计算公式如下：

$$B=\sum_{i=1}^{20}B_i$$

（5）计算每项指标的权重。

一个指标的权重，实际上也就是该指标在整个指标体系中的重要性程度，因而每项指标的得分占所有指标总得分的比例即为该项指标的权重，其计算公式如下：

$$X_i=B_i/B$$

其中：X_i 为第 i 项指标在全部指标体系中的权重，$i=1$，2，…，20

B_i 为第 i 项指标的重要性得分，$i=1$，2，…，20

B 为全部指标的重要性总得分

权重表如表 7-1 所示。

表 7-1　　网络科技文献评价指标权重表

<table>
<tr><th colspan="3">指标类型</th><th>权重 X_i</th></tr>
<tr><td rowspan="7">定量指标</td><td colspan="2">被访问次数</td><td>X_1</td></tr>
<tr><td colspan="2">被引用次数</td><td>X_2</td></tr>
<tr><td colspan="2">被下载或打印次数</td><td>X_3</td></tr>
<tr><td colspan="2">被转载次数</td><td>X_4</td></tr>
<tr><td colspan="2">引文数量</td><td>X_5</td></tr>
<tr><td colspan="2">链接数量</td><td>X_6</td></tr>
<tr><td colspan="2">获奖次数</td><td>X_7</td></tr>
<tr><td rowspan="13">定性指标</td><td rowspan="3">权威性指标</td><td>论文的权威性</td><td>X_8</td></tr>
<tr><td>作者的权威性</td><td>X_9</td></tr>
<tr><td>发布网站的权威性</td><td>X_{10}</td></tr>
<tr><td rowspan="3">准确性指标</td><td>论文内容准确性</td><td>X_{11}</td></tr>
<tr><td>论文格式准确性</td><td>X_{12}</td></tr>
<tr><td>论文来源准确性</td><td>X_{13}</td></tr>
<tr><td rowspan="2">新颖性指标</td><td>论文日期的新颖性</td><td>X_{14}</td></tr>
<tr><td>论文内容或论题的新颖性</td><td>X_{15}</td></tr>
<tr><td rowspan="2">全面性指标</td><td>论文内容的全面性</td><td>X_{16}</td></tr>
<tr><td>论文出版形式的全面性</td><td>X_{17}</td></tr>
<tr><td rowspan="3">便利性指标</td><td>用户界面友好性</td><td>X_{18}</td></tr>
<tr><td>检索功能</td><td>X_{19}</td></tr>
<tr><td>网络安全性</td><td>X_{20}</td></tr>
</table>

7.3.3 专家评价模型的实施

网络科技文献是进行科学技术交流的主要载体，是获得科技信息、促进科学技术发展的重要途径。为了有效地开发利用网络科技文献，建立优质高效的评价机制，必须首先建立起一套行之有效的评价模型。综合分析目前国内外学者所采用的各种评价方法的优缺点，笔者认为对网络科技文献应该采用“专家评价模型”进行评价，以确保评价的准确性、公正性。其实施流程如下：

（1）确定评价对象。

进行网络科技文献评价时，首先要确定对哪些网络科技文献进行评价。评价对象的选择包括被动选择和主动选择两种方式，如果是接受委托进行评价，则评价对象是别人提供的；如果是主动评价，则是评价人员根据本单位的需求情况主动地选择评价对象。

（2）确定专家评价团。

根据评价对象的特点，按照“专家评价模型”的要求，选择相关的专家、学者，组成专家评价团。为了保证评价的公正、公平，在选择专家时，要尽量选择不同地区、不同单位的专家、学者，组成评价团。

（3）确定评分标准。

在专家进行评分前要请专家讨论确定评分标准，需要注意的是，标准一旦确立，就应保持一定时间内的相对稳定，尽量保证评价标准的一致性。我们一般建议采用百分制对评价对象进行评分。

（4）请专家对评价对象进行评分。

根据网络科技文献评价指标体系表，请专家逐个地对评价对象的每项指标进行评估打分，并填入相应的表格中，以备分析之用。

（5）进行数据分析。

首先，根据以下公式计算每位专家对每个评价对象的最终评分，假设有 n 位专家参与 m 个评价对象的评价工作，计算第 n 位专家对第 m 个评价对象的评价得分公式为（假设 n = 30，m = 20）：

$$S_{nm} = \sum_{i=1}^{20} X_i P_{nmi}$$

其中：S_{nm}为第 n 位专家对第 m 个评价对象的评分，n = 1，2，3，…，30；m = 1，2，3，…，20

X_i 为评价对象第 i 项指标的权重，i = 1，2，3，…，20

P_{nmi}为第 n 位专家对第 m 个评价对象第 i 项指标的评分，i = 1，2，3，…，20

其次，计算每个评价对象的总得分。在分别计算每位专家对该评价对象的具体评分后，将全部专家的评分累加，得到该评价对象的总得分 T_m，公式如下：

$$T_m = \sum_{n=1}^{30} S_{nm}$$

其中：T_m 为第 m 个评价对象的总评价得分，m = 1，2，3，…，20

S_{nm}为第 n 位专家对第 m 个评价对象的评分

最后，计算该评价对象的最终评价结果。将该评价对象的总得分除以专家人数，就得到该评价对象的最终评价结果，即：

$$A_m = T_m / 30$$

其中：A_m 为第 m 个评价对象的最终评价结果，m = 1，2，3，…，20

T_m 为第 m 个评价对象的总评价得分，m = 1，2，3，…，20

(6) 撰写评价报告。

将每个评价对象的最终评价结果按照综合得分高低进行排序，并写出评价报告，将最后的评价报告提供给用户，以供用户使用。

(7) 收集用户的反馈信息。

若用户比较满意，则可以结束评价。若用户不满意，则应对评价过程所运用的数据或事实、所参考的专家学者等他人的意见等进行修正或核实，以对评价对象进行再一次的评价，直到满足用户的需求为止。

当前，在文献计量学方法越来越被大家接受的情况下，探讨一种科学的、具有可操作性的网络科技文献评价模型，使学术研究成果评价结果更具有说服力，在学术界已得到较大范围的认同，并具有十分重要的现实意义。利用“专家评价模型”对网络科技文献进行评价，能把影响论文质量的各种因素进行综合考虑，避免了评价时易加入个人主观臆断的缺点，更好地保证了评价工作的客观性、适用性和操作便利性。写作此书，意在抛砖引玉，引起广大同仁更多地关注网络科技文献评价问题，并积极开展更加深入、有效的研究。

7.4 网络科技文献的质量控制机制研究（以网络科技期刊为例）

信息和网络技术的发展促进了网络出版技术的发展和应用，越来越多的学术出版机构开始了对学术数字出版的探索和尝试，其中网络科技期刊成为主要出版方式之一。然而，网络科技期刊质量问题和权威性却一直制约着网络科技期刊的快速发展。科技期刊被视为科技传播的重要媒介，同时也是图书馆的重要典藏资料，因此，及早建立网络科技期刊的质量控制机制，十分必要①。本文将从研究网络科技期刊的质量控制内容出发，提出网络科技期刊的质量控制机制，以提高其出版质量，树立其学术权威性。

7.4.1 网络科技文献质量控制方法研究

对于网络科技出版物来说，质量是其获得成功的关键。在网络出版环境中，应该建立一整套充分利用新技术优势的网络科技文献出版质量控制机制，以提高网络科技出版物的质量。目前，学者们关于网络科技文献出版质量控制的研究主要集中在“同行评议”

---

① 邱炯友．学术传播与期刊出版［M］．远流出版事业股份有限公司，2006（5）：113

和“三审制”两个方面。

(1) 同行评议。

早在1665年，第一种学术期刊《哲学学报》(Philosophical Transactions)就有类似同行评议的做法来保证期刊论文的质量。此后，同行评议作为一种重要的质量控制机制，一直以来都是STM出版的重要组成部分①。同行评议是由同一学科领域或者与之接近的学科领域的专家来评价科学成果的学术水平和学术价值的一种机制，是国内外学术界公认的科学评价方法。它通常的做法是由本领域至少两名专家就提交的论文提出评议意见，编辑据此决定是否录用出版。随着科技的发展，科技期刊开始向网络版本转移，期刊从载体形式到内容都发生了很大的变化，那么还有必要采取传统的同行评议质量控制机制吗？在回答这个问题之前，我们首先要弄清楚是否需要对网络科技期刊进行质量控制这个问题。对于这个问题，学者们回答是肯定的，他们一致认为实施严格的质量控制不仅可以提高网络科技期刊的学术地位和学术声誉，而且直接关系到网络科技期刊的生存和发展。

现在再来谈是否需要采取传统的同行评议机制。对这个问题，存在不同的看法。有的研究者认为传统的同行评议的必要性被夸大了，在网络环境中，超链接和引用行为本身在很长一段时间内就可以起到同行评议的功能；而且数字时代学术资源的可获得性要比资源的质量更加重要(Odlyzko, 2002)。尽管传统的同行评议存在着人为的不公平乃至学术欺诈等弊病，但是大多数学者认为，在网络环境中，科技期刊要获得成功并得到持续发展，必须要有同行评议这样的机制来保证质量。例如，有的学者指出：对学术性纯网络期刊内容的控制可借鉴和参照纸本期刊所用的同行评议制度来进行②。还有的学者指出：为了保证OA期刊的可持续发展，大多数

---

① 徐丽芳，刘锦宏．数字学术出版研究综述 [J]．出版学研究进展，武汉：武汉大学出版社，2006：373

② 翁菊梅．纯网络期刊质量标准与控制方法探析 [J]．农业图书情报学刊，2005 (10)：111-113

OA 期刊都实施严格的质量控制，沿袭传统学术期刊的同行评议机制作为质量控制手段。DOAJ（Directory of Open Access Journals）更是把是否经过同行评议作为评判 OA 期刊的一大标准，其收录的所有 OA 期刊部是同行评审刊①。不过网络科技期刊在具体实施同行评议是往往因学科或出版模式的不同而有所不同，对于生物医学领域的网络期刊来说，由于科技成果可能直接作用于病人，因此该领域的网络期刊实施严格的同行评议制度，以保证论文和期刊的质量。而像高能物理等领域，由于科研成果的及时交流更为重要，因此几乎不经审查的电子预印本出版更为普遍，如典型的 arXive 预印本仓储。

网络技术的不断发展，为同行评议提供了新的手段和技术，利用网络促进同行评议的发展已经成为一种客观需要②，以同行评议为基础的创新的质量控制和保证机制相继推出并投入使用。与传统的同行评议相比，这些质量控制机制更加积极、有效。因为它：一，缩短了出版周期；二，突破了地理和专业限制，允许更加高效地从更宽广的范围内选择评议人；三，允许采取互动的、开放式的评议和讨论；四，可以向评议人提供更多的与评议工作相关的信息。德国慕尼黑大学的 Thomas Koop 和 Ulrich Pöschl 提出了一种以互动式同行评议和公共讨论为中心的两阶段出版模式，来同时实现在传统科技期刊出版和同行评议范畴内难以兼得的快速和高质量出版。第一阶段是提供讨论论文的快速出版阶段，由编辑或评议人初选后进行网络公布。与预印本不同的是，这些论文是完全可以被引用的，而且会被永久存档。在供讨论的论文旁有评议人的评议和其他感兴趣的读者的评论，这些评论可以是匿名的，也可以是具名的。第二阶段是评议结束和最后修订论文的出版。由于这种做法使得在印刷时代读者无法看到的各种评论以及作者和评论人之间的辩

① 潘琳．OA 期刊的来源、分布与质量分析研究［J］．图书馆理论与实践，2007（1）：51-54

② 邱均平，张蕊．国外几种网络评议软件的对比研究［J］．2006（7）：961-966

论都公之与众，因此大大增加了论文的价值，是一种作者、评议人和读者多赢的出版方式。最后，作者还以他们2001年9月创刊的互动科技期刊《大气化学和物理》（*ACP*，*Atmospheric Chemistry and Physics*）所取得的成绩为例——根据ISI的报告，该刊的影响因子由2002年的0.7提高到2003年的2.3，快引指数由2002年的0.41提高到2003年的0.76——证明此种出版和质量保障机制的可行性①。到2006年，该刊的影响因子和快引指数已经分别提高到4.362和1.015②，这进一步说明这种质量控制机制的可行性。

由于网络同行评议在一定程度上弥补了传统同行评议工作的不足，所以网络同行评议工作的开展得到了越来越多的重视，出现了许多网络同行评议系统，如英国Salix出版公司的ESPERE（UK-based Electronic Submission and Peer）系统、英国BioMed Central公司的BMC系统、美国斯坦福大学图书馆的Bench > Press系统、美国Aries系统公司的Editorial Manager系统等。这些同行评议软件功能完善，可以实现文献的网络提交、在线评议和离线评议功能，同时能够把评审结果形成报告和通报，使被评审人能够清楚地了解评审结果，评议人还将自己的评审意见对被评审人进行了反馈，被评审人可以根据意见进行修改。随着越来越多的网络同行评议系统的出现，对这些系统的评价也引起了学者和行业协会的注意，如英国的学术与专业学会出版商协会（ALPSP，Association of Learned and Professional Society Publishers）出版的专著《在线投稿和同行评议系统》（*Online Submission and Peer Review Systems*）就客观地评估了当前各种在线评议系统的发展情况，描述了它们的特点，为出版商提供了分析和选择此类系统的标准。同时，它还报告了作者和评议人、编辑与出版商在使用系统方面的经验、偏好和看法，为出版商

---

① Thomas Koop, Ulrich Pöschl. Systems: An open, two-stage peer-review journal[OL]. http://blogs.nature.com/peer-to-peer/2006/06/an_open_twostage_peerreview_jo.html(访问日期:2007-09-14)

② http://admin.isiknowledge.com/JCR/JCR? RQ = RECORD&rank = 1&journal = ATMOS + CHEM + PHYS（访问日期：2007-09-14）

提供决策参考①。相比较而言，我国的网络同行评议还处于试验阶段，国家自然科学基金委员会等单位也尝试着进行网络同行评议。但是，目前存在着一些问题和有待改善的地方，因此，需要在网络同行评议软件、系统设计等方面吸收、借鉴国外先进经验，从而推动我国同行评议的发展。

(2) 三审制。

作为传统学术出版质量控制手段的主要方法之一，三审制也同样适用于网络科技文献出版的质量控制。通常情况下，初审由编辑部完成，复审由专家完成，而终审可由主编或专家组完成。初审者要在通读全稿的基础上，对稿件的政治导向和思想倾向，稿件的价值，稿件的内容等进行全面审查和仔细研究，分析稿件的优缺点并对稿件质量作出实事求是的评价，以“审稿意见”的形式表明对稿件的处理意见，供复审者参考。复审者在对稿件内容全面了解基础上，对初审者的审稿意见进行审核与判断，并表明自己的态度，形成复审意见。终审者在审查稿件的政治导向与思想倾向的同时，要对初审者、复审者的审稿意见有全面、充分的了解，并对他们指出的问题表明态度，最终确定对稿件的处理办法②。作为一种严格的审稿制度，三审制可以很好地对稿件的质量、价值进行把关。但是，随着现代科技的迅猛发展，交叉学科、新型学科层出不穷，审稿编辑由于所掌握的知识有限，因而审稿质量难以保证。为了解决这一问题，学者们提出了一些新的方法和措施，作为对“三审制”的补充。

有学者提出用“三审一会制”来控制科技期刊的学术质量。三审包括编辑部初审、专家审稿和兼职编辑复审，一会为执行编委定稿会。编辑部初审是控制科技论文学术质量的重要一环，同时在减少盲目送审、提高工作效率、节约经费支出等方面也起到重要作

---

① Online Submission and Peer Review Systems [OL]. http://www.alpsp.org/ngen_public/searchResults.asp（访问日期：2007-09-14）

② 张德福，王黎．“三审制”对保证期刊质量的重要性 [J]．商业经济，2006 (1)：94-95

用；专家审稿体现了专业优势，是控制学术质量的关键，是审稿中最重要的一环。兼职编辑融编、审于一身，通过审阅可很好地控制学术质量，是专家审稿的双保险。最后执行编委定稿会则发挥集体定稿的优势，以解决稿件中存在的问题，同时也可增加期刊用稿透明度。"三审一会"审稿制充分发挥了专职编辑、兼职编辑和编委会的集体审稿、定稿优势，是控制科技期刊学术质量的有效措施①。

有的学者认为期刊编辑的工作质量和个人素质也是控制科技期刊学术质量的关键因素。编辑作为期刊的主体，对科技期刊的质量起至关重要的作用。因为编辑工作贯穿于期刊生产的全过程，作品虽然来自作者之手，但从收稿到发表，稿件处理的各个环节都离不开编辑的把握②。编辑人员要积极地主动选题、组稿，以获取优秀稿件，为了保证稿件内容的科学性、思想性、先进性，编辑还可利用网上巨大的信息资源库，对文稿中的资料数据等关键性内容进行查询和确认③。同时编辑的学术水平、职业能力和职业道德等综合素质的高低也直接影响网络科技期刊的学术质量，提高编辑人员的综合素质也是对三审制的良好补充。

还有的学者认为应从加强网络科技期刊出版规范和提高服务质量入手来提高其出版质量。首先应力求网页规范、功能齐全，以免重复建设。每篇文章中，最好都注明刊物名称、刊号、卷期、页码、栏目、作者介绍、参考文献等信息，以免读者下载后无法确认出处。同时，设立电子邮箱，听取读者意见和网上投稿；设立一个或多个分专题的 BBS 版面，供学者们进行网上交流。通过编辑与专家、读者、作者之间的不断交流，不断完善刊物，这是提高网络

---

① 王立龙等．"三审一会"审稿制在科技期刊学术质量控制中的作用［J］．安徽医科大学学报，1998（3）：236-238

② 李金丽，林清华．编辑如何严把科技期刊质量关［J］．辽宁工学院学报，2004（4）：64-65

③ 董敏红．网络电子期刊的发展与应用［J］．农业图书情报学刊，2005（4）：127-129

电子刊物质量的关键①。当然，校对工作是全面提高网络科技期刊质量的不容忽视的重要一环。电子文本由于诸多原因时常会出现许多错别字、错位、乱码、死链接等现象，编辑应根据国家书刊出版质量要求，认真校对原稿，切实把差错率降低到最小。在审稿方式上，有的学者建议用连续审稿方式取代现行平行审稿方式，审稿内容首先在审稿人之间公开，在征得审稿人同意的情况下，审稿人姓名与审稿内容向作者公开，在此基础上逐步实行网上公开式审稿制度②。

7.4.2 网络科技期刊质量控制内容

质量是期刊的生命线。通过质量控制，创造优质期刊，是期刊生存和发展的重要保障③。学术期刊的质量控制在传统学术传播系统中已形成相对稳定的规范，但是网上科技期刊的出现打破了原有格局，其质量控制的内容发生了改变。网上科技期刊的质量控制内容主要包括以下五个方面：

(1) 政治质量控制。坚持政治质量是网上科技期刊的出版宗旨。政治思想性是决定论文质量的最重要的方面，也是网上科技期刊编辑审稿的重点。政治质量控制主要体现在三个方面：首先，必须坚持党的基本路线、方针和政策；其次，必须执行国家有关科技、出版的政策和法规；最后，要执行国家有关保密、版权、专利等相关规定。虽然学术论文与政治的关系并不密切，但也常常涉及宗教、民族和外交等问题。因此，要审核论文是否符合宪法和各种法律、法规的规定，网上科技期刊必须保证其所刊发的论文能够体现国家科技发展战略，维护国家和民族利益，不违背社会伦理

---

① 吴丹．网络电子期刊发展现状及对策研究［J］．图书馆理论与实践，2004（2）：44-46

② 宋双明，刘阳娥．对现行审稿模式的思考与建议［J］．编辑学报，2003（5）：359-360

③ 张九庆．科技学术期刊的质量控制［J］．编辑学报，2005（6）：407

道德。

(2) 学术质量控制。期刊论文本身的学术质量是期刊质量评估最重要的标准，坚持学术质量是树立网上科技期刊权威性的关键。网上科技期刊的学术质量主要体现在创新性、前沿性和科学性三个方面：创新性，是指论文的观点、构思、结论等是否有所创新和突破。创新性是科技期刊论文富有生命力的标志，是引起读者阅读兴趣的最主要的方面。前沿性，是指论文是否反映了所研究领域的学术水平、发展动向、研究成果和研究进展。科学性，是指论文立论是否科学、准确、充分；理论分析是否符合逻辑；结论和实验研究数据等是否准确；是否存在侵权行为。网上科技期刊要想在学术出版中占据有利地位，得到长远的发展，保证其论文学术质量尤为重要。

(3) 编辑质量控制。编辑质量控制包括审稿质量控制和编辑加工质量控制两个方面，它是网络科技期刊质量控制的重点。为此，要做好以下两方面工作：第一，要重视审稿过程中的质量控制，实行严格的审稿制度。初审编辑要审查论文内容是否符合本刊的办刊宗旨及出版规范，并在对论文的学术水平作初步评估的同时作出取舍。然后评阅专家则从论文的学术水平、理论价值和应用价值等方面对论文进行同行评阅，以把好学术关，保证论文出版质量。最后，在充分了解初审编辑和专家评审意见的基础上，主编或编辑委员会确定是否采用稿件。第二，要加强编辑加工质量控制，做到去伪存真，去粗取精。论文的修改是编辑质量控制的重要一环，因此，编辑在加工过程中一定要注意论文用词是否规范、准确，标点符号使用是否正确；论文行文是否简练、流畅；语法、修辞、科技用语等是否规范；参考文献的著录是否符合标准等。

(4) 出版质量控制。网上科技期刊的出版质量是指网上科技期刊的编辑、校对、页面版式设计等质量。网络媒体作为以电子和互联网为介质的新兴媒体，其技术发展日新月异。与传统出版相比，它不仅有大量的文字、图片、线条、色彩等传统出版元素，更有大量的音频、视频、动画、链接等新元素，这些新元素不断推陈出新。因此，要保证网上科技期刊的出版质量，要在保证网站的技术含量不落伍的前提下，还应该做到：论文网络版式设计科学、规范、合理、美观；网络超链接设计准确、可用；网络页面内容、版权说明正确并符合出版要求；用户界面清晰明了、易于操作等。

(5) 传播质量控制。网上科技期刊的传播质量主要包括期刊服务质量和期刊发行质量两个方面，要提高网上科技期刊的传播质量，必须做好以下工作。与作者、读者保持畅通的交流和反馈渠道；及时处理论文稿件并刊登有意义的读者来信；及时支付作者和审稿专家的酬劳；大力维护作者的著作权；设置功能完善的检索系统；设立网络科技文献读者再评价系统；及时向订阅者发送期刊；方便读者阅读、下载及打印等。

7.4.3 网上科技期刊质量控制机制

传统学术期刊的核心价值在于它具有一套完整、特殊和客观的质量评价机制，这种机制的建立对于控制期刊学术品质，维持期刊学术声誉将起到非常重要的作用。在高度信息化的今天，网上科技期刊作为进行科学技术交流的主要载体、促进科学技术发展的重要媒介，就必须建立起行之有效的质量控制机制，以提高其出版质量。笔者在借鉴和吸收传统学术期刊的质量控制机制优点的基础上，结合网络出版的特点和优势，建立了如下的网上科技期刊质量控制机制（见图 7-1)，并从初审、复审、终审和出版四个阶段来控制网络科技期刊的质量。

(1) 初审阶段。

初审是质量控制流程的第一步，也是控制网络科技期刊学术质量的重要一关。责任编辑要从政治和学术两方面加以考量，仔细研读全文，对论文的政治性和学术性做出准确判断，并写出详细、全面的审稿意见。对于学术性差、政治倾向明显错误等完全达不到发表水平的论文，应直接弃用，其余论文连同审稿意见一同进入下一个质量控制流程。作为初审责任编辑，还要时刻保持谦虚、严谨的科学态度和实事求是的工作作风，对那些内容不太熟悉的稿件，不宜轻易下结论；同时，还要注意初审的尺度宜宽不宜严，以免挫伤作者的投稿热情。

（2）复审阶段。

复审阶段主要工作是通过在线同行评议来控制论文质量，初审合格的论文经过编辑整理后直接进入在线评议系统，接受同行专家在线评议。要做好网络科技期刊的在线同行评议工作，必须做好以下几方面工作：

①合理选择评议专家。

评议专家是网络科技期刊论文质量的重要把关人，选定合适的评议专家是把好网络科技期刊质量关、提升其学术层次的关键。只有专业、学科对口的同行专家，才能对论文所涉及的研究背景、进展、方法和应用前景作出准确判断，才能判断论文的学术性、创新性，才能判断论文否有剽窃、抄袭之嫌，得出的审稿意见也才能客观、公正。因此，在选择评议专家时要做到：一、评议专家应该选择与稿件内容相关的研究同行或权威人士；二、评议专家应该尽量选择不同地区、不同单位的专家；三、对于英文稿件，应适当增加国外评议专家的数量。

②采取开放式在线同行评议。

同行评议是评议人、作者、编辑之间发生的科学信息交流行为，其根本目的是保证稿件的学术质量。如同其他社会规范一样，同行评议也需要一种公开、公平、公正的评议机制。而开放式在线同行评议要求将评议人、投稿人的相关信息、评议结果和修改意见完全公布在互联网上，任何人都可在网上看到评议结果，并可与评议人进行对话和交流，阐述自己的观点，因而完全可以做到公开、公平、公正。开放式在线同行评议使审稿真正成为一种双向的科学信息交流，使大家在科学面前完全平等，有利于保障论文和刊物的质量，促进网络科技期刊的繁荣与发展，更有利于科学的传播与交流。

③制定科学的评议标准，进行科学评议。

要对论文进行同行评议，设定科学的评议标准非常重要，评议标准的科学性对提高专家评议质量有着非常重要的作用，它可以引导评议专家的思路，对论文做全面细致的分析。传统的评议标准是从定性和定量两方面加以考虑。定量评价得出的结论往往十分精确，而定性评价通常只能得到“好、中、差”等较为模糊的结果。评价的目的就是要尽可能地减少模糊性，提高精确性，因此，需要制定详细的评价标准并进行量化处理，以保证评议的科学性。

④坚持重复评议。

要提高网络科技期刊的质量和权威性，重复评议非常重要。当专家评议意见不统一时，为了追求学术公正，通常会要求主编或编委会选择其他相关评议专家，对论文进行重复评议，以确定是否采用该论文。同时，对论文的评议结果是“作者修改后再评议”，就要求作者根据评审意见对稿件进行细致的修改，详细地回答评议专家提出的各种问题后，再次接受专家评议，决定是否被采用或再次修改，如此反复，直至达到出版要求。

(3) 终审阶段。

终审阶段可以说是论文质量控制的关键阶段，因为它决定论文的最终命运。因此，主编或审稿委员会的工作责任非常重大，或许一篇优秀的论文因为某些疏忽就擦肩而过，质量不好的论文成为漏网之鱼。终审阶段的工作包括以下几个方面：

首先，要审查论文的政治导向与思想倾向，要从较高的角度审视稿件是否有违法律、法规与有关的方针政策，是否有悖社会主义精神文明建设的宗旨和社会道德规范，对有政治问题的论文不予采用，即使专家的评价很高。

其次，要看论文是否有新技术、新知识、新科学值得交流与探讨，是否符合期刊的出版宗旨，避免浪费版面。

最后，对初审阶段和复审阶段的审稿意见进行全面、充分的了解，并对他们指出的问题表明态度，采用科学的方法，正确处理评议结果。

(4) 出版阶段。

出版阶段的质量控制工作主要包括以下两个方面：

首先，要加强论文出版过程的质量控制工作，包括文字的编辑加工工作（由责任编辑对论文进行适当修改，以符合出版要求）；文字校对工作（包括专职校对员校对、文字编辑校对、作者校对、责任编辑核查)；科学设计网络出版形式（合理设计网络版式、超链接准确及可用、便于查询和检索、合理保护版权)；发表后编辑审读（编辑部指定编辑专门负责论文出版后的审读，以发现内容、文字、格式和网页上的各种问题和错误，及时更正)。

其次，接受公众在线评议，提高论文质量。网络科技期刊在刊载论文以后，应该为这些论文提供网上读者论坛，接受公众评议。这样能真正实现读者和作者的双向学术交流，有利于读者进一步发现论文的不足之处，并及时修改、更正，从而提高论文质量。

网络科技期刊具有同行评议和公众评议双重质量控制机制，论文不仅在发表前要接受专家的评审，发表后还要接受广大同行和读者的建议和意见，并据此修改完善论文的内容。从这个角度讲，它的质量控制程序比传统出版更加严格，传统的印刷出版物一经出版发行、广泛传播后，即使发现错误，也很难得到及时纠正。

总之，网络科技期刊的质量控制关系到网络期刊的生存与发展，必须予以高度重视，并采取有效措施和方法加强网络科技期刊的质量控制。只有把握质量控制要素，全面提高网络科技期刊质量，网络科技出版才能健康发展。

7.4.4 Bench > Press 在线投稿系统介绍

Bench > Press 系统是由美国斯坦福大学图书馆所属的高线出版社（HighWire Press）开发的具有在线投稿和同行评议等功能的期刊在线出版系统，目前已经有 67 种学术期刊采用 Bench > Press 作为其在线稿件处理系统①。Bench > Press 系统的设计理念来源于 1995 年应用于《生物化学杂志（The Journal of Biological Chemistry)》上的一个在线投稿与编务管理系统，如同其他同类系统一样，Bench > Press 为学术期刊出版者提供了一个快捷的在线投稿与评议平台，它具有在线投稿、追踪、评议和出版等全部功能，

---

① Current Sites［OL］http：//benchpress. highwire. org/sites. dtl（访问日期：2007-11-28）

不仅方便作者、编辑和评议专家之间的交流，而且能迅速准确地进行在线跟踪稿件处理进度，以提高期刊的出版效率。

（1）Bench > Press 系统的功能模块。

Bench > Press 系统具备在线投稿和评议系统的全部功能，并将这些功能划分为四个功能模块，它们分别是：

①作者模块。该模块允许作者在线提交原稿或修订稿，验证修改稿和继续提交稿件，并允许作者检查所提交稿件的处理状态。作者进入该模块后，还可以查看提交稿件的数量、修订稿数量、初校样批准数量、需要作者验证稿件数量、作者以往的稿件提交情况、作者信息和作者的研究领域等相关信息。

②评议模块。该模块主要功能是对稿件进行同行评议，编辑和作者都可以通过该模块的专家数据库查询和选择合适的评议专家对稿件进行评议；评议专家通过该模块接收评议稿件和上传评议报告。作者在进入该模块后，可以查看本人需要评议的稿件数量和正在接受评议的稿件数量，还可以查阅以往的稿件评议情况。

③追踪模块。该模块主要为出版机构的工作人员提供在线工作服务，来追踪稿件的处理状态，并将工作人员分成主编、副主编、特约编辑和一般编辑人员四个级别，不同级别的人员享有不同的对稿件处理的权力。作者也可以通过该模块查看本人稿件的处理进度。

④个人信息模块。该模块主要提供作者和专家进行在线修改个人信息的功能，包括修改登录密码、更改个人联系信息、修改个人研究领域等。

Bench > Press 系统正是通过这四个模块的共同作用，才形成了一个完善、高效的在线投稿和评议系统。

（2）Bench > Press 的工作流程。

Bench > Press 系统一般按照如下流程运作：作者登录、在线投稿、同行评议、进度追踪、结果处理报告。

①作者登录。Bench > Press 系统要求所有用户必须注册才能够使用该系统，用户只需要提供用户名和用户的电子邮箱地址就可以进行注册，注册后用户就可以通过注册时的电子邮箱地址和注册密

码安全登录 Bench > Press 系统。需要说明的是，为了省去作者记忆多组账号和密码的麻烦，Bench > Press 系统允许作者采用同一组电子邮箱账号和密码申请注册多种学术期刊，更加方便作者投稿；当然，系统也允许作者在同一期刊注册多个账号。

②在线投稿。作者只有在注册登录后方可在线提交稿件，系统可以在线检查和确认作者身份。作者可以向 Bench > Press 系统提交论文原稿、修改稿、或书评等特约稿件，系统虽然可以处理常用的各种格式文件，但 Bench > Press 系统要求作者提交的稿件（包含全部表格和图片）最好是 Word 或 PDF 格式文件，提交的图片必须是 GIF、TIF、EPS、JPEG 格式文件。作者在提交稿件前自行检查稿件的质量，以使其符合所投期刊的投稿要求。为了提高论文评议的公平性，系统允许作者享有建议或拒绝采用某位评议专家或责任编辑的权利。

③同行评议。作者稿件提交完成后，系统将自动生成稿件的处理批号，并进入同行评议流程。Bench > Press 系统采用双盲制度进行同行评议，评议专家可以在线接受或拒绝对来稿进行评议。与对作者的要求一样，评议专家也必须注册登录后方可开展评议工作，新的评议专家也通过电子邮箱地址和密码进行注册，并提交相关个人信息，以方便编辑检索。系统允许编辑查看评议专家过往工作的统计资料，如该专家当年参加评议稿件的数量、每份稿件的平均评议时间等；系统将保存稿件评议过程中产生的全部文件，编辑可以通过该系统查看以前稿件的全部评议记录。

④进度追踪。稿件一旦进入该系统，就会被参照工作流程规范而正确归类，不同的使用者对稿件享有不同的处理权限。Bench > Press 可以自动执行稿件处理和进度追踪工作，如自动分派稿件、选择评议专家、向专家催要评议报告、向作者催要修订稿等。作者和编辑人员可以通过关键词、作者姓名或稿件识别码等检索途径来查看稿件的处理进度，并根据进度需要采取相应的工作措施，以加快工作步伐，提高出版效率。

⑤结果处理报告。全体编辑人员都有权接受、拒绝或在线提交评议专家的评议报告，稿件的责任编辑或主编可以根据评议专家的

意见，来确定对稿件的处理结果。处理结果一般分为接受出版、拒绝出版、修改后出版、修改后再评议四类，其中接受或拒绝出版意味着该稿件修订工作的结束；“修改后出版”则要求作者根据评议专家和编辑的修改意见修改稿件，并及时提交修订稿，编辑在收到修订稿后会评阅作者的修改结果，直至符合要求；“修改后再评议”则是对稿件进行重复评议，需要说明的是，重复评议的过程和结果处理方式与稿件接受初次评议一样。系统将保存所有稿件的处理结果，供使用者查询。

Bench > Press 系统将在线投稿、评议专家选择、稿件处理流程的控制、稿件评议和最终出版等每一个工作环节都纳入系统管理，不仅节省了大量的时间和成本，而且极大地提高数字学术期刊的出版效率。但 Bench > Press 系统也存在一些缺憾，如该系统实行双盲同行评议模式，这与同行评议公开、公平、公正的评议原则有所背离。同行评议是评议人、作者、编辑之间发生的科学信息交流行为，其根本目的是保证稿件的学术质量。开放式在线同行评议使审稿真正成为一种双向的科学信息交流，有利于保障论文和刊物的质量，促进数字学术出版的繁荣与发展，更有利于科学的传播与交流。因此，Bench > Press 系统可以考虑设立多种评议方式，以供学术出版机构选择。

8 网络科技文献的版权保护

网络科技文献出版与利用，都要涉及一个极为重要的问题，即版权保护问题。重视与做好版权保护工作，对于网络科技文献出版事业的健康发展，有着十分重要的意义。本章即对网络科技文献的版权保护进行较为系统的探讨。

8.1 保护网络科技文献版权的法律规定

随着互联网的迅速普及，网络科技文献的法律保护问题日益为人们所重视。从国际互联网开通以来，我国政府已制定了一系列的法律法规，保护网络作品的版权。与此同时，世界各国政府以及相关的国际组织也制定了许多保护网络版权的法律法规。下面综合国内外的有关法律规定，对网络科技文献法律保护的具体内容分为四个方面进行介绍。

8.1.1 网络科技文献作者财产权的法律保护

我国《著作权法》第10条规定了著作权的权利内容，主要包括人身权和财产权两大部分，也称为精神权利和经济权利。网络著作权的内容在包含了传统著作权的内容同时，也因自身的特征而包含其他的权利。除了我国修改后的《著作权法》增加的一项新权利——信息网络传播权之外，针对网络作品著作权内容薄弱、保护困难的特点，世界知识产权组织于1996年制定的《世界知识产权组织著作权条约（WIPO Copyright Treaty)》（以下简称WCT）主要针对计算机网络传输提出了权利标示权和反解密权的著作权新概念。权利标示权，是指著作权人有禁止他人删除或者更换由著作权人合法施加于其作品上的有关作品、作者、“著作权保留”等事项的标示的权利。反解密权是指数字化作品著作权人有禁止他人未经许可而对其作品进行解密这种反向行为的权利。同时，未经许可的解密人以及提供或从事解密的服务者，均为著作权侵权人。

我国通过修改《著作权法》，创设了一个新的权利术语——信息网络传播权，避免了采用发行行为或传播行为界定网络传输作品行为所遇到的理论上的困境。2006 年 7 月 1 日施行的《信息网络传播权保护条例》第 26 条明确规定了信息网络传播权，它是指以有线或者无线方式向公众提供作品、表演或者录音录像制品，使公众可以在其个人选定的时间和地点获得作品、表演或者录音录像制品的权利。

与传统著作权的其他财产权利相比，信息网络传播权具有如下特点：

首先，信息网络传播权是一种包括有线与无线通讯的狭义的传播权利。广义的信息网络传播权包括发表权、署名权、修改权、保护作品完整权等人身权利，而 2001 年我国《著作权法》增加的信息网络传播权只是财产权的一项内容，可以和传统著作权中的人身权结合而构成网络著作权人完整的权利。

其次，信息网络传播权是著作权人在新生媒介上的一种新生权利。网络的载体是联网的计算机，传播方式是有线传输与无线通讯。任何作品在网上传播的同时均拥有网下传播的传统意义上的复制、发行、展览、表演等手段的某些特点，但已不完全等同于网下的复制、发行、展览或表演。因为网络及信息传播具有虚拟性、无形性，不同于传统作品固定在有形媒介上的物理性质的传播。我国修改后的《著作权法》明确赋予了著作权人信息网络传播权，特别是 2006 年 7 月 1 日开始实施的《信息网络传播权保护条例》，更是避免著作权纷争的明智之举。

再次，信息网络传播权比传统的著作权更依赖于禁止规避技术保护措施。信息网络传播权作为网络著作权人的重要权利，因其自身的性质和特点，使得网络著作权人有必要运用一定的技术手段，而不只依靠法律规定来限制别人在网络上使用其作品，这些保护措施，可以禁止使用者在未经作者同意的情况下，将作品不加任何保护措施的上网，或者禁止使用者对加以保护措施的网络作品在未取得著作权人同意的情况下，采用任何技术手段绕过或破坏该措施以获得复制该作品。网络技术的发展使复制变得极为简单、便捷，并且复制件和原件几乎一模一样。这给作品提供了一个前所未有的广阔市场，但同时也给侵权者提供了便利。因此，信息网络传播权的保护比传统的著作权保护对技术保护措施的依赖性更强。

8.1.2 数据库的法律保护

传统著作权法并未对数据库作一个明确的界定，大多数情况下都是将数据库作为汇编作品予以保护。《TRIPS 协定》规定："数据或者其他材料的汇编，无论采用机器可读形式还是其他形式，只要内容的选择或安排构成智力创作，即应予以保护。" WCT 以"数据汇编（数据库）"为标题，规定："数据或其他资料的汇编，无论采用任何形式，只要由于其内容的选择或排列构成智力创作，其本身受到保护。"《伯尔尼公约》规定："文学或艺术作品的汇编，诸如百科全书和选集，凡由于对材料的选择和编排而构成智力创作的，应得到相应的，但不损害汇编内每一作品的版权保护。"可见，上述规定均未明确界定数据库，因此也就没有明确赋予数据库独立的法律地位，而是将其作为版权法意义上的汇编作品进行保护。

汇编作品是一种演绎创作行为，是将已有的文学、艺术和科学作品或其他材料等汇集起来，经过选择、取舍、设计、编排形成汇编作品，由于汇编作品注入了新的创作，表现了汇编人独特的选择和编排材料的方法，并在整体上赋予这些原本分散的作品或材料以新的组织结构和表现形式，故汇编人就其设计的这种新结构或新形式而享有作者的资格。

目前我国对数据库的法律保护，主要由《著作权法》和《反不正当竞争法》来调整。我国新修订的《著作权法》明确规定给予数据库以版权保护。该法首先在第10条中规定了“汇编权”，即“将作品或者作品的片断通过选择或编排，汇集成新作品的权利”。接着，该法第14条规定：“汇编若干作品、作品的片断或者不构成作品的数据或者其他材料，对其内容的选择或者编排体现独创性的作品，为汇编作品，其著作权由汇编人享有，但行使著作权时，不得侵犯原作品的著作权。”此外，2002年9月15日实施的《中华人民共和国著作权法实施条例》废除了原《中华人民共和国著作权法实施条例》第5条中有关“编辑是指根据特定要求选择若干作品或者作品的片断汇集编排成为一部作品”的规定，因为该规定显然将根据《伯尔尼公约》或《TRIPS协定》能够受保护的无著作权的数据库或其他资料排除在外。应该说，我国有关数据库的著作权法律保护已开始全面与国际接轨，而上述法律法规的修改也表明了我国作为世界贸易组织新成员，严格执行国际条约，大力加强知识产权保护的决心。

由于版权法保护数据库的独创性选择或编排，对数据库的内容不提供保护，而对于数据库制作者来说，真正具有经济价值的就是数据库中的内容，因此，版权法只能为数据库提供极为有限的保护。从司法实践看，对数据库的主要危害并不是来自对其独创性的选择或编排的非法复制，而是来自非法复制内容、制作与其进行竞争的数据库的“搭便车”行为，即不正当竞争行为。对此种行为，版权法显然无能为力，而反不正当竞争法在很大程度上正好可以弥补版权法的这种缺陷。根据反不正当竞争法的一般原则，只要当事人之间存在竞争关系，提供的产品或者服务相同或者具有可替代性，行为人的行为构成法定的或者司法机关依据反不正当竞争法的基本原则进行自由裁量的不正当竞争行为，依法应当受到制裁。反不正当竞争法可以比较有效地保护数据库制作者在内容的收集、整理、校正、编排等方面投入的巨大人力、物力和财力资源，制止版权法无能为力的窃取数据库制作者劳动成果的“搭便车”行为。事实上，在尚未给数据库设置特殊权利的国家，除依据版权法保护数据库以外，主要就是依据反不正当竞争法（大陆法系国家的称谓）或者是盗用学说（英美国家的称谓）保护数据库投资者的利益。

由于现有的法律资源都不足以保护数据库制作者的权益，以欧盟为首的区域性组织在总结已有法律资源的基础上，率先提出了数据库的特殊权利保护模式。早在1988年欧共体委员会（The European Commission）就发表了题为《版权与技术的挑战》的蓝皮书，其中指出，随着版权作品越来越多地存储于计算机化的信息系统之中，从而产生了一些法律问题，但是由于种种原因，欧共体在当时采取行动的时机尚未成熟。此后几年里，随着信息产业发展的加快及其重要性的日益增强，解决有关法律问题的思路逐渐清晰起来，欧共体委员会也加快了立法准备工作，1992年6月在欧共体官方公报上发表了关于数据库法律保护的指令草案，欧洲联盟议会和部长理事会于1996年3月11日向欧盟各成员国政府发出了《关于数据库法律保护的指令》（以下简称《指令》），最终确立了数据库的特殊权利保护。

特殊权利是《指令》的中心内容。《指令》对数据库特殊权利的规定主要包括以下五个方面的内容：保护的客体，合法用户的权利与义务，特殊权利的例外，保护的期限，特殊权利保护的享有者。

在现有的法律资源中，数据库制作者可以利用的手段除了版权法、反不正当竞争法（含商业秘密条款）、特殊权利保护法（特指欧盟）以外，合同法也成为数据库制作者用以保护其投资的一种手段。在那些既没有制定反不正当竞争法等强行法，又没有制定版权法或者特殊权利保护法的国家，或者当数据库因缺乏独创性无法得到版权法的保护，应用反不正当竞争法也无法得到及时、有良好预期的法律保护时，数据库制作者可以从传统法律中寻求自我保护的唯一手段——合同法。合同法中平等、互利、有偿和诚实信用原则，可以在一定范围和程序内对抗他人对数据库的不当使用，保护数据库制作者的经济利益。数据库制作者可以要求任何购买者签订书面合同作为购买数据库的先决条件，此种书面合同可以明确要求数据库购买者不得将信息泄露给合法使用者以外的任何人，不得制作任何复制件或者许可他人使用，从而有力地保护数据库制作者的权益。由于合同法采用的是一种私法自治原则，其最大的优点就是任意性，因此当合同采取格式合同时，数据库制作者更是可能规避法律，谋求一些强行法所不许可的利益，比如搭售购买者所不需要的商品或服务、限制数据库复制件的转售价格、限制数据库转售的地域范围等。

8.1.3 多媒体的法律保护

关于多媒体，目前尚未有统一的定义。但一般说来，任何形式的多媒体，应包含四项特征：第一，从传播方式看，多媒体不仅融合了以往大众传媒的优势，能以文字、图像、声音等形式同时传递信息，还具备了其他大众传媒所不具备的特点：跨时空、可检索、超文本、交互性等。第二，从传播功能看，多媒体使信息传播具有高速、高质、超量、多样化、超时空、超文本的特征，既可同步传输，也可异步传输，这是传统传媒无法比拟的。第三，从传播方向看，多媒体突破了以往大众单向传播的模式，能使信息传播具有双向传播的特性，即多媒体传送至使用形式有若干不同方式，信息储存及散布于数字化的有体媒介如 CD-ROM，电脑网络，互动式电视，高画质数字化电视接收，允许使用者交谈互动，装置及高宽频传能力。第四，从传播技术看，各种高新技术孕育了多媒体，并伴随其成长，网络传播的数字性，异乎类比式的储存方式，较之传统媒体的模拟通讯有明显优势。总而言之，所谓“多媒体”，它是一种崭新的前所未有的传播媒介，代表着数字化媒体时代的媒介传播特色，已经超出传统平面静态或动态的单一媒体形式，而为多种形式媒体重组而成的互动性的新型著作。其所衍生的法律问题主要在于其权利的属性、权利的归属以及在传播及使用中的一些法律问题。

对于多媒体作品的保护，除了著作权法中的相关条款之外，反不正当竞争法、商业秘密法和民法都可以对其提供保护。①反不正当竞争法。反不正当竞争法是社会经济秩序之基本规范，如果不合法地利用多媒体的行为已经达到违反竞争秩序之程度，仍然应当受反不正当竞争法的规范。但毕竟反不正当竞争法其规范之目的在于维护交易秩序，在适用上有一定的条件，即必须具有竞争关系，而且侵害者是以胁迫、利诱或其他不正当之方法，达到足以影响交易秩序的程度。该法不能像著作权法或其他知识产权法那样赋予受保护者一个排他性之专属权利，其对于无竞争关系者或对于单纯未经同意而擅自使用之个人，并无法禁止或有所请求。②商业秘密法。多媒体是否可以成为商业秘密法的保护客体，要看其是否可以满足商业秘密法之保护要件，亦即：第一，非一般涉及该类资讯之人可知者；第二，因其秘密性而具有实际或潜在之经济价值；第三，所有人已采取合理之保密措施。上述要件应该说比较严格，只有部分多媒体可能满足上述条件，可见商业秘密法对多媒体提供法律保护的效用相当有限。③民法。民法对多媒体亦能提供一定程度之保护，特别是合同法律规范。就合同而言，多媒体提供者往往会与使用者订立多媒体使用合同，该合同对相对人之使用目的或使用方式有适当的限制，亦能对多媒体有所保护。然而其缺陷在于仅能对合同关系之相对人有拘束力，对于无合同关系之第三人之使用或侵害行为，则无法发挥其作用。

8.1.4 其他相关法律保护

(1) 网页的著作权保护。

网页是上网浏览时的屏幕显示，即互联网上由文字、图形、音频、视频各种不同元素组合而成的数字化信息，可以被用户交互访问。网页虽然各有不同，但大致来讲，可以分为三部分：①网页内容。包括通过浏览器看到的网页上的文字、图像、音乐、动画和其他材料；②网页界面。又称为网页的版式设计，主要是内容的布局安排；③网页源程序。因为不论是内容还是界面，要成为网站的一部分，都要通过编制好的源程序进行控制。从网页的组成因素可以看出，网页实际上是一种在计算机程序的驱动下结合了数字形式的文字、图形、声音、动画，并能被用户以交互方式访问的信息平台。这里必须指出，网页中有一种特殊类型的页面，即主页（Homepage），又称首页，是指网站内容的第一页，也是该网站设置的默认页。主页是一个网站的精华所在，是其内容和形式的缩影，代表着该网站最鲜明的特点。可以说，在因网页而产生的所有纠纷中，最典型、最集中的就是有关主页的纠纷。关于网页的著作权保护，主要从网页的保护形式及其版权归属两个方面来探讨。

关于网页的保护形式，法律并没有明示网页作品的归属于哪种形式。2001 年 10 月 27 日第九届全国人民代表大会常务委员会第二十四次会议修订的《中华人民共和国著作权法》第 3 条指出："本法所称的作品，包括以下列形式创作的文学、艺术和自然科学、社会科学、工程技术等作品：①文字作品；②口述作品；③音乐、戏剧、曲艺、舞蹈、杂技艺术作品；④美术、建筑作品；⑤摄影作品；⑥电影作品和以类似摄制电影的方法创作的作品；⑦工程设计图、产品设计图、地图、示意图等图形作品和模型作品；⑧计算机软件；⑨法律、行政法规规定的其他作品。"此外，根据我国《最高人民法院关于审理涉及计算机网络著作权纠纷案件适用法律若干问题的解释》第 2 条的规定："受著作权法保护的作品，包括著作权法第 3 条规定的各类作品的数字化形式。在网络环境下无法归于著作权法第 3 条列举的作品范围，但在文学、艺术和科学技术领域内具有独创性并能以某种形式复制的其他智力创作成果，人民法院应当予以保护。"但这里也并没有明确规定网页属于何种作品形式。在法律未对网页的作品类型做出确切界定，而又必须使这一智力创造得到有效保护的情况下，应该采取一些变通性的做法，比如把网页置于《伯尔尼公约》第 2 条第 1 款和我国《著作权法》第 3 条第 9 款对作品类型的概括性规定之中。《伯尔尼公约》第 2 条第 1 款规定："'文学和艺术作品'一词包括文学、科学和艺术领域内的一切成果，不论其表现形式或方式如何……"我国《著作权法》第 3 条第 9 款规定："法律、行政法规规定的其他作品。"法律之所以作出这样的规定，就在于这种开放式的作品体系具有较大的弹性，能适应新技术的发展，能包容可能出现的新的作品类型，保持法律的相对稳定性。把网页暂时归入“法律、行政法规规定的其他作品”是合适的，但这不能由一般性的规范性文件作出，而必须由具有强制力的法律、行政法规特别规定。

由于网页作品是网络环境下特有的作品形式，著作权归属也应当考虑其特殊性。这类作品的特殊性在于：一是交互性强，且呈现即时动态变化，网民可根据自己的需要不断变化页面；二是需要巨额的资金支持，如果没有网站的开发、软件的设计和购买、系统的维护和更新，那么这个网页也很难继续存在；三是参与人数众多，一个网页乃至网站的维持，必须是集体创作的结果。网页作品的上述特性与视听作品大体上类似，因此，大部分学者认为网页作品的整体著作权应当参照视听作品而归属于投资人，即网站的所有者，或者允许网站与用户之间通过合同形式来确认著作权的归属。当然，网页作品中能够独立构成作品的部分（如网页内容、网页界面和网页的驱动程序）仍然由作者享有著作权，但不得影响整体著作权的行使。

(2) 与超链接有关的著作权保护。

随着社会经济的进一步发展，互联网使用的普及以及网络服务的不断创新，使用互联网的公民将越来越多，互联网介入生活的范围扩大、程度加深，网络空间变得独立和不可缺少，以至于一些传统的法律等规则在适用时遇到困惑。链接是互联网的一项基本技术，正是这项技术的运用，使得网络信息不再是平面的流动，信息的结构也由此变得深入和复杂，信息之外有信息，每一次点击都开启一扇新的信息大门，网络世界因为信息的百转千回而趣味无穷。链接技术为网络上不同网站之间、不同信息之间或者同类信息之间牵线搭桥，实现“互联”。

超级链接是指向某个固定的地址，因为该地址有网页需要用的图片、声音、档案、影像，甚至是网页等，而这个位置可能在同一台计算机上，也可能在因特网的某个地址上。因特网上的每一个网站都有一个独一无二的网址，称为 URL（Uniform Resource Locator)。如果把需要的资源放在因特网上的某个地方，就需要将其指定到该 URL 上①。

按链接存在的范围来分，链接可以分为三种：即页内链接、系统内链接和系统之间的链接。页内链接是将一个文件的各部分链接起来，便于用户从一个长文件某个部分回到文件的开头或结尾。系统内链接是将同一个服务器上的不同文件链接起来。这两种链接很少涉及侵权，因为设链接的网页和被链接的材料都属于同一个主体。系统之间的链接是指不同网站之间的链接，属于不同主体服务器之间的链接，很容易产生法律纠纷。所以，如果没有任何说明，本文所指的链接是将不同服务器上的文件链接起来的系统之间的链接。按照外在形式的不同一般可将链接分为普通链接、深层链接、埋置链接和视框链接。普通链接是链接的最常用形式，它将超链接指向某个文件，并以网页的原貌显示文件。深层链接是指跳过被链接网站的首页，而直接显示那些网站深层的、没有被链接网站独特标志的内容页。埋置链接也叫做隐性链接，是指在浏览器显示一个网页时，通常以用户无法感知的方式，网页的一部分通过链接将另一网页的部分或全部内容显示在本网页中。视框链接实际上是埋置链接的高级形式，是以视框将网页分割成不同的区间，将他人网站的信息资料呈现在自己网页的某个视框中，而本网站的其他内容仍然存在。

一般地，超级链接仅仅是一种技术型功能，并没有独创性的特征，每一个链接包括一组程序，并没有较强的原创特性。事实上，它们就是简单的文本、图像组成或者是标识，例如一个标题、公司或部门的名字及商标。名字或者单独的标题都不受版权保护，但是如果它们能够吸引公众并且有其他竞争对手想要侵犯其声誉，商标法或者反不正当竞争法都可以为其提供保护。

对于超级链接和简单文本链接图标的版权保护是超链接版权问题的重点。如果纯文本文件满足作为作品的自身权利保护的所有条件，或者它们构成文字作品或者网页的实质部分时，它们可以受到

① 李永明，叶慧霖．网络著作权若干问题研究［J］．浙江大学学报（人文社会科学版），2001：119

版权保护。如果将其视为网络的一个初始系统界面的话，那么这种可以到达不同层次链接的整个链接结构将被以一个独立的网络连接方式保护起来。但无论如何，对于超级链接能否属于一类版权保护的对象是有争议的。在超级链接中，涉及最多的是分类整理好的网址或图像链接表，目前尚没有超级链接本身作为版权作品的相关规定，但从超链接的技术属性和特点来看，在特定的情况下，一些超链接是可以作为版权作品予以保护的。那些有独创性的超链接表或网址的组合可以作为汇编作品的一种加以保护。需要强调的是，上面讨论的超链接是它本身作为作品的问题，与超链接所链接的作品（一般体现为超文本）是两个不同的概念。超文本（Hypertext）是一般的文本文件，只是在文本文件中另含有链接（Link）及其他相关文件。万维网通过该超文本的链接功能与用户沟通，超文本具有的链接能力可以层层相连相关的文件。超链接除了可链接文本外，也可链接各种媒体，如声音、图像、动画，通过它们我们可享受丰富多彩的多媒体世界。这些超级链接所链接的作品，按照各自所属的不同作品类型予以版权保护，或者按照上面关于网页的论述中所讲，以汇编作品寻求版权保护。

8.2 保护网络科技文献版权的技术措施

由于网络的虚拟性和开放性，任何人都可以未经权利人许可借助网络对网络作品进行复制、修改、传播等行为，版权人利益受到侵害的几率越来越大。针对网络版权发展的新情况，各国版权法为权利人增设了新的权利形式，例如“信息网络传播权”等，但是由于法律救济的滞后性，只有当权利人利益受到严重侵害以后，才能采取法律措施，随着互联网技术的发展，有时候法律也难以提供全面的保护。权利人便在网络作品或作品数据中施加各种密码、口令、技术系统等版权保护的技术措施，如果没有得到正确的指令确认，他人便不能访问或利用作品，目的是寻求网络作品版权保护的事前预防措施以防患于未然。我国 2006 年 7 月 1 日施行的《信息网络传播权保护条例》第4条指出："为了保护信息网络传播权，权利人可以采取技术措施。任何组织或者个人不得故意避开或者破坏技术措施，不得故意制造、进口或者向公众提供主要用于避开或者破坏技术措施的装置或者部件，不得故意为他人避开或者破坏技术措施提供技术服务。但是，法律、行政法规规定可以避开的除外。"第26条指出："技术措施，是指用于防止、限制未经权利人许可浏览、欣赏作品、表演、录音录像制品的或者通过信息网络向公众提供作品、表演、录音录像制品的有效技术、装置或者部件。"

8.2.1 访问控制技术及其应用

访问控制技术措施可以阻止用户在正常的运行状态下访问某个网站或者网站中的某个作品，除非得到口令、解密码或插入像信用卡似的验证装置。访问控制技术措施主要包括口令（Access Code）技术和锁码（Encryption）技术两种。所谓口令技术措施是指一定的方法装置或产品，在其正常运行状态下，必须得到口令技术措施设置者提供的正确信息才能访问某个载体中的信息或单个作品。口令技术原本是用于维护计算机系统的安全，目前，几乎所有的互联网络信息服务提供者（包括像著名的 Lexis-Nexis Web 和 Law or Butterworths online 等数据库提供商）都对自己的网站设置了技术措施，以限制用户自由访问其网站中的作品。锁码（Encryption）技术措施，实际上是一种问题化技术，与口令技术措施根本作用虽然相同，即意在控制他人未经授权访问某个作品，但其原理并不相同。口令技术措施的基本原理在于从外部设置障碍和壁垒，从而阻止他人非经授权完全或部分访问某个网站或网站中的作品或信息，这种外部技术措施本身并不改变作品或表现形式，而锁码技术措施的基本原理在于改变作品或信息本身的表现形式，使其总是问题化，让普通的用户根本读不懂，因而虽然不能阻止用户接受信息或下载作品的复制件，但除非得到正确的钥匙（a key）或解码器（decoder），用户并不能理解信息的内容或使用作品，从而实质性地达到控制他人非经授权访问其作品或信息的目的。问题化技术早期常见的是运用于电信部门或情报部门的电报技术和情报技术，后来广泛运用于有线广播电视或卫星电视节目传播的控制，现在则出现在网络访问作品的控制上。

版权人拥有的访问控制作品的技术措施权在于，版权人有权禁止任何人规避其所采取的能够有效控制对作品进行访问的技术措施的行为。也就是说，任何人未经版权人许可，都不得对其采取了技术保护措施的作品进行解密，或对其技术保护措施进行避开、绕过、移开、使无效或破解。这就是禁止所谓的“直接规避行为”的权利。版权人在一定的严格条件下有权禁止任何人制造、进口、向公众表示或提供、买卖能够规避控制访问作品的技术措施的任何技术、产品、服务、装置、零部件或其组成部分的行为，即禁止“直接规避行为”之前的“准备行为”的权利。

访问控制技术措施一般被用在有关数据库的保护上，这种情况在互联网上非常多，如网上图书馆的使用。网上大部分的图书馆都是有偿服务，用户只有购买了他们的入馆卡，使用入馆卡上的用户名、密码才能进入其图书馆，进一步享受其服务。在这里，用户购买入馆卡就是用来合法解除其设在图书馆的访问控制技术措施。对于这类使用了访问控制技术措施的图书馆中的作品，用户不购买其入馆卡（即得到权利人的授权）就不能获得图书馆中的作品信息，自然也就谈不上对这些作品的合理使用、法定许可使用、默示许可使用或强制许可使用等。网络图书馆这类使用访问控制技术措施使得用户不可能对其中的作品进行合理使用、法定许可使用、默示许可使用或强制许可使用，是不是对合理使用、法定许可使用、默示许可使用或强制许可使用的限制呢？

准确地说，这种访问控制技术措施用在网络图书馆上，实际上设置了一个用户感知其信息的条件，用户如不能满足这个条件，则不能感知这些作品，也就不可能对其作品进行使用（包括合理使用、法定许可使用、默示许可使用或强制许可使用）。

实际上，大部分的网络图书馆除了在用户进入其图书馆时设置了访问控制技术措施以要求用户支付一定的服务费之外，图书馆对其中的具体作品的使用条件并不作规定，这是因为对版权作品的使用条件的规定属于版权人的版权内容，图书馆无权干涉。而对版权作品被用户感知后的具体使用的限制，就是使用控制技术措施所具有的功能了。

8.2.2 使用控制技术及其应用

使用控制技术措施，是指权利人采取的能有效控制他人未经授权侵犯其受版权法保护的权利（例如复制、发行、出租、展览、表演、广播和演绎等权利）的行为的技术措施，其实质是防止侵犯权利人的版权，该类技术措施的保护是基于版权法理论所做的法律规定，因而，美国的《数字化千年版权法》（Digital Millenium Copyright Act，简称 DMCA）将其称为 Copyright Protection Technological Measures 而区别于基于非版权理论所规定的 Access Control Technological Measures。从所起的作用上看，使用控制技术措施可以分为单纯的控制使用作品行为的技术措施（Use Control Technological Measures）和保证支付报酬的技术措施（Usage Metering Measures）两种，前者旨在控制他人非经授权以各种方式（比如复制、发行、公开表演等）单纯使用作品，“连续性版权管理系统”(SCMS)、电子文档指示软件、电子签名、电子水印等都是常用的控制使用作品的技术措施。后者并不直接控制他人非经授权访问或使用作品，但可以计算出他人访问或使用作品的次数和频率，从而保证版权人依据计算出的次数和频率收取报酬，一旦发生侵权，则可以保证版权人获得直接的证据，从而也方便法院确定适当的侵权赔偿数额。

控制使用作品的技术措施权的范围比控制访问作品技术措施权的范围要狭窄。根据美国 DMCA 的第 120（b）条的规定，禁止的只是制造、提供规避技术措施的装置这一“准备行为”，对于规避控制使用作品的技术措施的“直接规避行为”，DMCA 并未设置专门的条款进行禁止。原因就在于规避版权人采取的控制使用作品的技术措施，而直接使用作品或为他人使用作品创造条件的行为本身可能就是侵犯版权的行为，这种行为已经受到了传统版权法的规制，因此没有必要再设置新的规范加以禁止。例如，版权人采取了某项技术措施，以防止他人未经同意擅自复制其作品，如果有人不仅破解了这项技术措施而且复制了版权人的作品，则此人的行为构成侵犯版权人的复制权。如果此人规避技术措施是为了他人复制提供前提条件，则此人的行为仍将构成共同侵权行为或帮助性侵权行为。帮助性侵权（Contributory Infringement）是从美国判例法中发展起来的一个概念，它的基本内容是指，因某人自己的行为而使别人得以实施侵权行为，此人应当为别人的侵权行为承担责任。"帮助性侵权"的规则不仅在美国适用，在德国也有适用的。可见，不管是直接侵权的"直接规避行为"还是帮助性的"直接规避行为"，都可直接使用传统版权法或帮助性侵权规则进行处理，没有必要再重新建立专门禁止控制使用作品的技术措施之"直接规避行为"的规定。

但是在我国，帮助性侵权一直没有得到法律的正式承认，不仅《著作权法》中找不到关于帮助性侵权的内容，就是《民法通则》中也没有这方面的内容。最高人民法院1988年发布了《关于贯彻执行〈中华人民共和国民法通则〉若干问题的意见》，其中第148条规定："教唆、帮助他人实施侵权行为的人，为共同侵权人，应当承担连带民事责任。"这一解释基本上是针对《民法通则》第130条的，该条规定"二人以上共同侵权造成他人损害的，应当承担连带责任"。由于我国《民法通则》规定的民事责任的基本原则是过错责任原则，因此最高人民法院的上述文件提到的"因教唆、帮助他人实施侵权行为而产生的共同侵权"也适用过错责任原则，这一点与美国判例法中的帮助性侵权是一致的。最高人民法院的上述文件属于司法解释的性质，对我国各级法院审理同类案件有指导作用。

根据DMCA的第1201（b）条的规定，下列三类规避控制使用的装置将被禁止：①被主要设计、生产出来用于规避可以有效控制使用作品的；②除了规避可以有效控制使用作品的技术措施外，只有有限的商业上的重大目的或用途；③明知某种装置是用来规避可以有效控制使用作品的技术措施的，而仍然进行销售或者为销售创造条件的。

从以上分析来看，美国 DMCA 无论对于控制使用的技术措施，还是控制访问的技术措施，其技术措施权的内容，均包括禁止“直接规避行为”之前的“准备行为”的权利，即禁止任何人制造、进口、向公众表示或提供、买卖能够规避技术措施的任何技术、产品、服务、装置、部件或其组成部分的行为。实际上，这不仅偏离了 WCT 的义务要求，而且其立法的依据也与 WCT 完全不同，似乎更像一种特别立法，而不是在版权法范畴内。

单纯的使用控制技术措施并不限制用户对其作品的访问。对于文字作品来说，如版权人在其上设置了使用控制技术措施，用户一般还可以浏览，因此，依据法律规定为个人学习、研究而对该作品的合理使用范围内的引用、翻译仍然可以进行，但有些类型的合理使用如为课堂教学使用需要对该版权作品进行复制就受到了限制。

8.2.3 传播控制技术及其应用

传播控制技术措施，是指权利人采取的限制他人通过信息网络向公众提供作品、表演、录音录像制品的技术措施。权利人采取此项措施，主要是为了防止他人未经许可的复制、打印、下载等行为。例如，当权利人在中法网的“知识产权论坛”(www.1488.com/bbs) 中贴上自己的文章时，如果不想让文章的传播失去控制，就可以选择“防止拷贝”功能，使浏览者只能阅读而不能保存、复制其文章。

传播控制技术措施确保了著作权人对在线作品传播行为的控制，有利于改善在网络环境下著作权人对其著作权的保护所处的劣势地位，并有效地保护其作品著作权。因而，近些年来随着信息网络技术的急速发展，技术措施保护制度也逐渐被各国著作权法所接受并被有关国际公约所肯定。例如：美国 DMCA 鼓励著作权作品的私人性质的技术保护。我国《著作权法》中也规定了技术措施保护制度，《信息网络传播权保护条例》进一步对该制度做了规定。如根据该条例第5条规定，未经权利人许可，任何组织或者个人不得进行下列行为：①故意删除或者改变通过信息网络向公众提供的作品、表演、录音录像制品的权利管理电子信息，但由于技术上的原因无法避免删除或者改变的除外；②通过信息网络向公众提供明知或者应知未经权利人许可被删除或者改变权利管理电子信息的作品、表演、录音录像制品。第18条、第19条规定，故意避开或者破坏技术措施，故意制造、进口或者向他人提供主要用于避开、破坏技术措施的装置或者部件，或者故意为他人避开或者破坏技术措施提供技术服务的，应承担相应的法律责任。

世界各国在对版权提供保护的同时，大多规定了权利的限制和例外。合理使用，就是各国普遍规定的限制之一。在版权保护方面，法律与技术之间存在着密切的互补关系。当法律的威慑力不足以制止侵权行为时，技术手段就发挥了替代作用。

8.3 网络科技文献版权的合理使用

合理使用，是指在法律规定的条件下，不必征得著作权人同意，也不必向其支付报酬，基于正当目的而使用他人的有著作权作品的行为。合理使用是《伯尔尼公约》和各国著作权法对著作权人的权利进行普遍限制的一种制度。合理使用制度创设的本意，并不是为了“侵犯”创作者的权利，而是为了对这种权利加以适当的利用，以满足社会公众创造或者分享社会精神财富的要求，进而促进文化的传播，发展文化事业。

8.3.1 网络作品版权的合理使用

根据《中华人民共和国著作权法》第22条规定，在下列情况下使用作品，可以不经著作权人许可，不向其支付报酬，但应当指明作者姓名、作品名称，并且不得侵犯著作权人依照本法享有的其他权利：①为个人学习、研究或者欣赏，使用他人已经发表的作品；②为介绍、评论某一作品或者说明某一问题，在作品中适当引用他人已经发表的作品；③为报道时事新闻，在报纸、期刊、广播电台、电视台等媒体中不可避免地再现或者引用已经发表的作品；④报纸、期刊、广播电台、电视台等媒体刊登或者播放其他报纸、期刊、广播电台、电视台等媒体已经发表的关于政治、经济、宗教问题的时事性文章，但作者声明不许刊登、播放的除外；⑤报纸、期刊、广播电台、电视台等媒体刊登或者播放在公众集会上发表的讲话，但作者声明不许刊登、播放的除外；⑥为学校课堂教学或者科学研究，翻译或者少量复制已经发表的作品，供教学或者科研人员使用，但不得出版发行；⑦国家机关为执行公务在合理范围内使用已经发表的作品；⑧图书馆、档案馆、纪念馆、博物馆、美术馆等为陈列或者保存版本的需要，复制本馆收藏的作品；⑨免费表演已经发表的作品，该表演未向公众收取费用，也未向表演者支付报酬；⑩对设置或者陈列在室外公共场所的艺术作品进行临摹、绘画、摄影、录像；⑪将中国公民、法人或者其他组织已经发表的以汉语言文字创作的作品翻译成少数民族语言文字作品在国内出版发行；⑫将已经发表的作品改成盲文出版。

我国著作权采用列举方式明确规定合理使用的事项，网络环境下，这一判断标准已很难适用。因此，网络环境下我国著作权合理使用的判断标准，可以在传统模式基础之上，借鉴美国著作权合理使用的判断标准来判断使用者的行为是否属于合理使用。但是在实际的司法实践以及理论研究中，关于著作权合理使用范围的争论非常激烈。从国际与各国的立法看，合理使用的范围则呈缩减趋势；从著作权技术措施的角度看，合理使用的范围受到限制。但这并不意味着在此背景下，合理使用制度没有存在的必要了。相对于著作权人权利的扩张，合理使用的范围也应相应得到扩展。网络环境下著作权合理使用制度存在很多新问题，其中典型的是技术保护措施、数字图书馆与合理使用之间的冲突问题。

我国新修订的《著作权法》增加了禁止“未经著作权人或与著作权有关的权利人许可，故意避开或者破坏权利人为其作品、音录像制品等采取的保护著作权或者与著作权有关的权利的技术措施”的条款，但还没有就技术措施对公众利益、特别是合理使用可产生的妨碍作出反应。为了维护公共利益，必须针对网络环境的特殊技术措施加以限制。但是，美国1998年DMCA法案第1201条在权衡了版权人与使用者间的利益关系后，认识到并非所有规避技术措施的行为都是非法的，明文规定了七项禁止规避的例外：①非营利性图书馆、档案和教育机构的免责（1201条d款）。这些机构在无法以其他手段获得同样作品的复制件的情况下，可以接触商业开发的版权作品。②执法、情报和其他政府活动的例外（1201条e款）。不禁止联邦、州或州政府部门的工作人员或与其有协议的人进行任何经合法授权的调查、保护、信息安全或情报活动。③反向工程的例外（1201条f款）。允许软件开发商规避合法获得的计算机程序的技术保护措施，以识别必要的成分，从而使一个独立创作的计算机程序与其他程序兼容。但条件是为达到兼容效果而有必要识别的成分不易获得。④加密研究的例外（1201条g款）。考虑到有必要提高和改善版权人防范盗窃的能力，以增进加密技术领域的现行知识，帮助开发加密产品，在一定条件下，可以允许在善意的加密研究过程中进行规避。⑤关于未成年人例外（1201条h款）。允许生产包含产品中的用于规避目的的部件，其唯一目的是帮助父母阻止未成年人接触互联网上的色情或有害内容。⑥个人鉴别信息的保护（1201条i款）。使用者在没有得到个人信息要被收集的通知和没有其他能力防止这种收集的情况下，可以规避那些收集、散布有关接触作品的使用者在网上活动的个人信息的技术保护措施。⑦安全测试的例外（1201条j款）。允许在安全测试过程中进行规避。所谓“安全测试”是指经适当授权，接触计算机、计算机系统或计算机网络，唯一的目的是测试、调查或更正潜在的或实际发生的安全缺陷、脆弱性或执行步骤中的问题。在某种程度上，这七项例外对于减弱技术措施对公众利益的妨碍大有裨益，其中第d、f、g三款尤为有利于阻止技术措施对合理使用的限制。

传统版权法中关于数字图书馆合理使用的某些条款的合理性因网络技术的发展和应用而逐渐消失，有关数字图书馆合理使用的争议较多，根据美国版权法第18条“图书馆豁免”的规定，图书馆有权本着学习的目的对有关的联机信息进行复制、再传递或联机打印，并把它们提供给不同的读者使用。联机出版商却强烈反对这些做法，指出上述行为不在图书馆版权豁免权内，认为图书馆只是对联机行为支付了费用，没有对联机“收藏”支付费用。数字技术条件下，为平衡权利人和使用者之间的利益关系，应该对“合理使用”的规定给以新的认识与解释，这是各国修订版权法的一个主要内容。我国图书馆对数字化作品的合理使用，可以参照《计算机软件保护条例》中的规定执行。根据《计算机软件保护条例》第22条规定，图书馆使用数字化作品应仅限于为课堂教学、科学研究和国家机关执行公务服务三类，而且确实为非商业性目的需要，在没有其他法律解释允许前，图书馆不能曲解“非商业性目的需要”的含义，推论出其他使用目的。图书馆使用数字化作品应当承担下列义务：使用时要说明该作品的名称、开发者；不得侵犯权利人或其合法受让者依法享有的权利；复制品使用完毕后必须妥善保管、收回或者销毁。图书馆为陈列或保存的需要复制数字化作品限于本馆合法收藏的作品或已经合法提供给读者的作品，复制的数量严格控制在保存与替代的范围内，不得销售和出租。按照《计算机软件保护条例》第21条规定，图书馆对合法持有的数字化作品，可以在不经权利人同意的情况下，根据使用的需要把数字化作品装入计算机，可以对作品进行重编、重组和更改，但不得向第三方提供修改后的文本，更不能将修改后的文本投入流通。需要强调的是，图书馆在法律允许条件下对数字化作品任何方式的利用都不得影响原作品的正常使用。实际上，数字图书馆无论以什么形式向公众提供版权作品的数字化文件，都不是简单购买图书样本、收藏、提供适当复制件的事情。网络环境下的数字图书馆的复制和“借阅”行为必须结合实际情况对其性质加以认定。网络环境下对公益性图书馆使用作品，确实有必要设立合理使用制度，但必须严格限定在一定条件下，否则，一些所谓的“公益性”图书馆或博物馆等机构会利用数字化网络化技术所带来的便利条件，利用国家给予的特殊公共政策牟取私利，这是有违法律和社会公平的。一般认为，公益性图书馆通过本馆的网络阅览系统供馆内读者收藏已经发表的作品，但该阅览系统不得提供复制功能，并且应当能够有效防止提供网络阅览的作品通过信息网络进一步传播，在这种情况下，是合理使用行为，不需要取得授权也不需要支付报酬。

8.3.2 网络作品的许可授权机制——创作共用（Creative Commons）

一直以来，为保护自己的著作权，最常见的版权声明方式就是“保留所有权利”（All Rights Reserved），每个人都习惯性地对自己的作品声明“保留所有权利”，其实大部分作品都是在别人的作品基础上进行的再创造。这一方面漠视了原创者的劳动成果和权利，另一方面使很多优秀的作品（包括艺术作品、文学作品或是其他数字作品等）无法得到最大价值利用或最广泛传播。特别是当网络时代到来的时候，资料和资讯复制和分发越来越容易，对网络作品“保留所有权利”，使利用该数字作品的任何人都有可能触犯版权法律。因此可知，知识产权的合理性是相对的，是非永恒的，是与特定的时代背景相联系的。随着科学技术的不断创新，作者所依赖的由来已久的传统版权法保护其收益的模式越来越难以奏效，于是立法者通过不断地变革法律制度来逐渐增加作者控制的权项和救济措施来弥补其因新技术应用而带来的损失，但是这又阻碍了合理使用制度的创新。于是，人们对知识产权的合理性产生了质疑，对知识产权的专有、垄断性质发出了日益深刻的责难，并形成了一股不可小视的反知识产权的思潮。

1983 年 9 月，自由软件运动（Free Software Movement）的先驱和精神领袖、美国麻省理工学院的理查德·斯托尔曼（Richard Stallman）率先举起了以实际行动反抗知识产权的大旗，他在 GNU（革努计划）中宣称，GNU 项目的宗旨是给予所有用户自由地分享软件，自由地复制、修改和重新发布 GNU 软件的权利，并指出这种理想就是“Copyleft”。根据维基百科全书的定义，Copyleft 是将一个程序变成自由软件的通用方法，同时也使得这个程序的修改与扩展版本成为自由软件，其核心内容是信息共享，源代码共享。

"Copyleft"是理查德·斯托尔曼的一种巧妙的天才创造，因为Copyright（版权）中的"right"可以理解成"右"，而Copyleft中的"left"有"左"的意思，"Copyleft"意指与"Copyright"的对抗和背离，受到Copyleft的启发，Creative Commons（创作共用）应运而生。

Creative Commons（创作共用）是目前互联网世界新兴的一种许可授权方式，它也是以推进网络资源的共享和利用为主要目的，是一种网络上的数字作品（文学、美术、音乐等）许可授权机制，它致力于让任何创造性作品都有机会被更多人分享和再创造，共同促进人类知识在其生命周期内产生最大价值。"创作共用"由CreativeCommons. org发起，并在全球越来越多地区被广泛采纳，越来越多的网站都在其显著位置放置了采用Creative Commons（创作共用）方式授权的说明。Creative Commons本身是一个非营利组织，由美国斯坦福大学法学院教授劳伦斯·莱斯格（Lawrence Lessig）等网络法律与知识产权专家发起。2001年，在一贯致力于推动"信息共有"（Information Commons）的"公共领域中心"（Center for the Public Domain）的积极支持下成立。他们希望通过"私人的权利来创造公共的资源"（We Use Private Rights to Create Public Goods）。2002年开始推出一系列的计划与活动。Creative Commons有系统地针对网络环境下除软件以外的各种数字作品，推广一种类似自由软件授权模式的数字作品授权方式，并倡导作者依照授权协议，对其作品"保留部分权利"，而非传统的"保留所有权利"，并且，逐步扩大其许可设计内容的广度和深度。Creative Commons的目的就是为了鼓励创作者把网站、学术、音乐、影片、摄影、文学、教材等作品献给公共领域，让公众能够以特定的方式自由运用这些作品，进行商业或非商业的再创作。希望在知识产权保护相关法律日趋严格的环境下，建立一个合理的、富有弹性的著作权保障模式。

"创作共用"协议机制提供了四个最常见的授权。分别是：①署名：你允许别人拷贝、分发、呈现和表演属于你版权的作品，或者基于该作品的派生作品，条件是他们必须提供你的名字。②非派生作品：你允许别人拷贝、分发、呈现和表演属于你版权的作品，但是只能原封不动，不能是派生改动过的作品。③非商业用途：你允许别人拷贝、分发、呈现和表演属于你版权的作品，或者基于该作品的派生作品，但是条件是只能用于非商业目的。④保持一致：你允许别人分发基于你作品的派生作品，但是条件是必须提供和你的作品许可协议相同的许可协议。并且这个许可协议不能既是“非派生作品”又是“保持一致”，“保持一致”条款只适用于允许派生作品的情形。

根据这四种授权要素可以产生六种组合变化，以确保著作人受到著作权法保护作品的部分权利。具体如下：①署名（Attribution2.0）：作品人选择采用这项授权条款时，表示他同意其他人因商业或非商业的目的改编、复制、传播或展演他的作品，但前提是使用的人不能把这些作品上的署名删除。由于署名代表了对作品人的尊重，并且在创意分享时具有很重要的意义，因此，最新修订完成的 Creative Commons 授权许可协议 2.0 版，将署名列为各授权条款的基本原则。②署名—非商业用途（Attribution-NonCommercials 2.0）：作品人选择采用这项授权条款时，限制其他人只能以非商业目的去改编、复制、传播或展演他的作品。③署名—非商业用途—相同方式分享（Attribution- NonCommercial-ShareAlike 2.0）：作品人选择采用这项授权条款时，除了限制其他人只能以非商业目的去改编、复制、传播或展演他的作品之外，如果有人根据他的这项作品改编成派生作品的话，改编的人一旦有传播这个派生作品的需求时，就必须要同样采用“署名—非商业用途—相同方式分享”这项授权条款。④署名—禁止派生作品（Attribution-NoDerives 2.0）：作品人选择采用这项授权条款时，除了要求其他人在使用他的作品时必须保留署名之外，并且限制使用者改编这个作品，不过对于商业及非商业的复制、传播、展览和演出等利用方式都不被限制。⑤署名—禁止派生作品—非商业用途（Attribution-NoDerives-NonCommercials 2.0）：这项条款与前一项相似，不过限制了使用者在商业考虑下，以任何方式利用这个作品的行为。⑥署名—相同方式分享（Attribution—ShareAlike 2.0）：这项授权条款与前一项相似，不过并未限制使用的人只能运用在非商业用途。此外，六项条款中并没有所谓的“署名—相同方式分享—禁止派生作品”，原因在于“相同方式分享”所指的与改编后派生作品的传播方式有关，因此与“禁止派生作品”这个要素相抵触。

通过对这四种授权进行选择的组合方式，给作品的创造者更加灵活便利的选择。Creative Commons（创作共用）的协议本身是建立在各国现有的版权法律基础上进行特定解释，比如其中文版就是与中国的著作权法律相对照，所以其条文因为创作者的声明而自动归属到相关法律的范畴。Creative Commons（创作共用）本身并不会天然地产生法律效力。一方面，作者与“Creative Commons”机构就作者的相关版权问题达成一致，构成一种创作许可合同，即选择一种合适的“创作共用”许可方式，这将作为下面协议订立的前提。另一方面，采用“Creative Commons”授权许可方式的作者与使用其“Creative Commons”授权许可作品的使用者之间，就使用、复制等问题达成一致，构成一种作品使用许可合同或作品授权许可合同。值得注意的是，对于前一种情况“Creative Commons”机构在其许可协议中明确澄清，“本组织（Creative Commons）不是一家法律事务所，亦不提供法律服务，发布本合同范本将并不产生一种律师和客户的关系。Creative Commons 在现状的基础上提供本信息。Creative Commons 对于所提供的信息不负保证责任，也不对因使用该信息而造成的损失承担损害赔偿责任”，同时声明“Creative Commons 不是本许可的一方，不作与作品相关的任何保证。在法律理论上，Creative Commons 不对你或其他方就任何损失负责，包括对与本许可相联系而产生的任何一般、特殊、偶然或衍生的损失。尽管有以上两点，如 Creative Commons 已经依此明确标识自己为授权者，它将拥有授权者所有的权利和义务”。此外，“Creative Commons”机构也指出，“你为作品选择一个‘创作共用’的许可协议并非代表你放弃了自己的版权，而是意味着你的部分权利在某些条件下可以提供给一些接受者。”作为全新的授权方式，“创作共用”协议由最开始常见的“保留所有权利”（All Rights Reserved）变成“保留部分权利”（Some Rights Reserved）

或“不保留权利”（No Rights Reserved）。这一新兴许可协议的流行必然在一定程度上对传统著作权制度造成影响，使得著作权学者必须开始考虑现有的著作权体系是否能够支持这一在网络环境下逐步流行的授权许可协议。虽然很多国家的版权法律都默认地赋予了原创者很多权利，但是越来越多的人们开始意识到自己并非需要保留所有权利，人们开始越来越理性地看待资源的开放共享和利用。在一定条件下，这一系列协议形式会在很大程度和范围上，让一般公众和使用者得以规避愈来愈倾向加强网络著作权保护的相关著作权法律。从另一个角度来看，这种网络自发采用的许可合同形式很可能会“改写版权法的规则”，促进建立全新的、多层次的、立体的合理使用法律体系，并在此基础上推动著作权法的相关发展，从而在网络环境下建立更合理、更有弹性的著作权保障模式。

8.4 网络科技文献的数字版权管理（DRM）

随着计算机技术和通信技术的迅猛发展，数字媒体产品的传播范围也相应地扩大，由于数字媒体内容易保留、易复制的特征，使得数字产品的侵权、盗版和随意篡改问题日益严重，侵犯了创作者和内容提供商的合法权益，因此，数字媒体内容的保护问题越来越突出。在开放的网络环境下，迫切需要有效的技术手段来保护知识产权，保障数字媒体内容的创作者和出版商、提供商的商业利益。在这样的背景下，数字版权管理（DRM，Digital Rights Management）应运而生，它是保护数字媒体内容免受未经授权的播放和复制的一种方法。与传统的数字版权保护不同，它不仅保护版权所有者的利益，而且管理和保护整个数字产品价值链从创作到发行再到消费这一链条中所有参与者的权利，从而发挥出整个价值链的最大社会效益和经济效能。

DRM 系统是指数字化作品在产生、传播、销售和使用过程中版权管理的技术工具。应该明确，DRM 是“权利的数字化管理”，而不是“数字化权利的管理”。DRM 并不是一种特殊的技术，而是由数字证书、加密、数字水印、公钥/私钥、验证、存取控制、权限描述等许多技术组合起来的系统。同时，与纯粹的数字版权保护技术相比，DRM 强调的是一种系统化的理念，即把对数字版权的管理当成由社会各方面共同参与的工程来对待，完善的 DRM 不仅需要有效的版权保护技术，还需要建立包括信任体系、监督体系、协作体系、责任体系在内的相关机制。该系统的作用是使数字资产（电影、歌曲、书籍、软件）可以受控制地进行电子发行，业主可确定对每份资产访问的次数、方式和条件，DRM 系统确保每份资产均按业主确定的次数、方式、条件进行访问。与此同时，DRM 系统将尽最大的努力保护业主资产内容免受侵害。

8.4.1 数字版权管理的基本原理与实现过程

利用 DRM 技术，电子出版物的内容制造者可用自定义的加密技术来控制对印刷品、音乐或图像等的访问。分销商把自定义“钥匙”（私钥）提供给拥有权限的终端用户，让他们看或听这些出版物，但同时会对用户复制、打印和重新分发加以限制。当一位数字版权拥有者下载一份数字出版物文件时，DRM 软件会检查该用户的身份，与票据交换所联系起来安排酬金的支付和文件解密，并为以后的访问指派钥匙（私钥）。出版物的出版商可以用多种方式限制访问权限，例如，是否允许查看、是否允许打印、是否允许复制或在限定的期限内使用等。DRM 的基本思想都是利用一个系统来保障数字信息交易的安全，相关的权利要求则附在数字信息的内容上。总的来说，数字权利管理的过程分成两个方面：一是电子出版物的生产者描述和规定该电子出版物的使用方式和授权条件；二是通过 DRM 系统来实现前述的内容和目的。

DRM 是对数字媒体进行版权管理的系统性方法。按 W3C（World Wide Web Consortium，万维网联盟）组织的建议，DRM 涉及数字内容使用权限的描述、认证、交易、保护、监测、跟踪，以及对使用权拥有者之间关系的管理，如今 DRM 已经发展到第二代。第一代 DRM 侧重于对内容加密，限制非法复制和传播，确保只有付费用户才能使用，第二代 DRM 在第一代的基础上，在权限管理方面有了较大的拓展。用户、授权和内容是 DRM 系统的三个基本要素，设计和建立数字版权管理应遵循的基本原则是：简单、灵活和开放。数字版权管理价值链的组成包括：①内容创作者；②版权拥有者和管理机构；③内容代理、发行商；④注册与认证；⑤数字版权管理方案提供商；⑥支撑信息系统提供商；⑦内容仓储管理；⑧应用开发者；⑨存储和传输服务、运营；⑩网络服务提供商；⑪接入服务提供商；⑫硬件终端设备制造；⑬软件终端开发。

DRM 的具体实现过程如下。首先，数字多媒体内容提供者（如电影、音乐网站以及数字图书馆等）利用 DRM 系统提供的打包工具对原始的数字文件（包括流文件，如 flash、real player、windows media player 等，文本文件，如 html、pdf、ppt、word 等）进行加密，一般采用 128 位或者 156 位对称算法来完成加密。在完成加密的同时，还可添加版权信息，如作者、版本号、发行日期等。打包的数字文件可以存放在网络服务器上，也可以制成光盘发行。然后，内容提供商可选择许可证交换中心，该交换中心将存储许可证（license）的特定权限或规则，并提供数字多媒体内容权限管理器许可证服务。交换中心的作用是对请求许可证的消费者进行身份验证。数字多媒体内容和许可证是分开存储和分发的，因此更便于管理整个系统。当一个已经获得了数字多媒体内容的消费者点击网站或播放光盘的内容时，机器会自动坚持有没有相应的许可证，如果没有，系统会指示客户到特定的注册地址进行注册，当消费者输入用户名、密码或者插入 IC 卡、IKEY（一种 USB 接口的身份认证令牌）时，认证服务器将校验消费者的身份及其相应的权限，如果校验的结果表明该消费者是合法用户，并且他所点击的内容在其付费范围内，认证服务器将读取该用户的硬件“指纹”，生成一个许可证文件植入该消费者的机器上。如果说打包的过程是给数字多媒体内容加了一把保险锁，那么许可证就是开锁的钥匙，每个合法消费者拥有一个特定的、唯一的钥匙，而且是与硬件“指纹”绑定的。这就意味着即使是合法消费者也不能对数字文件进行非法拷贝、传播，因为拷贝后的文件是加密过的，离开认证的机器就没有对应的钥匙了。

8.4.2 数字权利管理（DRM）的核心技术

（1）数据加密技术。

数据加密技术主要是指 DRM 技术提供者采用一定的数学模型，对原始信息进行重新加工，使用者必须提供密码，才能提取到正确的原始信息。加密过程要求首先建立数字内容文件授权中心，对压缩后的数字内容文件进行编码，利用密钥加密保护，加密的数字内容文件头部存放着 KeyID 和内容授权中心的 URL。当用户请求使用该数字内容文件时，根据数字内容节目头部的 KeyID 和 URL 信息，向数字内容文件授权中心请求与授权相关的密钥解密之后才能使用该数字内容。

加密技术的实现程序是：首先发送者必须产生一个“密钥对”，由一把公共密钥（Public key）和一把私人密钥（Private key）组成，公私密钥之间具有唯一的对应关系，但是由公共密钥无法推知私人密钥的内容。发送时，发送者用加密钥对信息加密，然后将加密后的密文发送给接收者，接收者利用发送人的公共密钥核查发送人的电子签名，并通过解密运算得到作品信息。采用加密方法创建和核查算法函数产生“公共密钥”和“私人密钥”这两套不同但在数学上相关的对应互补的“非对称密码系统”，他人很难在可靠的非对称密码系统的管制下通过公共密钥推知私人密钥，从而起到保护版权的作用。

因此，以数据加密和防拷贝为核心的 DRM 技术基本上是以密码学理论为基础，采用的是将文件加密成密文的密钥系统或公钥系统的传统方法，提高加密、解密系统密级的方法是不断增加密钥的长度，只有授权用户才能得到解密的密钥，而且密钥是与用户的硬件信息绑定的。加密技术加上硬件绑定技术，防止了非法拷贝，这种技术能有效地达到版权保护的目的。当前国内外大部分计算机公司和研究机构的 DRM 技术都采用这种以数据加密和防拷贝为核心的 DRM 技术方法，针对各个应用领域，有不同的 DRM 系统，但是，这种方法在实际应用中变得越来越不安全，在加密视频数据方面存在着缺陷：一个问题是密文脆弱，必须从头到尾无误地解密，如果密文被修改或传输丢失，那么在解密过程中即使使用正确的私钥也无法恢复密文；另一个问题是加解密的费用计算，这在实际应用和低造价的消费电子设备中尤其重要。另外这种将文件加密成密文的方法，在将密文解开后就失去了保密意义，加密的密文还容易引起许多好事者的兴趣，触发他们积极破译的激情。

（2）数字水印。

数字水印（Digital Watermark）技术是在数字内容中嵌入一组数据，在基本不损害原作品质量的情况下（即一般情况下，嵌入的数据通过人的视觉或听觉发现不了），把著作权相关信息隐藏在数字文本、图片、音乐或电影中。与加密技术不同，数字水印技术并不能直接阻止非法拷贝行为，但它可以通过验证产品的所有权来揭露盗版、监视被保护数字内容的传播，以法律的手段对其进行制裁，间接地打消盗版者非法复制的企图，起到保护知识产权的作用。

一般认为数字水印具有以下特点：①不易察觉性：数字产品引入数字水印后，应不易被接收者察觉，也不能影响原作的质量。②安全性：数字水印应能对抗非法的探测和解码，面对非法攻击也能以极低的差错率识别作品的所有权，同时数字水印应该很难被他人复制和伪造。③鲁棒性：数字水印应该能够承受大量的、不同的物理和几何失真，包括在恶意攻击或无意操作的情况下，仍能保持水印的完整性和鉴别的准确性。

在水印技术里有三个基本模块：①水印的生成，即生成想要嵌入到原始图像中的信息；②水印的嵌入，即把生成的水印嵌入到原始图像中，主要利用人的视觉或听觉系统的特性；③水印的恢复，数字水印从可见性上分，可分为可见水印和不可见水印，或称做可感知水印与不可感知水印。从技术上分，可以分为鲁棒水印和脆弱水印；从检验性分，可以分为私有水印和公共水印。可见水印与不可见水印的区别是：可见水印很容易由观察者监测到，而不可见水印则设计成对观察者透明，要使用信号处理技术来监测。嵌入水印要求修改原始媒体数字，例如，在数据里插入一定量的失真，恢复这个失真允许一个人识别数据的所有者；不可见或者透明水印使用人的视觉系统的属性来在嵌入水印的数据里最小化可感知的失真。鲁棒水印和脆弱水印的区别则在于：鲁棒水印设计成用于抵抗那些试图移除或者破坏水印的有意的或者无意的攻击，如有损压缩、滤波、几何放缩等；而脆弱水印则是设计用来能够高概率检测已嵌入水印数据的轻微改动，脆弱水印的主要应用是在内容认证方面。

（3）身份认证技术。

身份认证是一方证明另一方身份的过程，是证实被认证对象是否属实和有效的一个过程，其基本思想是通过验证被认证对象的属性来达到确认被认证对象是否真实有效的目的。身份认证是 DRM 系统的一个重要组成部分，是实施权限管理的基础。身份认证技术多种多样，从最简单的用户名密码、硬件标志技术到公钥基础设施（PKI）技术，甚至生物识别技术。在复杂性、实时性和安全性方面，不同的身份认证技术差异很大。在单机或封闭环境下，身份认证相对简单，被认证对象的属性主要有口令、智能卡或者声音、指纹、虹膜等生物特征识别技术。

①口令核对法是鉴别用户身份最常用的方法，系统核对用户输入的用户名和口令与系统内已有的合法用户的用户名和口令是否匹配来验证用户的身份，它实现方便，使用简单，但是安全性低，网络环境下，口令被明文传输会使身份认证极不安全。

②硬件唯一标志认证技术也被称为硬件绑定技术，用户只有在特定硬件存在的情况下才能使用系统资源，获取硬件唯一标志的方法有很多，例如 CPU 的硬盘 ID，但是只有一部分 CPU 可以获取硬盘 ID、网卡硬件地址、USB 设备 ID 绑定等。

③智能卡是由一个或多个集成电路芯片组成的集成电路卡，智能卡可存储用户的个人化参数和秘密信息。基于智能卡的认证方式是一种双因子的认证方式，若没有智能卡用户就不能访问系统资源，即使智能卡丢失，入侵者仍需猜测个人身份识别码（PIN），才能从智能卡中读取秘密信息，进而利用该秘密信息与主机之间进行认证。

④数字指纹技术具有隐形性、鲁棒性、确定性、数据量大和抗合谋攻击能力等特点。所谓合谋攻击是由于数字指纹系统为每个用户分发各不相同的数据拷贝，几个用户有可能会联合起来查找标记的位置，以达到删除指纹或者陷害其他无辜的目的。目前抗合谋攻击的数字指纹方案有叛逆者跟踪、非对称指纹、匿名指纹、统计指数等。数字指纹技术多用于网络服务中的版权保护，它主要是为那些需要向多个用户提供数字产品，同时希望确保该产品不会被不诚实的用户非法再分发的发行者所采用。

8.4.3 数字权利管理（DRM）的应用情况

目前，DRM 的应用已经从远程教育、信息网站拓宽到企业局域网重要信息保护、宽带保护等众多领域，提供 DRM 技术的厂商也越来越多，大体上分为对流媒体音视频产品提供版权保护的厂商和对电子杂志、电子图书等电子文档提供保护的厂商两类。前者例如微软公司的 windows media，后者例如北大方正 Apabi、美国 Adobe 公司。以下将详细介绍 windows media 的 DRM 方案以及电子图书出版中的 DRM 应用。

(1) Windows Media DRM 的工作流程。

①打包：Windows Media 权限管理器先对数字媒体文件进行打包。打包文件加密后使用一个“密钥”锁定。该密钥存储在一个加密许可证中，该许可证可单独分发。它还会向数字媒体文件中添加其他信息，例如用于获取许可证的 URL。

②分发：打包后的文件放在数字媒体服务器上供流式处理、或放在网站上供下载、或通过 CD 进行分发。

③建立许可证服务器：建立许可证交换中心，该交换中心存储许可证的特定权限或规则，并提供 Windows Media 权限管理器许可证服务。交换中心的作用是对请求许可证的消费者进行身份验证。数字媒体文件和许可证是分开存储和分发的，因此更便于管理整个系统。

④获取许可证：消费者首先必须获取一个许可证密钥为该文件

解锁，才能播放打包的数字媒体文件。当消费者首次播放该数字媒体文件或试图获取打包的数字媒体文件时，都会自动启动获取许可证的过程。Windows Media 权限管理器将引导用户进入注册页（该页要求输入信息或付费），或者从交换中心检索一个许可证而不提示任何问题。

⑤播放数字媒体文件：消费者可根据许可证中所提供的规则或权限来播放文件。要播放数字媒体文件，消费者需有能支持 Windows Media DRM 的播放机。许可证可提供多种不同权限，如开始时间和日期、持续时间以及对操作计数，但是，许可证是不可转让的。这种按 PC 颁发许可证的模式可确保打包的数字媒体文件只能在已获得该文件许可证密钥的计算机上播放。

（2）电子图书（e-book）出版中的 DRM 应用。

在网络出版的整个商业流程中涉及了多个角色，其中包括作者、出版社、发行者、图书馆、书店以及读者，DRM 技术需要保护这些角色的合法权益。同时，为了保证网络出版的顺利进行，DRM 技术还要保证电子图书整个流通过程的安全。实物形式的纸质图书具有的一些属性，例如：①印刷在书上的内容无法被修改。②纸书以“本”为单位进行计数。③纸书的拥有者可以将其借出或赠送给他人。而无实物形式的电子图书也要具有：无法被随意复制、修改；流通过程中可以计数；拥有者权利的转移等特性。电子图书的这些特性，就要求 DRM 技术实现：①电子图书的生成、加密，从技术上防止数字内容的非法复制，或者在一定程度上使复制很困难。②电子图书的存取，检索，安全发行，实现电子图书的销售过程。③实现电子图书的跟踪管理、权利二次分发等。

基于以上电子图书出版对 DRM 技术的要求，在电子图书出版过程的各个阶段，DRM 系统主要从以下几个方面来满足其需求：

①DRM 在电子书创作和出版阶段的功能。这个阶段包括作者和出版社签订协议；对电子书进行编号；作者创作；出版社进行编辑，形成有价值的商业产品；设计电子书的版式，如布局、标记等；对源数据进行编辑；对电子书中的数字对象进行编号，以便根据不同的数字内容，确定不同的权利；根据源数据的内容，将电子

书以目录的形式进行分类。DRM 支持这个阶段，是通过以下两方面来实现的：一是提供一种权利描述语言，它主要用于表述作者和出版社之间协议的内容；二是在作品创作过程中，当内容在作者和出版社之间进行交换时，为确保其安全性和完整性，采用对称分组加密、非对称公共密钥加密、安全 Hash 算法等方式对电子图书进行加密。

②DRM 在电子书进入市场和分发阶段的功能。这个阶段包括在出版社将作品生成电子包后，与分销商或零售商签订数字化的销售协议；出版社将数字内容进行加密；加密后内容的存储；针对销售者阅读器的格式的多样性，对现有的电子书格式进行转换；将电子书传输到零售商的服务器上，源数据也随之传输过去，让零售商或网上书店进行电子书的营销。DRM 支持这个阶段，是通过以下三个方面来实现的：一是为电子书的内容和相关信息提供一个安全的电子包；二是为用数字化的形式表示电子书提供技术方法；三是在分发前、分发过程中和分发后为保证电子书的安全而提供加密技术。

③DRM 在电子书出售给读者阶段的功能。这个阶段包括实现零售商或网上书店对电子书的销售；读者能找到希望购买的电子书；出版社对读者身份进行验证；出版社授权网上书店进行交易；在读者通过银行等第三方金融机构支付了电子书的价款后，网上书店将电子书的内容提供给读者；金融机构对付款进行处理。DRM 支持这个阶段，是通过以下几方面来实现的：一是根据权利描述语言来确定所允许的销售项目；二是为交易中各参与方的活动提供技术解决方法；三是对授权性的交易活动提供技术解决方法；四是对证明交易已经完成提供技术解决方法；五是为金融结算系统提供技术界面，使得交易中获得的款项能根据达成的协议流向交易活动的应得方；六是为读者信息许可系统提供技术界面，使得读者的信息能根据达成的协议出现在 e-Book 网络出版过程中。

④DRM 在读者消费内容阶段的功能。这个阶段主要是指电子书数字内容的获取；出版社对读者信息的收集和存储；对电子书的处理。与传统的纸质出版过程不同，在网络电子书出版模式中，

DRM可对获取电子书的内容提供支持，也能为读者提供售后服务，从而使得传统意义上的销售过程得以延续。DRM支持这个阶段，是通过以下几方面实现的：一是为获取内容和对内容进行解密的密钥提供技术解决方法；二是为打印、出借、赠与、分发和其他处理电子书的方式提供技术解决方法；三是对读者阅读器上的内容进行保护。

⑤DRM在为读者提供支持阶段的功能。这个阶段指对读者如何处理电子书提供技术支持，包括租借的电子书归还、电子书的重新放置；对有关阅读器、下载及电子书文件的问题进行处理；读者出借、赠与、销售和抛弃电子书等。DRM支持这个阶段，是通过以下几个方面来实现的：一是提供支持归还和存放的技术解决方案；二是提供出版社和别的市场参与者能比较容易实现的技术环境；三是提供多样的选项支持，包括备份、存储、建立文档等。①

① 张建华．网络电子书的数字版权管理技术［J］．科技与出版，2006（2）：63

9 网络科技文献出版与利用的发展趋势与对策

本章我们要对我国网络科技文献出版与利用的发展趋势进行分析，并以此为基础，对如何发展我国网络科技文献的出版与利用提出具体的建议。

9.1 网络科技文献出版与利用的背景分析

任何事物的发展都离不开它所处的外部环境。对网络科技文献出版与利用的发展趋势进行准确的预测，也必须认清网络科技文献出版与利用的外部环境。

下面从社会、技术和市场等三个方面对影响网络科技出版的外部环境进行简要分析。

9.1.1 网络科技文献出版与利用的社会背景

网络科技文献出版与利用的社会背景主要包括政治和文化背景两个方面。从政府政策的角度来说，我国政府大力支持网络科技文献的出版和利用活动。这是因为网络科技文献的出版具有很多传统科技出版所不具备的优势，比如速度更快，成本更低，互动交流更加便利等等，这些优势对于促进我国的科技事业发展和文化的国际交流而言具有重要的意义。党的十七大提出了我国文化产业要大发展大繁荣的目标，政府支持我国网络科技出版事业的发展，并期望出版行业（包括网络出版）能在提高国家文化软实力这一大型工程中发挥重要作用。为此，政府主管部门出台了一系列政策支持和引导网络出版事业的发展，这些政策的落实有助于我国网络科技文献出版事业的发展，同时也可以扩大网络科技文献产品的种类，方便读者的购买使用。目前，我国政治民主化进程不断取得进步，网络空间中公民的言论自由与出版自由在法律允许的范围内得到了国家的保护，个人通过网络渠道来出版自己的科研成果具有现实可行性。从用户的角度来看，政府政策保护著作者和出版机构的知识产权，广大网民在不侵害责任者知识产权的前提下，可以对已经发表的网络科技文献进行阅读和使用。这些法规的实施对于网络科技文献的出版和利用无疑具有积极的促进作用。

从文化背景来看，我国文化事业的发展和科技事业的进步目前已经步入飞速发展时期，上升的态势比较明显。而科技文化的发展离不开出版事业的推动和促进，出版自古以来就是积累和传承文化精品的载体，网络的诞生让出版拥有了新的形式，但是出版承载人类思想和认识成果的历史使命依然如旧。党和政府认识到新闻出版业在我国社会发展中的重大作用，并就此提出了许多指导性的意见。党的十七大报告强调，要在时代的高起点上推动文化内容形式、体制机制、传播手段创新，解放和发展文化生产力，这是繁荣文化的必由之路。从出版业发展的角度来讲，政府的支持可以扫清前进途中的很多障碍，比如资金投入的不足，管理体制上的不合理等。科技出版的网络化发展符合纸质媒介和网络媒介融合化的发展规律，因此要发展文化事业就必须遵守媒介演进的内在逻辑，大力发展网络科技文献出版事业。从利用上来看，我国文化事业的发展不仅会为网络科技文献出版创造很多的优质作者资源，而且可以培养更多的读者来夯实科技出版的市场基础。

9.1.2　网络科技文献出版与利用的技术背景

技术对于传媒的发展具有颠覆性的影响，这是西方发达国家传媒业发展历史给我们的启示之一。网络技术将人类带到了文明的新纪元，科技文化的传播因此而发生了巨大的变革。尼葛洛庞帝在其代表作《数字化生存》中曾经指出："信息技术的发展将变革人类的学习方式、工作方式、娱乐方式，一句话，人们的生存方式。"而"当一个个产业揽镜自问'我在数字化世界中有什么前途'时，其实，它们的前途百分之百要看它们的产品或服务能不能转化为数字形式"。虽然纸质媒介在电子媒介出现以后依然会存在，但是网络在科技文化传播的作用越来越重要却毋庸置疑。目前，数字化出版技术的发展突飞猛进，手机、博客、电子书刊、网络数据库等传播形式都被不同程度地应用于科技文献的出版领域。出版生产的流程、工艺、技术上不断的创新，海量存储的磁、光、电等新的介质，扩大了出版的领域，推动了出版业数字化革命。从技术进步的角度来看，数字化出版的内涵还在不断地丰富，将来或许还有其他的传媒形式会被用于科技文化的传播。因此，科技文献出版不得不面对网络传播技术带来的机遇和挑战，否则就会因为不适应而被淘汰出局。

技术背景的变化不仅影响到生产商的制作和销售，改变传统的营销物流的范式，是实现出版业现代化的关键，而且技术的革新对于读者的阅读习惯和信息获取方式也产生了很大的影响。比如年轻人数字阅读习惯已经形成，据统计我国个人电子阅读终端已经超过了1.5亿，创造了数字出版物消费的基本条件。现在有四分之一的读者阅读数字出版产品，而且每年以30%的速度在上升，读者群已经开始形成。作为科技工作者，现在学术研究中的信息搜集几乎离不开互联网的帮助。网络作为与我们日常生活和学习工作息息相关的媒介，给出版带来了新的天地。由于科技出版对于内容更新速度要求较高，因此网络传播方式的出现确实给科技出版带来了可贵的"福音"。与此同时，教育和学术出版面对的是对技术进步成果敏感的文化层次较高的读者，因此可以预见网络科技文献将会受到读者的欢迎。网络科技出版在读者的强力支持必然具有良好的发展空间。因此，我国的网络科技文献出版商应该在数字技术和网络技术的背景下，积极探索传统出版向网络出版、数字出版转型的科学模式，以此来实现科技信息资源的合理开发，并提高国家科技出版的国际竞争力。技术的发展应该以人性化为最终目标，传播技术的

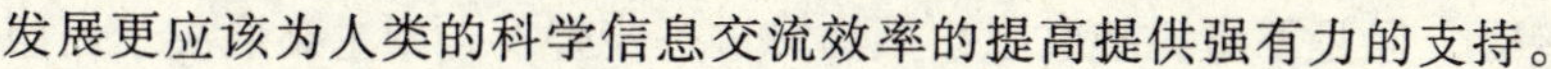

发展更应该为人类的科学信息交流效率的提高提供强有力的支持。

9.1.3 网络科技文献出版与利用的市场背景

网络科技文献出版与利用的市场背景主要指的是对于网络科技出版的发展具有推动作用的、与市场交易有关的外部要素。网络科技文献出版在我国的发展历史还不太长，然而市场化、产业化的发展目标已经得以确立，多元化经营、跨媒介经营、跨行业经营、跨地区经营以及“走出去”——跨国经营都将成为中国出版业未来发展的方向。目前的网络出版市场发展态势总体良好，传统出版企业在政府的支持和引导下，试图通过利用数字出版技术和网络传播技术的成果来实现自身的转型，一些网络运营商和门户网站开始涉足网络出版领域，期望在这个新兴的领域能有所收获，网络科技文献出版领域的竞争不断增强。当然，要想在网络科技出版竞争中获得制高点，内容资源的优化和集成是最为重要的因素。为了达成这个目标，网络科技文献的出版商必须加强彼此之间的合作，通过和传统出版企业的合作来开发他们积累起来的优质信息资源，通过和技术开发商的合作来提高产品的人性化程度，通过和同行的合作来更好地把握市场机会。

从读者利用的角度来看，网络科技文献的市场培育工作已经取得了明显成效。我国地广人众，受过教育的人数随着教育事业的发展也在不断增多，这给我国网络科技出版的发展提供了广阔的市场基础。目前，中国的出版行业告别“短缺经济”，供给不足的现象销声匿迹，读者的权利越来越大，买方市场格局已经定型。在网络出版领域，同样必须重视读者的话语权，读者关注的焦点和读者兴趣的转移才是网络出版商开发产品、开拓市场的逻辑起点。网络科技文献的读者集中在文化层次较高的专业人群，这类读者的自主意识非常强烈，个性化需求明显，诸如此类特征都是网络科技文献的出版商提供信息服务时必须予以重视的关键。网络媒介的发展发达给出版商提供科技信息的服务质量提供了技术上的支持，同时也提供了信息服务的要求。总体来说，读者对于网络科技文献已经基本接受，但是网络科技文献出版物的进一步普及，则主要取决于出版物本身质量的提升和服务的完善，与此同时，一些诸如交易方式的便捷化、印制的个性化、需求满足的及时化等相关的问题的妥善解决也是网络科技文献出版发展过程中不能忽视的问题。

9.2 网络科技文献出版的发展趋势分析

我国自古以来就非常重视文治教化，将经典书籍看得非常神圣。古人对“识文断字”（阅读）非常重视，许多其他方面表现平平，甚至毫不足取的人，却常常因为有知识而受到他人的重视。在网络时代，国人对于知识信息的重要性更是大为推崇，及时有效地获取信息成为人们工作和生活的必需。随着信息技术的进步和读者习惯的适变，不难预见网络科技文献出版事业在未来将具有良好的发展前景。网络科技文献出版作为一种重要的科技信息传播方式，将会呈现什么样的发展趋势？科技文献的网络出版将会对科学信息交流和人类社会进步产生什么样的影响？这些问题的解决固然要依赖出版界同仁的探索和创新，但是从理论的角度探讨网络科技文献出版的发展趋势同样具有重大的意义。通过系统的调查分析，我们发现网络科技文献的出版发行将会呈现出以下几个重要的特征。

9.2.1 网络科技文献出版在数量上将呈现出爆炸式增长态势

网络科技文献的出版与传统的科技文献出版相比，它的信息容量更大，内容无须复制，而且出版周期更短（甚至可以实现即时印制），与此同时科技文献资源随着科技创新的加速度发展也会呈现出几何级数增长的态势，以上两种因素的交互作用，最终将共同推动网络科技文献数量的爆炸式增长。这样一种发展趋势对广大的科技工作者和科研人员的工作来说无疑是有助益的。胡锦涛同志在2006年1月9日召开的全国科学技术大会上号召全党全国把增强自主创新能力作为国家的重要战略，贯穿到社会主义现代化建设的各个方面。随着政府的政策支持和大力引导，我们相信中国的科研工作会逐步前进。科技创新的进步，会促使科技文献的数量以加速度态势增长，网络出版科技文献的数量也会因此而出现突破性的增长。为了推进网络出版事业的繁荣发展，总署已经制定颁布了新闻出版总署“十一五”产业发展规划。在这个基础上，还制定了国家网络出版产业的中长期发展规划，并抓好网络出版的重点工程。近期，特别要抓好中国网络学术文献出版总库，中国教育资源网络出版总库，中国精品图书出版总库，中国学位论文网络出版总库，中国年鉴网络出版总库，中国民族网络游戏出版工程，中华大典和中华数字古籍全书等重点网络出版工程。我们相信在政府和行业同仁的共同努力下，网络科技文献出版将会有一个更加辉煌灿烂的未来。

目前，国内知名的数字出版公司主要有北大方正、北京书生、中文在线等。2006 年中国电子书的市场规模约 2 亿元人民币，预计到 2015 年销售额将达到 100 亿元人民币。全国 450 多家出版社出版的电子书已达到 30 多万种，成为全球单一语种最大的电子书库。2006 年中国网络杂志用户规模达到了 4 000 万人，约占网民总数的 30%。原创型网络杂志市场规模已达到 1 亿，预计到 2010 年用户数将突破 1 亿，市场规模有望超过 12 亿元人民币。目前，国内大型新闻集团都已将纸制报纸的电子版内容上网，并通过互联网广泛传播平面媒体的新闻。截至 2007 年 5 月，全国已经推出或正在实施网络报纸的报社总共有 88 家，报纸约 250 种。例如，清华同方知网公司通过国家验收的“中国学术期刊网络出版总库”在新闻出版总署公布的正式期刊 9 584 种中已收录出版 7 638 种（其中不包含科普类和年鉴类），《中国学术期刊全文数据库》收录期刊 8 206 种，全文文献总量达 2 760 多万篇，最早回溯年代为 1987 年。它拥有机构用户 17 500 多家，其中海外机构用户有 510 多家。年文献下载量达 12 亿篇，最终用户达 2 600 万。维普资讯从 1993 年正式成立至今，收录中文期刊 8 200 多种，截至 2006 年 11 月共计收录文献 1 600 万篇，每年新增约 240 万篇，拥有固定客户 2

000余家。万方数据成立于2000年，其前身是1993年成立的万方数据公司和后来在此基础上升格的万方数据集团公司。该公司的互联网期刊出版到目前为止已经收录期刊5 607种。几家传统期刊网络出版商收录的期刊有很大的相似性，当然也存在着一定的差异，规模也不尽相同，集中化和集约化将是以后发展的重要方向。

从事网络科技文献出版的企业数量并不多，目前国内比较有影响的仅有清华同方、万方数据、维普资讯等。但是，2006年这一领域的总销售收入已逼近6亿元。以清华同方为例，它的中国期刊网所收录的期刊杂志已达7560多种，占中国现有期刊杂志总数近75%的比例，占所有学术科技期刊总数98%，已成为国内最大的传统期刊的网络出版平台。值得指出的是，广大的网络出版机构不应该仅仅盯住数量的增长和规模的扩大，而是要在文献信息资源内容的分析、加工、集成、整合、优化方面狠下功夫，同时应该根据市场细分的结果和自身战略定位的要求来实现差异化的经营战略，减少重复和雷同的功能，提高单体用户的满意度。

9.2.2 网络科技文献出版在效率上将以降低成本作为努力的方向

成本是国内的消费者一直比较关心的问题，在产品质量同质化的情况下，如何降低消费者的购买成本是出版机构应该始终努力的方向。网络科技文献出版与传统的出版方式相比，在成本控制方面具有许多优势。首先，网络科技文献的出现，使得科技文献的阅读和使用不再局限于纸质印刷品。读者的网上阅读演变为时尚，而网上阅读可以节省纸张油墨等印刷材料的成本。其次，网络科技文献出版不需要库存（厂商节省了仓库的建设和管理成本）、不需要发行场地（发行场地的房产和经营成本也可以省去）、不需要读者去固定的销售场所（帮助读者节约了交通费用和时间成本）、不需要中间商环节（避免了中间商的利润截流），可以大幅度节省消费者的购买成本。再次，读者可以根据自己的偏好和需要来选择文献的内容，例如对于自己研究不需要的章节可以不进行购买等，这样也可以帮助读者节省购买成本。而这在传统出版印刷技术条件下这种要求是无法满足的；另外，网络出版物中的精彩片段可以采用DRM（数字版权保护）等技术来进行特殊处理，这样可以有效地防止盗版，从而也减少了出版机构由于盗版可能带来的损失，降低了网络科技文献营销的成本。最后，网络科技文献的出版可以严格按照市场需求来出版发行，因为网络出版物可以进行无数次复制，所以不存在生产过剩和库存积压的问题，当然也不会出现供给不足的问题，这样一来，规避和化解了经营风险。总之，在成本的控制方面，网络出版比传统出版更有优势。

科技文献的网络出版虽然与传统出版相比在成本管理方面具有上述的许多优点，但是当每一个网络出版机构都具备这些优势时，相对优势就会不复存在。所以，成本依然很难成为未来出版业各个出版机构竞争的关键性因素。出版机构应该在利用技术优势进行严格的成本控制之外，设法营造其他方面的竞争优势，以特色和服务来提高自己在竞争中取胜的筹码。因为从营销学的角度来看，价格的竞争虽然必要却并不能看做是高明的竞争手段。

9.2.3 网络科技文献出版在读者服务上将进一步强化“读者为本”的经营思路

市场经济的发展和社会的进步使消费者在与厂商博弈的过程中逐渐占据了有利的地位，买方市场的格局已经形成而且在长期内不会改变。读者与出版机构的关系也发生着同样的演变。在传统出版时代，读者读什么在很大程度上是由编辑和出版社来决定，因为图书商品的供应范围是由编辑和出版社确定。然而，时至今日，读者主动选择权越来越大，没有任何出版机构可以不顾读者的阅读需要而盲目地去生产、营销。可以说，以前是编辑和出版人为读者设计文化产品，现在则是读者参与设计甚至读者自己独立设计然后委托出版社加工生产。“读者为本”的经营理念已经成为出版机构在竞争中取胜必须遵循的王牌法则。而读者为本最为核心的精神就是要尊重读者。尊重读者才能关怀读者的阅读需求和消费偏好，尊重读者才能体会读者的交易习惯和阅读心理。读者为本就是要求出版机构将自己的营销对象真正作为上帝来看待，认真、细致地做好读者调研工作，分析读者阅读心理和购买过程中的每一个细节，并建立数据库来储存和处理这些信息，挖掘大量读者行为信息中潜藏的盈利机会，利用自身的实力和资源为读者提供令其满意的产品和服务，同时实现自己的发展目标。

网络科技文献的出版依托网络这一传播介质，网络这一载体具有传统的纸质媒介所没有的特点，如何让读者借助因特网来充分地享用海量的信息资源，是网络出版机构应该考虑的重要课题。从中国出版科学研究所进行的“全国国民阅读与购买倾向抽样调查”中可以看出，传统的纸介质出版物的阅读逐年下降，而新兴的网络媒介阅读则在逐年上升。特别是中青年读者中，通过互联网来阅读已经成为时尚或主要的阅读方式。根据调查数据，个人电子阅读终端的销售量已经超过了1.5亿，中国网民数已达1.37亿。这些研究数据告诉我们，网络科技文献的出版具有着很大的发展空间。中国有着巨量的人口基数，市场容量非常庞大，每个网络科技文献出版机构应该研究国内阅读市场的特征，对科技文献的网络阅读者进行调研，根据不同的标准进行市场细分，然后根据外部环境和自身的战略方向、资源实力来选择服务对象。在提供信息资源服务的过程中，要坚持“读者为本”的经营思路，以人性化的产品和服务赢得读者的信任和依赖。读者为本的策略是未来网络科技文献出版者生存和发展的必由之路，违背了这个基本法则的企业必然会在激烈的竞争中败北。

9.2.4 网络科技文献出版在主体上将涌现出一批品牌企业

塑造和巩固品牌在企业的经营管理中具有十分重要的作用。品牌可以使消费者在选择产品和服务时更加青睐于某个企业，这对于企业的市场营销工作来说意义重大。品牌的塑造和维护具有一定的规律，起初是企业努力在消费者心目中占据一定的、不可替代的地位，然后通过一如既往地践行自己的承诺，不断改进产品和服务来增强消费者的满意度，这样消费者对于品牌的依赖和忠诚才会延续下去。当然，人有生壮老亡，品牌也具有生命周期，企业的品牌管理应该研究品牌形成、发展和灭亡的规律，并在此基础上建立和管理自己的品牌。

在未来的经济社会中，企业与企业之间的竞争最为重视两种因素，即速度和信誉（品牌）。所谓速度，是指企业要提高自身对复杂的、快速的外部市场需求变化的应变能力，如果企业的反应速度跟不上消费者随意的、不确定的需求变化，那么该企业在未来的竞争中就很难立足；另外，信誉在消费者的选择中所占有的地位也越来越重要。由于产品质量的复杂性和社会分工的进一步发展，消费者在产品质量方面与企业之间存在严重的信息不对称。这为消费者快速、低成本地作出购买决策带来了难度。此时，品牌以及企业的信誉在人们进行消费选择时将起着重要的影响和导向作用。企业的信誉使消费者以较低的成本搜寻到自己想要的商品和服务，降低了因信息不对称等因素而选择错误的风险。这种次优选择因此成为了消费者的普遍行为特征。因此，如何塑造品牌必然成为网络科技文献出版机构的核心问题。

一些大型网络出版工程开始实施并正在形成品牌。这些工程中有的是企业自行研发实施，比如由清华同方知网、北大方正等公司开发并实施的数字出版工程；有的是国家纳入计划或正在建立的示范工程，包括《中华大典》等。纳入国家“十一五”规划的数字出版工程有数字化多媒体研发工程、国家数字化复合出版系统工程、中华字库建设工程、国家知识资源数据库出版工程、国家动漫振兴工程、中国古籍数字化工程、国家版权保护技术开发工程以及数字化文化传播工程等。其中，清华同方知网投资3.45亿元研制开发的中国学术期刊网络出版工程，就是一个采用数字化技术兴建的超大规模的学术期刊、文献数据库。该库收入了国内学术期刊6 642种，品种上占了同类期刊的93%。学术论文上占了整个学术论文的99%。绝大多数的期刊实现了从创刊号到最新一期的数字化，包括有上百年历史的期刊。现在这个工程已经通过了国家验收。此外，北大方正的Apabi电子图书工程也形成了品牌，具有了一定的市场规模。目前网络出版科技学术文献数据库出版，已形成学术研究、信息采集、资源建设、网上服务、知识产权保护等较为完善的产业链，其中尤以网络学术期刊发展最快。例如较早进入电子图书领域的北大方正、中文在线等几家企业，已将全国500多家图书出版社的120多万种的图书资源进行数字化的整合集成，占据中国电子图书市场90%以上的份额。谁具有平台化优势，谁就具有竞争优势。例如清华同方的清华期刊网，目前收集的期刊已达760多种，占中国所有期刊总数的75%，占所有学术类科技期刊的98%，成为国内最大的传统期刊的网络出版平台。此外，新浪在网络新闻、百度在搜索领域的品牌影响力，都说明平台化在互联网信息服务竞争中的重要地位。

市场竞争的结果将出现30%甚至更少的企业拥有70%以上的市场的竞争格局。对内容、技术、渠道和资金资源具有更大集约整合的企业，在市场竞争中的优势变得日益明显。例如上面提到的北大方正、中文在线等几家企业，已将全国500多家图书出版社，120多万种的图书文献资源进行数字化的整合集成，从而占据中国电子图书市场90%以上的份额。另外，社区化将成为网络出版的新趋势。中国约有80%的网站具有独立的社区，其中有60%的网民通过社区寻找问题的解决方案，33.5%的社区网民消费行为受到社区论坛经验的影响。随着网络出版的快速发展，越来越多出版网站开始通过用户参与性、互动性和主题特性，形成具有用户归属感的出版内容增值服务。这种社区化的发展趋势更有利于出版企业有针对性地进行品牌推广和营销沟通，以更低的成本管理出版社的客户关系。

9.2.5 网络科技文献出版在内容上将更加重视资源的整合与集成

内容资源的高质量和获取的简易性是网络科技文献出版取得成功的关键要素。网络科技文献资源的内容必须走整合和集成化的道路才能够满足读者不断提高的消费需求，使读者能简单、方便、系统、全面地获取想要得到的信息资源。对于既有的内容资源，出版机构只有对其进行加工、整合和集成处理，才能使内容资源以更加精粹、更加全面的面貌呈现在读者面前。内容资源的有效集中和整合也有利于读者一次性全面高效地获取自己所需的文献资源，为读者治学研究提供了方便，从而降低了整个社会的文献资源交流的交易成本。

在具体操作层面，就是在明晰产品战略定位的前提下，把科技文献资源全面整合在数据库平台上，进行集约化生产、传播和经营，设计以网络科技文献资源产品为源头的关联性产品线，并通过不同传播渠道直销适合不同目标客户群的产品（或服务），实现出版机构每种资源的一次开发多次运用。同时，实现数据库中各分类资源之间的互动和关联运营，提高网络信息资源的开发效率，以较低的成本获得较高的社会收益。要做到这一点，技术上攻关的重要性自不待言，经营管理上思路创新其实更为关键。

我们以出版软件开发为例来说明。如表 9-1 所示，各出版软件提供商都不再独立从事某一专门的软件开发，而是都在朝通用软件和系统集成的方向发展。其特点是编印发的一体化、业务财务的一体化、书报刊的一体化、软件和网站的一体化等，资源集成、优化的意识非常强烈，符合读者阅读趋势发展的需要。

表 9-1　部分出版软件提供商①

企业	技术侧重点	软件模块或主要产品
云因信息	出版社管理系统	编务、出版、发行、财务、书店、网上发行、书目数据库、决策支持、信息管理平台等
人民时空	出版社管理系统	出版社管理、期刊管理、办公管理、门户网站等

① 郝振省等．2005-2006 中国数字出版产业年度报告．北京：中国书籍出版社，2007：27

续表

企业	技术侧重点	软件模块或主要产品
大汉网络	报纸信息发布软件	内容管理、网络办公、政务审批、媒体网站建设
北大方正	报纸信息发布软件	激光照排、数码印刷、报业数字资产管理、数字版权保护等
巴颜喀拉	新华书店系统	书业物流管理、零售店业务管理、省级新华书店连锁经营、图书信息交易平台等
中启	新华书店系统	书城、销货店图书综合业务管理系统（ERP、E-SCM、E-CRM）、集团化图书连锁经营管理系统、图书发行 B2B 电子商务交易平台
益华	民营发行商系统	发行管理、书店管理、连锁店、电子商务等
广智	民营发行商系统	图书流通、发行管理、分销信息采集与分析等
DPOK	跨媒体复合出版系统	出版发行单位全面数字化解决方案

（注：该列表中的内容主要来自各软件商网站说明）

再比如，四大互联网期刊技术提供商、四大数字图书馆（或电子图书）提供商等，提供的都是一种集成化的平台技术，这种平台技术能供多家出版单位同时使用，具有数字版权保护技术或通过会员、点卡等进行销售的商业模式，有些甚至还集成了多媒体技术、动态交互技术等。方正电子图书的阅读软件采用跨平台开发技术，除了支持 PC 阅读以外，还支持手持阅读器和掌上电脑，可以在 Windows 平台、津科公司 Wolf 平台、嵌入式 Linux 平台、

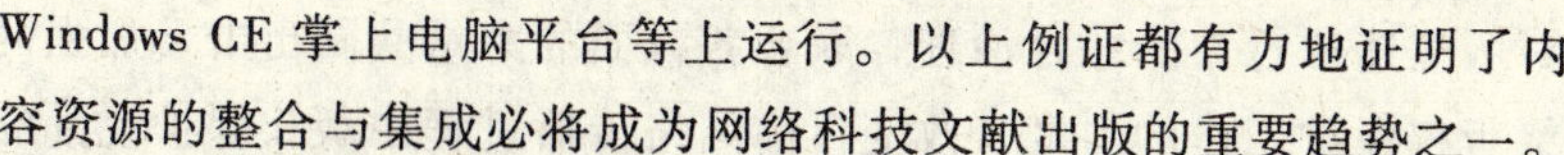

Windows CE 掌上电脑平台等上运行。以上例证都有力地证明了内容资源的整合与集成必将成为网络科技文献出版的重要趋势之一。

9.2.6 网络科技文献出版在版权上将进一步加大保护力度

当今社会经济全球化趋势继续发展，科技进步日新月异，尤其是在信息技术飞速发展的形势下，解决网络版权保护问题十分紧迫。出版产业如何从容地应对数字复制技术和互联网传播技术对版权保护提出的要求和挑战，有针对性地加大对网络盗版侵权行为的制裁和打击，营造良好的网络版权保护的法制环境，促进传媒产业发展，繁荣网络文化，是目前应该认真考虑解决的一个问题。版权保护问题在网络出版领域非常复杂但却十分重要。版权保护在传统出版业中由于种种原因没有受到充分的重视，已经给中国的出版业、经济社会的发展和国际形象造成了巨大的负面影响。因此，网络出版作为未来传媒发展的一个重要方向，必须高度重视版权保护问题。

网络信息资源规模海量，出版机构要在短时间内与众多的作者谈判以取得版权，工作量的巨大和成本的昂贵是难以想象的。除此之外，在版权保护方面还存在以下障碍：侵权者的手段比较隐蔽，侵权者极力通过技术手段规避法律的限制和制裁；有的侵权者身份隐蔽，特别是未经备案的网站或者资金规模小的公司，采取维权措施得不偿失，但一经传播，危害严重；网络数据易删除，对发现盗版、快速取证要求较高；质证、认证过程复杂，需要法律专业知识；侵权者滥用诉权、找寻公证瑕疵，甚至通过撤销公证程序等方式来拖延责任认定和赔偿；权利人权利意识淡薄或者畏惧维权之路的复杂和艰辛而主动放弃；申请行政执法，涉及工商、公安等多个部门的协调配合，综合治理所需头绪多，难以落实到位等①。由此可见，在版权保护方面，中国出版业的任务还非常艰巨，需要加强

---

① 郝振省等．2005-2006 中国数字出版产业年度报．北京：中国书籍出版社，2007：37

对版权违法行为的综合治理，联合各方面的力量共同出击，加强网络版权保护工作的力度，改变目前网络传播过程中版权保护混乱的现状，为网络出版事业的健康发展创造良好的外部环境。

其他国家在版权保护方面的经验值得我们学习和借鉴，下面兹以邻国的做法为例，进行简要分析。根据韩国文化观光部版权处处长金桢培先生的介绍①，数字化环境下韩国对版权法进行了以下修订：第一，引入了“公众传播，以数字音频传输”的概念。其中包括网络信息传输这种新的传输方式。第二，允许正规学校的远程教育进行在线传输，希望能够借此推进网上教育这种新的教育手段的发展。第三，引入了表演者和录音制品制作者对于录音数字传输技术获得报酬的权利。数字音频传输组织可以未经表演者和录音制品制作者的许可而使用录音，但必须支付报酬。第四，强化服务提供商的责任，杜绝非法复制和传播。诸如 P2P 等一些互联网服务提供商，就是有责任安装一个过滤系统，以便接到版权人要求时，发现并删除侵权材料。因为在韩国，通过 P2P 或者 Web 的非法下载，每年给文化产业和电影、音乐业造成大约 800 万 ~ 100 亿美元的损失。如果没有遵守这条法律要求的话，互联网服务提供商将被处以 3 万美元的罚款。第五，韩国版权委员会的职责和作用将会被扩大。在数字执行方面，需要对版权进行认证，通过这样的认证体制，正确确认版权权利人，同时在相互信任基础上，也有助于国际间的商业往来。同时，引入了一种叫做“要求移除侵权材料的行政命令”。另外，韩国加重了对于侵权行为的惩罚力度，以提高版权保护的有效性。经过修订后的韩国《版权法》最大程度地保护了版权所有者以及使用者的利益。韩国政府不但致力于保护版权所有者以及在韩国建立合法的使用环境，而且在国际也积极地寻求版权合作。韩国与我国具有相似的国情和文化传统，他们的版权保护经验值得我们借鉴。

目前，版权保护主要做好以下两个方面的工作：第一，版权保

---

① 金桢培．数字环境下的韩国版权法．http：//media. people. com. cn/GB/6002519. html（访问时间 2007-8-16）

护需要一个全局性的战略规划。这个总体性的战略要在政府主管部门的指导下来制定，要兼顾到出版自身的领域，竞争对手的领域和未来可能涉足的领域，力争做到标本兼治，即总体战略必须具有一定的柔性。第二，在现有版权保护的机制下，政府主管部门应该加大惩恶扬善的力度。在版权保护的过程中，要敢于对一些版权侵害人进行适度、适当的有效打击，树立版权企业的正面形象。网络版权问题本身的复杂性、网络发展带来的许多技术性难题和综合治理对多个部门协同作战的高要求，使得版权保护工作任重道远，需要各方长期的共同探索和不懈努力。

9.2.7 网络科技文献出版在质量上将采用多种方式有效控制

内容质量是信息服务的生命线。网络科技文献出版必须高度重视内容的质量控制问题。网络作为传播信息的新型载体，具备传统媒介所不具备的很多优点，比如，互动性、及时性等，这些特点可以看做是网络媒介对旧媒介缺陷的弥补。但是，网络媒介也具有不可避免的缺点，比如传播的信息没有经过权威机构和专业人士的检验把关，其可靠性、科学性和可信度存在很大的问题。社会中少数成员可能为谋私利利用网络来散布一些虚假、误导的信息。因此，网络信息资源的质量必须重新设计机制来予以保证，否则，网上文献资源的出版利用肯定会受到阻碍。

传统图书出版业中，编辑工作的严格要求保障了图书内容的高质量，三审三校等工作程序上的科学安排和设计在出版管理部门的监督下得到了较好执行。与传统的科技文献出版相比，网络科技文献出版中的质量控制更难也更为重要。网络科技文献出版的质量控制，不仅是内容，还包括技术等层面。因此，其质量控制的方法也必然是多元化的。在未来网络科技文献出版的质量监控体系中，以下方法都会出现。

第一，人们对网上文献出版质量重要性的认识会不断加强。网络出版是一把“双刃剑”，一方面它推动了出版方式和阅读习惯的变革，给文化事业的发展带来了新的契机，另一方面由于内容发布的个性化、便捷化和阅读器与阅读方式的多元化、数字化等因素的影响，网上文献内容监督管理工作难度大大提高。为了给网络科技文献的出版保驾护航，各级管理部门以及广大的网络出版工作参与者必然会从思想观念上对质量控制工作予以重视。

第二，网络文献出版方面的监管法规会不断地建立与完善，并督促各个出版机构严格执行。从动态博弈论的角度来分析，法律的完善程度再高，也会出现“上有政策下有对策”的情况，所以法规的制定要采取动态优化、螺旋推进的原则，在实施的过程中根据反馈不断地调整改进。此外，现有法律的执行非常重要。有法不依使法规变成一纸空文。

第三，网络科技文献出版将会制定统一的技术标准。技术上标准的统一有利于行业的长远利益，有利于公平合理竞争环境的形成，从出版行业发展的角度来看，统一的技术标准可以降低整个产业的交易成本，可以方便读者的阅读使用和消费选择，也有利于产业的长远发展和生态平衡。因为统一的技术标准可以使读者在选择不同厂商的产品和服务时，具有更大的选择空间，而不是受制于标准的差异，不能轻松地在不同的产品和服务之间自由转换。从产业的长远发展角度分析，技术标准的统一可以促使各个企业将竞争的重点放在产品和服务内容的完善上，而不是借助于标准的差异来互相对抗，这样就避免了整个行业资源的浪费和行业生态的失衡。在条件成熟的基础上，标准的统一还有利于不同厂商之间的合作和双赢。根据有关报道，在互联网领域，中文标准严重缺失，4 000 项国际标准中只有三项由中国制定。这三项标准分别是 2006 年 10 月公布的《中文域名注册与管理标准》（RFC4713），以及《互联网信息传输中文字符编码标准》（RFC1922）和《中日韩多语种域名注册与管理标准》（RFC3743）。其中 RFC4713 和 RFC3743 的作者来自中国互联网络信息中心，RFC1922 的作者来自清华大学。除了这些互联网基础性标准外，网络出版方面的标准化具体包括：出版元数据的标准化、网络出版的标准化、出版物流系统的标准化等。由于缺乏统一的标准和文本格式，各信息资源提供商生产的电子阅读设备在文本格式上不能兼容，这既不利于出版机构开发通用格式的网络文献，也不利于读者的讨价还价和自由选购。比如，我国电子图书的格式就有 CEB、PDG、SEP 等，然而国际上通用的则是 PDF 格式。近年来，在新闻出版总署科技司的领导下，出版业的标准化工作正在有序地展开。如 2006 年 1 月 26 日公布了《图书流通信息交换规则》，出版元数据标准化、网络出版标准化的制定工作也在进行中。

第四，加强公民网络传播方面的道德建设，将会形成文明上网、文明传播的良好氛围。网络提供给社会公众的是虚拟的环境，在这个环境中人们可以自由地交流沟通、传播信息知识，但是网民必须认识到网络平台也是一个公共空间，个人的行为很可能会对其他人造成伤害，为了不让自己和他人受到伤害，最理智的做法就是每一个人都克制自己不去做不利于他人的事情，所以每个公民都应该约束自己在网络上的言行，做一个高素质的文明网民。道德建设作为降低监管成本的重要方法，具有防患于未然和低投入高产出等特点，是加强网络信息资源内容监管不可或缺的手段。

9.3 网络科技文献利用的发展趋势分析

网络科技文献出版事业的发展潜力到底如何，这最终决定于读者的利用情况。读者对于网络科技文献的需求是网络科技出版发展的动力源，网络科技出版的经营者只有高度关注读者利用的基本特征及其发展趋势，才能在经营过程中有针对性地进行战略战术的调整，以适应不断变化的阅读市场。根据调查研究，我们认为读者对网络科技文献的利用将会呈现以下六个特征。

9.3.1 网络科技文献的读者将会更加青睐检索功能完善的阅读对象

读者利用网络科技文献非常理性和务实，这是我们在前文中提到过的观点。根据心理学研究的结论，希望以最小的付出得到最大的回报是人们做事时一种普遍的心理追求。因此读者在利用网络科技文献的时候，大都希望可以非常迅捷地检索到符合自己需要的网络科技文献。“最省力法则”的存在对网络出版商提出的要求就是要尽力完善系统的检索功能和提高易用性，让读者尽可能方便简捷地查询到所需信息。另外，网络科技文献的出版商应该通过BBS、电子公告牌、E-mail、QQ，或者设置回答问题的网站，对具体问题，提供快速、免费回答等，来答疑解惑、指导使用。这些功能是读者利用网络文献资源最核心的需求。

未来的个人电脑将朝着智能化、个性化和简易化方向发展，操作系统的用户友好性和亲和力将不断增强。比如微软和苹果公司都在致力于操作系统网络化的研究，使其中的任一应用程序都能“连接”进行“网络检索”，并与网络“交互”，使搜索引擎检索界面“傻瓜化”，使用户学习和检索网络信息简单化。网上自动标引、自动文摘、自动漫游、机器翻译、多媒体技术、动态链技术、数据挖掘和信息推拉等技术的逐步发展和完善，使用户越来越高效地检索到信息。这些硬件和软件技术的发展都有利于网络信息检索技术的简单化。网络科技文献的检索功能也应该追求简单化，扫除读者的技术使用障碍，真正实现以人为本。

从消费心理的角度来分析，及时获得真实准确的信息是信息用户的消费目的。面对海量的网络信息，使用者必须了解互联网信息资源的组织和分布，掌握信息检索的方法与技巧，设计正确有效的检索策略，只有这样才可能敏锐、准确地捕捉到有用的信息，提高检索效率和效果。因此，读者青睐的是那些能为其提供完善检索功能的网上科技文献或服务网站。为此，出版商应该尽量地完善系统的检索功能，对网络科技文献资源进行科学的分类和组织，在检索网页上列出详尽的、明晰的使用说明，搜索结果应该附加言简意赅的内容说明以便读者决定是否进一步阅读详细内容，对读者的检索方法给出合理化的建议等，总之，要为读者提供方便的检索条件，要让读者以最小的成本实现信息检索的目标。读者对于网络科技文献的利用，随着工作学习节奏的加快，必然会更加重视检索的快捷性和易用性。相应地，网络出版商应该不断地根据读者的需要和建议，改善自己的系统功能，为读者提供高效、方便的信息检索服务。

9.3.2 在利用网络科技文献过程中读者参与程度将会大为提高

读者利用网络科技文献是一个享用信息服务的过程，在接受信息服务的过程中，他们有许多意见或者建议需要厂商来聆听。在传统的出版时代，这些问题和建议的传达非常困难，而网络的发展则为读者和企业提供了互动沟通的平台。网络技术的发达，让读者与出版商之间的沟通可以以极低的成本来进行，这种进步改变了以前出版商以自我为中心而不是以读者为中心的经营思路。商业哲学的改变反应在营销实践中就是读者参与程度的提高。也就是说网络出版商会让读者参与到出版物的策划设计中来。产品的策划设计是营销工作最为核心的环节。产品最终将以何种形式呈现在消费者面前，这在以往是由企业根据市场调研的情况来决定的，消费者并没有多少发言权。但是从营销活动的实质来看，营销的目的是在提供消费者满意的价值的同时实现企业的利润目标，而要达成这个目的，就应该让读者对产品的策划和设计拥有话语权。网络的发展赋予了消费者参与策划设计的权利。

有论者提出，21 世纪人类将进入“体验经济”时代，在体验经济时代，人们不再满足于产品品质的完美、价格的低廉和服务的周到，而是追求参与设计和制造的过程，希望自己能够参与到产品的设计、加工和流通的过程中。这种趋势一方面是由于人们经济实力的增强，休闲时间的充裕；另一方面也是由于个性张扬的需要，因为参与产品的设计加工可以给产品赋予个人化的特征，使其成为消费者的“另一个自我”。从心理体验的角度来说，消费者希望能够自己做主，体会产品由理念变为现实的整个过程，这是一种较高层次的消费需求，对于重视精神享受的消费群体来说，认同程度会更高一些。比如，近年来北京等大城市的一些“白领”选择在节假日去郊区果园摘水果，摘到水果之后再与果农结算购买，而不是到超市直接购买，可见他们就是为了体验摘水果这个过程带来的乐趣。劳动的过程是有一些辛苦的，但是“先苦后甜”，付出努力后取得的成果享受起来更加愉悦，这完全可以看做是一种“情感消费”了。所以说，体验也是一种消费欲望，它赋予消费者自我设计、自我创造、自我享受的巨大空间，营销工作者应该重视消费者的参与和体验需求。

具体到网络科技文献利用上，读者也希望能够定制符合需要文献资料。对于某一个学科门类的教育和研究来讲，具体的某个读者需要的可能只是某一部分，这个时候，网络科技文献的出版商应该为读者提供符合他们要求的文献资源，比如说按照他们的定制要求来传递文献资源，或者帮助他们即时印刷并尽快配送。另外，读者的消费会具有一定的连续性和稳定性，当同一门类的科技文献更新的时候，内容服务商应该尽快通告用户，并由他们决定是否购买。这种互动式的信息服务方式，可以让读者充分地参与到营销的过程中来，将自己的想法充分表达并变成现实，体验自我做主的情感愉悦。研究整合营销传播的营销学大师舒尔茨曾经极力倡导“消费者导向”的营销哲学，他认为传统厂商更多地是从内而外的思考问题，想问题更多从自己能够提供的产品服务出发，而不是从消费者内心的需要出发，正确的想法应该是从外而内，努力迎合消费者的需要，营销创新应该以人心为导向。网络科技文献的出版商应该从读者的需要出发，注重读者的体验需求，与其平等沟通，积极互动，在读者参与的前提下达到双赢的目标。

9.3.3 读者对网络科技文献需求的个性化进一步凸显

在现代经济社会中，买方市场的形成使得企业必须对消费者的需求给以充分地关注和重视，这是企业生存和发展的需要。营销活动的关键不在于企业的生产能力和成本控制，而在于他们对于消费者的了解程度，不了解消费需求，所有的资源付出都可能徒劳无功。出版企业面对的是处于强势地位的读者，读者不满足于阅读同质化的出版物，如何使自己的个性在阅读中得到彰显是现代读者的普遍追求。网络科技文献资源的利用更是如此。根据调查，网络上读者浏览信息的主要目的是获取新知和信息，而其次则是猎奇和寻找刺激。我们的研究发现，读者喜欢阅读与自己需求高度契合的文献资料，而对于与自己利益无关的信息则表现淡漠、缺乏兴趣。究其原因，是由于人的注意力资源非常有限，因此只能关注自己需要的那一部分信息资源。这也是传播学中反复强调传播者要努力凸显所传信息能够在哪些方面满足受众的利益诉求的根本原因所在。

随着网络科技文献资源规模的迅速扩张，数据检索的个性化需求将会越来越明显。人们不再满足于一般性地利用网络来随便地获取标准化的普通信息，而是要求网络出版商能有针对性地满足个人化的信息需求。由于语言理解技术与人工智能技术的进步，科学家在传统检索技术的基础上发展出了智能检索技术，这种技术可以对网络科技文献的内容进行分析、归类、细化和整理等，这将极大地方便读者进行有效的信息检索，迅速找到符合自己需要的知识信息。

在未来社会中，网络科技文献的出版商将会在中国图书资料分类法分类、文献引证关系链接、读者交互推荐链接、内容微观聚类链接、作者（译者）链接、科研机构链接、知识元链接等的基础上，构成如清华同方知网独创的每篇文献的“知网节”，使每个数据库构成一个反映知识体系和知识管理的知识网络，以达到最终以知识为指针的检索方法，大幅度提高文献的增值利用价值和内容揭示能力，提高科技文献的传播效率。通过这种方式可以满足读者对于特定内容的需要，让读者有效地检索信息、利用信息。

网络科技文献利用的个性化除了内容的个性化之外，还表现在读者对于付费方式、交易地点、印刷版式、送货时间等相关细节的特殊化要求，这些要求可以看做是读者对于产品需求的附加成分，如果这些附加成分没有得到很好的满足，那么读者消费的满意度也会受到影响，进而影响到忠诚度的建立甚至消费的积极性。读者需求的个性化是一个复合型的概念，出版商应该对读者的消费过程进行细致入微的考察，了解读者从内容到服务等各个方面需求的不同特征，然后有针对性采取营销策略予以满足。总之，读者对网络科技文献需求的个性化特征会越来越明显，网络出版商应该做好读者信息数据库建立健全方面的工作，从而有效地进行客户关系管理，满足读者个人化的知识信息需求。

9.3.4 读者利用网络科技文献时对不同类型文献、不同出版商的分工要求更高

众所周知，不同类型的网络科技文献承载着不同的传播功能，或者说在科学信息交流的过程中各类文献发挥作用的侧重点有所差异。具体而言，电子图书较多涉及科技类专著和科研资料；数字化期刊则更多反映最新的科研成果，记录着科技发展最前沿的结论，内容上以学术论文为主；引文数据库和相关的门户网站更多地是以学科分类为基础，收集并提供各个专业的专门性文献资源，供专业人员学习研究之用。这种分工的存在是因为各种不同类型文献本身的特点和社会读者对其认识与期待的结果，它使得文献资源的传播工作更加有效，避免了重复工作导致的网络空间的浪费，同时也方便了读者的信息查询。

随着网络技术的发展尤其是智能检索技术的进步，科技文献资源的分类工作将会更加深入细致，人们希望能够通过详细的分类给每一种文献分配一个合适的位置，方便资料的储存和获取，提高人类学习和工作的效率。分类的科学、合理、规范、适度是读者高效获取信息的关键，一份好的分类目录，就像一个指南针一样，可以让读者方便地找到符合需要的目标文献；而差的分类目录，则常常让读者来回奔波，却收获甚微。当然，分类是不同类型文献、不同的内容提供者分工合作的结果，不是个人聪明才智设计的结果，科学合理的分类还要各个不同网络出版商严格去执行才能真正体现其科学性，否则，再完美的设想也只是一纸空文。

在分类过程中，各方的协调配合是至关重要的。首先，就分类方式而言，不同的网络出版商有不同的标准就不太容易统一规范，以学术和技术性信息为主要内容的网络科技文献最好能够采用权威

分类法（或者其中的某些类）为基础，经过适当改良后用于网络文献资源的组织和查询，因为其科学的体系和严密的结构是一般的非专业人员不能独立完成的，典型的例子有中国教育科研网使用《中图法》作为分类工具来对内容资源进行组织；其次，分类级次要丰富一些，以方便读者查询到具体明确的主题，例如在目录的大类下，应该设有二级类目、三级类目，甚至四级、五级等，类目层次越多限制越明晰；再次，在目录中的一些子类目，以及一些站点，有时存在可以属于不同的类目的情况，这个时候就要双重、多重显示，有时也称为交叉显示，另外，各个类目的名称要规范化，比如有关部门已经明文规定，INTERNET 只能统一使用“因特网”一词，但是门户网站搜狐仍然称其为“互联网”，显然不够规范；最后，分类目录在列出文献名称的同时应该提供简明扼要的内容提要，对该部分文献资源进行言简意赅的介绍，以使读者一目了然。目前，网络科技文献的出版商应该将计算机人员和图书情报界研究者的智慧结合起来，设计出既科学规范又适应网络信息传播特点和用户使用习惯的分类体系。

9.3.5 读者利用网络科技文献更趋积极主动

随着网络传播的发展和成熟，读者可以非常方便地从因特网上迅速地获取符合自己需要的信息资源，这是任何其他传统信息渠道所无法实现的。海量的网络科技文献归类清晰、组织科学、传递迅捷、费用低廉、服务周到、交易方便、沟通简单等，诸如这样的优势是不胜枚举的。正是这些优点推动了读者的积极使用，让读者主动地提出利用网络信息的要求，由网络出版商来予以满足。读者利用的积极主动是产业发展的社会基础。

在传统阅读市场上，读者处于被动等待的地位，他们的选择权仅仅局限于编辑过滤后的文献范围，而在网络出版时代，这种出版企业将产品和服务向读者“推”的过程变成了读者主动提出要求然后由出版者满足的“拉”的过程。读者和出版者双方的关系发生了微妙的嬗替，“产品导向”的时代已经宣告结束，读者的信息需求才是网络出版商营销活动的根本。网络技术的发展大大降低了产销之间互动沟通的成本，空间和时间不再是人们之间的限制和障碍，而是变成了彼此合作共赢的资源与契机，信息的传播不再受时空因素的限制，消费者可以自由地表达内心的真实想法，可以随时提出意见并要求出版者及时给予回应。

读者对于网络科技文献的利用会随着网络技术的进步而愈发积极，对于网络这种信息获取渠道的信任和依赖将成为未来阅读的发展趋势。最近，哈佛大学教授帕特森在一份媒体研究报告中声称，随着互联网用户的增加，旧媒体的受众在持续减少。仅2004—2006年三年中，报纸的发行量已经下跌了3个百分点，电视广播新闻已经流失了100万观众。同时，将互联网作为新闻来源的人口数量在增长——在有些情况下甚至是爆炸性增长。这个研究尽管针对的是新闻媒介之间的竞争态势，但是也反映出在未来社会人们利用网络获取信息是不可逆转的历史潮流。人类几千年来认识世界的方式正在随着互联网的出现和发展而悄然地发生着颠覆性的改变，而这正是网络出版商经营活动最为重要的环境演进。

在我们组织的网络科技文献利用情况问卷调查中，最终的统计结果显示，学习和解决实际问题是使用者利用网络科技文献的主要目的，抱有这两种目的的调查对象分别占到总数的41.95%和36.45%。学习和解决实际问题是未来社会每一个成员每天的必需。经济社会的发展日新月异，学习成为人们生存的必需，而解决实际问题更是工作生活不可或缺的组成部分，这一切决定人们要满足这两种重要的阅读目的就必须通过网络来获取科技文献以及其他资料（当然传统的文献资源获取渠道也依然会发挥作用，不过其影响力和使用范围将会有所萎缩），从这个角度来看，网络科技文献出版在未来社会的市场是非常巨大的。

信息的老化周期会越来越短，这是情报学界公认的一个事实。为了弥补由此带来的诸多不便，即学即用成为了必然的选择，人们每天都必须面对陌生的知识信息，唯一的解决方法就是不断地学习吸收，变陌生为熟悉，变未知为已知，而网络则是现代社会人们学习和解决实际问题不可或缺的工具。网络环境下，如何将传统信息资源管理的经验和网络技术嫁接起来更好地满足读者积极主动的信息需求是网络出版商面临的一个重要课题。

9.3.6　网络科技文献的评价推荐机制将进一步完善

众所周知，网络传播的优势在于其速度的迅捷和规模的海量，但是网络媒介不容忽视的缺点就是内容把关的难度加大，所以网络信息的质量存在鱼龙混杂、良莠不齐、真假难辨的问题。这对于理性有限的读者而言，无疑增加了辨别的难度，搜寻高质量信息的交易成本将大大提升，从全社会的角度来说，也不符合经济原则。网络媒体因其传播方式的自由性弱化了传统传媒机构“把关人”的角色，但对于任何一个负责任的出版商来说，“把关有责”在任何时候都应该作为其孜孜以求的目标。网络科技文献中可能不会存在毫无意义的“信息垃圾”，但是存在质量不高和冗余信息。如何对网络科技文献进行科学评价，如何由专家学者公正地向读者推荐有价值的科技文献，如何让读者发表自己的意见和看法，并通过意见和看法影响其他读者的阅读使用，是网络科技文献出版发展必须妥善解决的问题。专家学者的评价和推荐从某种意义上来说，就是赋予了网络科技文献以合法性，使其能够得到社会的接受和认同，这对于科研工作者者通过网络来传播研究成果具有积极的促进作用，同时也有助于读者有效地选择有价值的文献，避免时间和精力的浪费。

网络科技文献资源评价和推荐机制的设计是一个复杂的系统工程。在开放性的网络环境下，评价和推荐机制应该符合网络传播的特点。举例来说，对于某一领域的科技文献来说，如果是由权威人士负责的文献，一般可以认为其准确性、科学性和原创性相对较高一些，而相应地，一些新作者的文献则成为了评价的重点，应该在众多文献资源中优先进行评价，对于其中出类拔萃的应该予以推荐。这是因为网络文献资源浩如烟海，如果平均分配时间、人力等资源去评价其科学性，工作量巨大。因此，网络科技文献评价和推荐一方面要依靠各个领域的专家学者，利用他们的对所在专业的精深了解来评判科技文献的学术价值。当然通过专家评价要注意尽量采取匿名制，避免受到人为因素的影响，减弱了评价的客观性和公信力；另一方面就是依靠读者来评价和推荐网络科技文献，例如利用自动搜索等评估工具对网站可量化的数据进行分析和统计，并按照数据的大小进行排序，排名在前面的网站，其评价值就高，典型的有网站访问量的统计等。这种方法主要是发动读者力量来形成相应的排行榜，继而利用排行榜来指导其他读者的阅读使用，避免专家评价的主观性。除此之外，还有一个重要原因就是优质的文献资源应该让读者彼此互相推荐，就是让读者把自己认为优秀的文献资源介绍给其他读者，帮助其他读者降低搜寻成本。究其根本，对于任何文化产品，具有最终评价权和推荐权的只能是广大读者。在实践当中，应该将专家评价和读者评价结合起来、相辅相成，以提高评价和推荐的科学性。网络科技文献评价研究见本书第 7 章——网络科技文献评价研究。

9.4 发展我国网络科技文献出版与利用的几点建议

发展网上科技文献出版与利用，既是世界潮流，也是我国出版业与图书情报业及网络信息产业不容置疑的发展方向。为促进我国网上科技文献出版的迅速、健康地发展，我们特在本书完成之际，提出下述建设性意见。

9.4.1 对发展我国网络科技文献出版的建议

针对本书前面几章叙述的情况，我们特对网络科技文献出版提出如下发展思路：

(1) 加强宣传，使各类网上科技文献出版主体统一认识、积极参与网上科技文献出版。

在世界各国，尤其是在一些网络信息产业发达的国家，网上科技文献出版发展迅猛。与此相比，我国网上科技文献出版处于相当落后的状态。我国网上科技文献出版数量少，结构不合理，方式单一，对网上科技文献出版问题予以关注者大多为图书情报界人士，等等，这些映衬我国网上科技文献出版处于相当落后状态的表象背后，是各类网上科技文献出版的相关主体对这一新生事物的冷漠与消极。

与网上科技文献出版相关的各类主体，主要指供网上出版用的科技论文的作者，作为发表网上科技文献平台的网络营运商及网站工作人员，负责对网络营运进行管理与监控的政府有关部门及其工作人员，向网上出版者提供已出版印刷版文献的出版社与期刊社及其工作人员，处于科技文献信息交流中心地位的图书情报机构及其工作人员，等等。目前这五类人员对网上科技文献出版大多未予关注，因而缺乏对其重要性的认识，也就谈不上积极参与或支持了。国内一项针对口腔医学方面的科研人员所进行的问卷调查显示：对网上科技文献出版的了解程度，110 位被调查人员中，只有 16 人了解，约占 14.5%；51 人"有点了解"，占 46.4%；31 人"不太了解"，占 39.1%①。可见，作为网上科技文献出版的作品提供者的我国科技人员，对网上科技文献出版的认知度还比较低。因此，应通过各种方式宣传网上科技文献出版的特征与意义，使民众，尤其这五类网上科技文献出版主体充分认清其重要性。

正如前面有关章节所分析的那样，与传统出版模式相比，网上科技文献出版具有：数据量大而且表现形式丰富多彩，发行方式灵活多样，出版的时效性强，直接面对读者、方便受众互动参与等特征。由这些特征可以看出，网上科技文献出版具有广阔的发展前景。因此，应通过各种方式进行宣传造势，以引起网上科技文献出版主体的关注与重视。只有各类网上科技文献出版主体的重视与积极参与，网上科技文献出版的发展才有希望。为此，我们建议：

①各级党政有关部门应要求各类公共传播媒体积极宣传网上科

---

① 孔繁军，游苏宁．关于开放存取出版模式的调查．中国科技期刊研究，2005（5）：648-649

技文献出版的重要性，使这一主题引起社会民众的广泛关注。人民日报、科技日报等报刊可开设网上科技文献出版专栏，中央及各省市电视台、广播电台、可开设专题讲座，等等。

②动员熟悉网络科技文献出版的专家、学者深入到各学校与研究团体、出版机构、党政机关、网络营运机构及其组织之中，宣传网上科技文献出版的意义，调动这些网上科技文献出版主体的工作热情与积极性。

③聘请国外网上科技文献出版方面的专家、学者到国内开设讲座，介绍国外网上科技文献出版现状，增强出版主体发展我国网上科技文献出版的紧迫感。

(2) 尽快出台相关的政策法规，积极扶持与促进网上科技文献出版的发展。

网上科技文献出版的发展，主要表现为两个方面：一是出版规模的扩大，二是出版结构的完善。前面我们在分折我国网上科技期刊出版存在的问题时所提到的出版数量太少，出版方式单一，即属于出版规模方面的问题。出版数量太少，是由于许多的出版机构与科技文献作者都没有积极参与到网上出版中来。到 2006 年底，全国共有 572 家出版社，参与电子书出版的只有 160 家，另外的 412 家出版社所出版的科技图书，未能实现网上出版。出版方式单一，扼杀了广大科技文献作者直接在网上发表科技成果的可能性，限制了作者参与网上科技文献出版的热情，出版结构方面的问题，主要是目前网上出版的科技文献类型不全，十大科技文献类型中，只有科技图书与科技期刊两类上网出版（发表），其他的八类文献很少在网上露面。总之，这两个面的情况都已说明，我国网上科技文献出版的发展，目前还处于十分落后的状态，还急需国家尽快出台相关的政策法规予以扶持。在这一点上，一些发展中国家的经验值得我们借鉴。以印度为例，印度政府在 2006 年推出了对网上科技期刊出版所采取的“最优政策”，其具体内容包括：a. 要求所有采用同行评审方式出版的期刊，必须将其中全部或部分获得政府基金支持的研究论文存储到网上科技期刊发表平台上；b. 鼓励获得政府资助的科研人员在网上直接发表研究论文，政府可以提供经费支持；c. 鼓励政府资助的科研人员尽可能保留在网上出版的科研论文的版权。印度的做法表明，政府用法规与政策引导网上科技文献出版的发展，不失为发展网上科技期刊出版的一个好办法。

为此，我们特提出如下建议：

①政府尽快作出关于某些类型科技文献必须上网的规定，以促进上网科技文献类型的增加。在我们前面所提到的目前网上很少见到的八类科技文献中，有些类型文献如科技标准、政府出版物等，属于公益性或非赢利性信息资源，由于此类资源上网发表没有经济效益，所以缺乏上网的动力，加上道德约束的缺失，使得这类资源的上网总是“三天打鱼两天晒网”，从机制上得不到任何保障。在这种情况下，就需要政府采用行政强制手段，如法规形式明确标准文献、政府出版物等科技文献，必须在正式颁发（或形成）后多少天之内在什么网站上发表。只有通过这种权力制约，才能促使更多的科技文献类型上网。

②出版行政管理部门要尽快制定关于加强网上科技文献出版（发表）管理的法规，以保证网上出版活动的规范化发展。该法规要明确网上出版的主要方式、基本条件、审批手续、操作要求、质量控制、作者权益、与印刷媒体关系的处理等基本内容。以主要方式为例，法规中除了要承认印刷出版物数字化上网发表的合法性，还要明确直接将科技论文上网发表的合法性及应有地位，如承认作者的成果等。这样，就能促使网上科技文献出版逐步走上规范化轨道。也只有这样，才能使网上科技文献出版这一新生事物具有好的名声而受到各类出版主体的青睐。

③国家要对网上科技文献出版实行优惠的经济政策，以扶持这一新生事物的健康发展。国家对出版业历来实行的是较为优惠的经济政策。目前对科技书刊所实行的优惠政策主要包括如下四项：对科技书刊实行增值税先缴后返的制度（实质为免税），对科技类音像制品的经营实行增值税先缴后返制度，对59家综合性科技报社实行增值税先缴后返制度，对少数民族文字图书的出版实行财政补贴政策。

我们认为，网上科技文献出版与传统媒介型科技文献（印刷型书刊与音像制品）相比，其生存与发展的经济环境更为恶劣，同时，由于发表与利用方式的多元化而使其更具公共性与公益性，因此对网上科技出版实行优惠的经济政策，除了包括给予传统媒介型科技文献出版的所有优惠内容之外，还应享受更为特殊的照顾。综合上述想法，对国家拟实行的网上科技文献出版优惠经济政策的内容，我们特提出如下具体意见。第一，对网上科技文献出版经营者实行增值税先缴后返政策，减轻经营经济压力，调动其经营积极性；第二，对企事业单位或个人及基金会向网上科技文献出版项目所提供的赞助，允许其抵扣应纳所得税，以鼓励赞助者积极扶持网上科技文献出版的发展；第三，对一些具有重大意义的网上科技文献出版项目（可通过评审列为国家重点工程）提供专项经费赞助；第四，对在网上用少数民族文字出版的科技文献，以及供少数民族地区专用的网上科技文献的出版实行财政补贴。

（3）积极鼓励探索运用多种模式发展我国的网上科技文献出版。

正如前面所提到的那样，我国目前采用单一化的出版方式，难以调动各类网上科技文献出版主体的积极性，因此也难以在短期内使网上科技文献出版获得较大的发展。所以，我们应该多管齐下，积极探索运用多种模式来推动网上科技文献出版的发展。

网上科技文献的出版模式，或称营运模式，主要是由其经济机制决定的。从这种意义上讲，网上科技文献的出版模式，也可称之为经济模式。它所涉及的具体问题是：如何筹措运作经费，需要支付哪些成本，如何获取经营收入，如何实现收支平衡，等等。由于发展网上科技文献出版的根本目的是实现社会信息资源的快速共享，提高资源的利用效率，所以网上科技文献的利用，一般都是免费的。而网上科技文献的出版是要付出成本的，包括技术设备成本，人工成本，专家审稿成本，用户管理成本等。在这样的前提下来探讨网上科技文献出版的经济模式，需要我们重点考虑的就是：网上科技文献出版者如何从出版营运中获取经济收入。正是从这种意义上讲，我们需要多管齐下，积极探索网上科技文献出版的多种模式。

综合国内外网络出版实践，我们提出以下五类模式供网上科技文献出版者参考：

①作者付费模式。这是由作者支付一定的经费作为主要收入来进行出版运作的模式。在操作实践中，又可有两种作法。一种是向论文被录用的作者收费，如美国的网上期刊 Plos Genetics 即采用向每位论文入选者收取 2 000 美元费用的方式运行。另一种是投稿付费模式，即只要作者向网上出版者投稿，就必须交付一定的经费，而不管其作品最终是否被录用。与录用付费模式比，投稿付费模式具有四个优势：第一，把付费作为论文投稿过程的一部分，而不是作为被采用或出版所必须的，因此对所有投稿作者来说是公平的，可以消除偏见；第二，提高网上出版科技论文的质量，防止一稿多投造成的重复出版；第三，防止大量不合格来稿进入，有效降低审稿等费用支出；第四，使网上科技文献出版者能获得稳定的收入。

②政府赞助模式。这是由政府提供经费来开展网上科技文献出版业务的运行模式。在国外，有不少国家都有由政府投资设立的网站承担网上科技文献出版任务的情况。如印度，印度科学研究院网上出版的全部 10 种学术期刊和印度国家科学研究院网上出版的全部 4 种学术期刊，都是靠印度政府提供的经费运行的。巴西的科技在线图书馆（简称 SciELO）网上出版农业、动物学、医学等多个学科领域的科技期刊论文，其运行经费也是由巴西政府提供的。美国非盈利性的收录物理学、数学、非线性科学和计算机科学领域文献的学科数据库 arXiv. org，由美国国家科学基金会（简称 NSF）和美国能源部（简称 DOE）提供资助。

我国目前也有少数由政府提供或间接由政府提供的网上科技文献出版机构，如由教育部批准，由教育部科技发展中心主办的科技论文网站等，但数量少，规模也不大。因此，政府应加大对网上科技文献出版的投入。政府对网上科技文献出版的经费投入，可以用来增设专门网站，也可以在政府投资建设的一些发布公共性、公益性及非盈利性信息的网站增设科技论文出版业务。许多科技文献类型，如政府出版物、标准文献、科技档案、学位论文等的网上出版，是完全有可能争取到政府资助的。

③社会赞助模式。这是依靠由各种社会渠道提供的经费来维持网上科技文献出版系统运行的模式。国外网上科技文献的出版，大多采用此种运行模式。如前面提到过的美国的网上期刊 Plos Genetics，就是同时接受多家机构的资金赞助和接收慈善组织的经费支持，才开始为研究人员免费提供文献服务，并因此而得以迅速发展起来的。英国的生物医学出版中心（简称 BMC），也是依靠大学和各种基金会的赞助来维持正常运转。

社会赞助包括基金赞助，机构赞助，企事业单位赞助，社会团体赞助，募款募捐，自愿捐助。许多赞助方式在我国网上科技文献出版中还没有运用。在以后的实践中，我们要积极运用这些方式筹措经费，促进网上科技文献出版的不断发展。

④自营收入模式。这是网上科技文献出版机构依靠自己的营运特点和所拥有的学术资源优势而获取收入的运行模式。网上出版机构在顺利运行一段时期，在业界具有了较高的知名度以后，就有可能完全依靠自己的营运收入来发展。营运中获取收入的方式主要有如下四种：一是广告收入。这是网络出版中一种永恒的自营收入方式。尽管科技文献无法与大众性期刊相比，大众性期刊的广告收入甚至超过了期刊本身的销售收入，而科技期刊因专业性强而读者范围较窄，不可能有很多的广告收入，但也有不少专业领域的科技期刊，具有获取广告收入的可能性，如医学类、实用科技类、生活科普类等。前面提到的英国的生物医学期刊中心（简称 BMC）对在其网站上运行的广告，一次点击收取 5 美元的费用，一年的广告收入可以达到上百万美元。二是提供相应产品。出版机构可将自己出版的在线科技文献制作成供脱机使用的出版物，如传统的纸质出版物，光盘、音像制品，并向科研机构、企事业单位订阅或书店销售。如前面提到的 PLoS 在为所有的用户从网上提供免费的科技期刊内容的同时，又生产印刷版期刊并向用户提供订阅服务，每年的订阅费用为 160 美元。三是提供增值服务。网上科技文献出版者可以利用其所拥有的资源，为读者提供学术资源评价、相关文献查询链接等增值服务来取得收入。四是开展相关的电子商务。这是通过向网站访问者在线出售相关商品来增加收入。如美国的网上期刊

《科技世界》（简称 TSM），就是在其网站上向读者用户在线销售生物实验设备而获得了一定收入。

⑤会员制模式。这是通过加入会员的缴费或捐款形式来取得收入，以维持网上科技文献出版系统运行的模式。国外很多的网上科技文献出版机构，都采用了此种会员制的营运模式。如前面提到的 PLoS 就实行了个人会员制与机构会员制。这实际上是一种鼓励个人与机构向其捐赠经费的举措。个人捐赠者被分为六个级别，对应的捐款金额为 25 美元到 1 000 美元不等。机构会员分为：积极型、参与型、促进型、赞助型、支持型、拥护型六类，分别缴纳年度会费 2 000 美元到 100 000 美元。PLoS 按照会员的不同级别提供相应的服务或优惠。在我国的网上科技文献出版中，采用以企事业单位与学术团体为主的机构会员制模式是行得通的。应当指出的是，这种种网上出版运作模式，都只是一些大体上的思路，在具体运用时还需进一步细化、深化，使其具有可操作性；此外，这些模式都不是孤立、排他性的，在具体的操作中，可以多种模式结合使用。

9.4.2 发展我国网络科技文献利用的建议

网络科技文献的出版与利用，是一种相辅相成的关系。网络科技文献出版的根本目的，是为了网络科技文献的利用；而网络科技文献利用的发展，不仅能使科技文献资源能更好地发挥作用，而且能促进网络科技文献出版的发展。正是从这种意义上说，发展网络科技文献利用是非常重要的。为此，特对发展我国网络科技文献的利用提几点具体意见。

（1）加大宣传力度。就目前情况而言，加大对网上科技文献的宣传力度是一项和优化其出版同等重要的工程。网上科技文献提供者必须运用营销学的相关策略提升用户对网上科技文献的认识。随着科学技术的日新月异和科技分工的纵深化发展，使科技文献的更新速度和专业化程度加深，科技文献的市场需求也随扩大，对获取科技文献的便捷性和及时性提出更高要求，因此宣传利用网上科技文献是一个“把蛋糕做大”的培育市场的过程。

网上科技文献供应商面对不同层次和类别的多用户，必须在对各类用户的需求研究和分析的基础上，有针对地做好宣传推广工作。形式上，要充分利用各类媒介，采取灵活的方式，有针对性地对目标人群做好信息宣传；内容上，不仅要传递文献出版信息，还应对文献资源的覆盖率、更新周期、检索方法等相关内容作出介绍，以引导更多的用户，使用户逐步建立对网上科技文献的信心。

对于网上科技文献的促销可以采用广告、人员推销、销售促进和公共关系四种基本形式，促销策略同样可以是多样的，包括借助报纸、期刊等媒介向目标群体传递信息；通过培训、座谈、网络等多种渠道，加强有效沟通；开展咨询活动，使用户对网络文献增进了解和利用；开展各种形式的促销活动，激发用户的潜在需求。

(2) 改善网上科技文献的服务。我们组织的一项调查显示，“文献系统本身不方便使用”和“图书情报机构服务不到位”在阻碍科技文献利用的因素中分别占到了10.47%、8.78%和7.77%。可见，当前我国网上科技文献的读者服务并不到位，无论是使用者了解文献资源信息，还是操作文献系统，或者是个性化检索的需求。从这一现实出发，文献信息服务机构应从培训工作、服务体系等方面着手，全面增强网上科技文献的读者服务。

①做好培训工作。通过开设网络讲座、编制网络使用指南和网上信息资源指南、建立信息服务导航系统等方式，丰富读者教育的内容，加强用户网络检索能力的培训。

②建立一体化、个性化、智能化的服务体系。建立一体化的信息服务模式，使用户可以在一个信息服务商处，利用一种网络界面，使用一个检索指令找到他所需要的全部的、确切的信息。建设个性化的信息服务体系，通过网络按照单个特定用户的偏好、习惯等开展个性化信息服务，进而满足用户的个性化需求。建设智能化的检索系统，使服务机构能根据用户的需求代替用户寻找所需信息，并根据其获取的用户信息，为每个用户建立用户模型档案，从而实现用户个人的定制服务。

根据研究，用户在利用网上科技文献的时候，非常关注数据库系统的性能如何、使用的方便性如何、信息查全率和查准率如何、系统的功能是否强大、使用技能培训工作是否完善以及读者服务工作品质的高低，因此科技文献提供商在开展服务时要格外注意以上问题。

(3) 引导用户自觉提升网络信息素养。互联网时代，网络信息素养成为新时代人才必备的素质条件，它决定了个人可取资源的范围和数量。目前我国国民的信息素养不高，对于网络资源的敏感性和网上科技文献的获取能力有限，这一点已经在上文中反复强调。国民的信息素养不仅关系到个人的发展，还直接关系到国家之间“数字鸿沟”的变化。具体就网上科技文献的利用而而言，直接关系到利用的广度和深度。引导用户提升网络信息素养仅仅依靠上文中提到的网络科技文献提供商或者图书馆等机构的服务还远远不够，必须在全社会形成注重信息素养培养的风气。这就需要从以下几方面同时着手：

①在高等学校开设信息素养教育课。这类课程应该列为基础必修课。这样才能保证每一位接受过高等教育的人，具备必要的网络信息获取能力。

②依托各种社会资源（包括高校、公共图书馆、网络科技文献提供商）举办培训班，满足不同层次和阶段用户提升自己的信息获取能力。

③鼓励用户自学。学习型社会的一大特点就是终身学习，科学技术的日新月异要求广大用户积极关注新技术手段的变革，通过自学保持与时代同步。

附录

互联网出版管理暂行规定

（信息产业部令第17号 新闻出版总署
信息产业部2002年6月27日发布）

第一章 总 则

第一条 为了加强对互联网出版活动的管理，保障互联网出版机构的合法权益，促进我国互联网出版事业健康、有序地发展，根据《出版管理条例》和《互联网信息服务管理办法》，制定本规定。

第二条 从事互联网出版活动应当遵守宪法和有关法律、法规，坚持为人民服务、为社会主义服务的方向，传播和积累一切有益于提高民族素质、推动经济发展、促进社会进步的思想道德、科学技术和文化知识，丰富人民的精神生活。

第三条 在中华人民共和国境内从事互联网出版活动，适用本规定。

第四条 新闻出版总署负责监督管理全国互联网出版工作，其主要职责是：

（一）制定全国互联网出版规划，并组织实施；

（二）制定互联网出版管理的方针、政策和规章；

（三）制定全国互联网出版机构总量、结构和布局的规划，并组织实施；

（四）对互联网出版机构实行前置审批；

（五）依据有关法律、法规和规章，对互联网出版内容实施监管，对违反国家出版法规的行为实施处罚。

省、自治区、直辖市新闻出版行政部门负责本行政区域内互联网出版的日常管理工作，对本行政区域内申请从事互联网出版业务者进行审核，对本行政区域内违反国家出版法规的行为实施处罚。

第五条 本规定所称互联网出版，是指互联网信息服务提供者将自己创作或他人创作的作品经过选择和编辑加工，登载在互联网上或者通过互联网发送到用户端，供公众浏览、阅读、使用或者下载的在线传播行为。其作品主要包括：

（一）已正式出版的图书、报纸、期刊、音像制品、电子出版物等出版物内容或者在其他媒体上公开发表的作品；

（二）经过编辑加工的文学、艺术和自然科学、社会科学、工程技术等方面的作品。

本规定所称互联网出版机构，是指经新闻出版行政部门和电信管理机构批准，从事互联网出版业务的互联网信息服务提供者。

第二章 行政审批与监督管理

第六条 从事互联网出版活动，必须经过批准。未经批准，任何单位或个人不得开展互联网出版活动。

互联网出版机构依法从事互联网出版活动，任何组织和个人不得干扰、阻止和破坏。

第七条 从事互联网出版业务，除符合《互联网信息服务管理办法》规定的条件以外，还应当具备以下条件：

（一）有确定的出版范围；

（二）有符合法律、法规规定的章程；

（三）有必要的编辑出版机构和专业人员；

（四）有适应出版业务需要的资金、设备和场所。

第八条 申请从事互联网出版业务，应当由主办者向所在地省、自治区、直辖市新闻出版行政部门提出申请，经省、自治区、直辖市新闻出版行政部门审核同意后，报新闻出版总署审批。

第九条 申请从事互联网出版业务，应提交以下材料：

（一）新闻出版总署统一制发的《互联网出版业务申请表》；

（二）机构章程；

（三）资金来源、数额及其信用证明；

（四）主要负责人或者法定代表人及主要编辑、技术人员的专业职称证明和身份证明；

（五）工作场所使用证明。

第十条　新闻出版行政部门应当自受理申请之日起60日内，做出批准或者不批准的决定，并由所在地省、自治区、直辖市新闻出版行政部门书面通知主办者；不批准的，应当说明理由。

第十一条　互联网出版业务经批准后，主办者应当持新闻出版行政部门的批准文件到省、自治区、直辖市电信管理机构办理相关手续。

第三章　互联网出版机构的权利和义务

第十二条　互联网出版机构，应当在其网站主页上标明新闻出版行政部门批准文号。

第十三条　互联网出版机构改变名称、主办者，合并或者分立，应当依据本规定第八条、第九条的规定办理变更手续，并应持新闻出版行政部门的批准文件到省、自治区、直辖市电信管理机构办理相应的手续。

第十四条　互联网出版机构终止互联网出版业务，主办者应当自终止互联网出版业务之日起30日内到所在地省、自治区、直辖市新闻出版行政部门办理注销手续，并报新闻出版总署备案。同时，到相关省、自治区、直辖市电信管理机构办理互联网信息服务业务经营许可证的变更或注销手续。

第十五条　互联网出版机构自登记之日起满180日未开展互联网出版活动的，由原登记的新闻出版行政部门注销登记，并向新闻出版总署备案。同时，向相关省、自治区、直辖市电信管理机构通报。

第十六条　互联网出版机构出版涉及国家安全、社会安定等方面的重大选题，应当依照重大选题备案的规定，报新闻出版总署备案。未经备案的重大选题，不得出版。

第十七条　互联网出版不得载有以下内容：

（一）反对宪法确定的基本原则的；

（二）危害国家统一、主权和领土完整的；

（三）泄露国家秘密、危害国家安全或者损害国家荣誉和利益的；

（四）煽动民族仇恨、民族歧视，破坏民族团结，或者侵害民族风俗、习惯的；

（五）宣扬邪教、迷信的；

（六）散布谣言，扰乱社会秩序，破坏社会稳定的；

（七）宣扬淫秽、赌博、暴力或者教唆犯罪的；

（八）侮辱或者诽谤他人，侵害他人合法权益的；

（九）危害社会公德或者民族优秀文化传统的；

（十）有法律、行政法规和国家规定禁止的其他内容的。

第十八条　以未成年人为对象的互联网出版内容不得含有诱发未成年人模仿违反社会公德的行为和违法犯罪的行为的内容，以及恐怖、残酷等妨害未成年人身心健康的内容。

第十九条　互联网出版的内容不真实或不公正，致使公民、法人或者其他组织合法利益受到侵害的，互联网出版机构应当公开更正，消除影响，并依法承担民事责任。

第二十条　互联网出版机构发现所登载或者发送的作品含有本规定第十七条、第十八条所列内容之一的，应当立即停止登载或者发送，保存有关记录，并向所在地省、自治区、直辖市新闻出版行政部门报告并同时抄报新闻出版总署。

第二十一条　互联网出版机构应当实行编辑责任制度，必须有专门的编辑人员对出版内容进行审查，保障互联网出版内容的合法性。互联网出版机构的编辑人员应当接受上岗前的培训。

第二十二条　互联网出版机构应当记录备份所登载或者发送的作品内容及其时间、互联网地址或者域名，记录备份应当保存60日，并在国家有关部门依法查询时，予以提供。

第二十三条　从事互联网出版活动，应当遵守国家有关著作权的法律、法规，应当标明与所登载或者发送作品相关的著作权记录。

第四章　罚　则

第二十四条　未经批准，擅自从事互联网出版活动的，由省、自治区、直辖市新闻出版行政部门或者新闻出版总署予以取缔，没收从事非法出版活动的主要设备、专用工具及违法所得，违法经营额1万元以上的，并处违法经营额5倍以上10倍以下罚款；违法经营额不足1万元的，并处1万元以上5万元以下罚款。

第二十五条　违反本规定第十二条的，由省、自治区、直辖市新闻出版行政部门或者新闻出版总署予以警告，并处5000元以上5万元以下罚款。

第二十六条　违反本规定第十六条的，责令停止登载或者发送未经备案的重大选题作品，由省、自治区、直辖市新闻出版行政部门或者新闻出版总署予以警告，并处1万元以上5万元以下罚款；情节严重的，责令限期停业整顿或者撤销批准。

第二十七条　互联网出版机构登载或者发送本规定第十七条、第十八条禁止内容的，由省、自治区、直辖市新闻出版行政部门或者新闻出版总署没收违法所得，违法经营额1万元以上的，并处违法经营额5倍以上10倍以下罚款；违法经营额不足1万元的，并处1万元以上5万元以下罚款；情节严重的，责令限期停业整顿或者撤销批准。

第二十八条　违反本规定第二十二条的，由省、自治区、直辖市电信管理机构责令改正；情节严重的，责令停业整顿或者暂时关闭网站。

第五章　附　则

第二十九条　本规定施行前按照国家有关规定已经从事互联网出版活动的，应当自本规定施行之日起60日内依据本规定第八条、第九条的规定办理审批手续。

第三十条　本规定自2002年8月1日起施行。

参考文献

[1] 安邦国，邵国秀．科技文献管理［M］．兰州：兰州大学出版社，1996

[2] 陈惠三．信息检索与利用［M］．上海：东华大学出版社，2004

[3] 陈国理，陈柏源，王作池．国外科技信息及文献检索［M］．广州：华南理工大学出版社，1994

[4] 从立先．网络版权问题研究［M］．武汉：武汉大学出版社，2007

[5] 党跃臣，曹树人．网络出版知识产权导论［M］．北京：北京理工大学出版社，2006

[6] 邓小昭．因特网用户信息需求与满足研究．［博士毕业论文］．武汉大学，2002

[7] 郭庆光．传播学教程［M］．北京：中国人民大学出版社，1999

[8] 胡昌平，柯平，王翠萍．信息服务与用户研究［M］．北京：科学技术文献出版社，2005

[9] 胡昌平，乔欢．信息服务与用户［M］．武汉：武汉大学出版社，2001

[10] 胡昌平，邱均平．科技文献学［M］．武汉：武汉大学出版社，1991

[11] 李小平，刘穿石．新编基础心理学［M］．南京：南京师范大学出版社，2005

[12] 李杨．网络知识产权法［M］．长沙：湖南大学出版社，2001

[13] 李祖明．互联网上的版权保护与限制［M］．北京：经济日报出版社，2003

[14] 梁清华．网络环境下的知识产权保护［M］．北京：中国法制出版社，2004

[15] 罗紫初，汪林中，宋少华．出版发行学基础［M］．太原：山西经济出版社，2000

[16] 罗紫初，吴赟，王秋林．出版学基础［M］．太原：山西人民出版社，2005

[17] 马费成，胡昌平．信息化与信息资源管理：2002 信息化与信息资源管理学术研讨会论文集［M］．北京：科学技术文献出版社，2003

[18] 马费成．信息资源开发与管理［M］．北京：电子工业出版社，2004

[19] 谭跃进．定量分析方法［M］．北京：中国人民大学出版社，2002

[20] 王秀成．科技文献及其处理技术［M］．北京：书目文献出版社，1988

[21] 谢新洲，宋安利，张永宏．网络出版及其经营管理［M］．沈阳：辽海出版社，2003

[22] 谢新洲．数字出版技术［M］．北京：北京大学出版社，2002

[23] 徐家力．知识产权在网络及电子商务中的保护［M］．北京：人民法院出版社，2006

[24] 薛虹．数字技术的知识产权保护［M］．北京：知识产权出版社，2002

[25] 张树华，王京山，刘绿茵，张久珍．数字时代的图书馆信息服务［M］．北京：北京图书馆出版社，2005

[26] 郑雪．心理学（第二版）［M］．北京：高等教育出版社，2006

[27] 周荣庭．网络出版［M］．北京：科学出版社，2004

[28] 中国科学技术协会主办．首届科技出版发展论坛论文集

[M]. 北京：中国科学技术出版社，2004.9
[29] 白海燕，赵丽辉. 网络环境下的用户信息行为分析 [J]. 燕京大学学报（哲学社会科学版），2002.3（1）：88-92
[30] 藏晓荣. 高校扩招后图书馆读者文献信息需求变化及对策. 太原理工大学学报（社会科学版），2001（4）：85-87
[31] 曹诗权，郭静. 论网络侵权 [J]. 云南大学学报法学版，2003（1）：50-56
[32] 曹双喜，邓小昭. 网络用户信息行为研究述略 [J]. 情报杂志，2006（2）：79-81
[33] 陈朝晖. 基于用户交互的网络服务及其在图书馆的应用研究 [J]. 图书情报工作，2006.50（10）：11-18
[34] 陈海林. 美国《生物化学杂志》的在线出版 [J]. 中国科技期刊研究. 2001.12（4）
[35] 陈雪萍. 网络版权合理使用制度研究 [J]. 政治与法律，2004（6）：74-78
[36] 陈越，陈领，宋延龄，杜生明. 对基金项目开展网络同行评议的几点思考 [J]. 生命科学，2003，（8）
[37] 程刚. 近年来我国信息用户研究综述 [J]. 情报理论与实践，2005.28（6）：667-670
[38] 崔秀文. 论网络文献信息的开发、利用与共享 [J]. 科技与管理，2003（3）
[39] 党跃臣，刘红英. 论网络作品的版权技术保护措施 [J]. 情报杂志，2004（4）：70-71
[40] 邓小昭. 试析因特网用户的信息交互行为 [J]. 情报资料工作，2003（5）：24-25，16
[41] 邓小昭. 因特网用户信息检索与浏览行为研究 [J]. 情报学报，2003.22（6）：653-658
[42] 丁宇. 网络信息用户需求的特点与利用特征及规律浅析 [J]. 情报理论与实践，2003.26（5）：412-414，446
[43] 范丽庆. 网络出版与传统出版共赢共生 [J]. 出版参考. 2006（30）

[44] 封涌．网页作品的知识产权保护分析［J］．宜春学院学报（社会科学版），2004（3）：18-21

[45] 冯伟民．网络环境下的用户信息需求与高校图书馆信息服务［J］．科技情报开发与经济，2004.14（6）：34-35

[46] 符莉娜，王玉富．多媒体作品对著作权法的挑战与反思［J］．咸宁学院学报，2006（2）：33-35

[47] 甘利人，高依旻．科技用户信息搜索行为特点研究［J］．情报学报，2005.24（1）：26-33

[48] 龚晖．网页著作权的归属、授权和网页的合理使用［J］．消费导刊，2007（4）：95-96

[49] 古东．科技期刊实现即时网络出版势在必行［J］．编辑之友，2005（1）

[50] 郭宝丽．网络出版对传统出版业的影响和促进［J］．内蒙古水利，2005（4）

[51] 郭艳秋．出版传播基本模式与网络出版［J］．中州学刊，2007（4）

[52] 郝捷．论网络出版与传统出版的结合［J］．出版发行研究，2002（1）

[53] 郝振省，辛广伟，张立，魏志明．几种网络出版形式的特点及管理规制研究［J］．出版发行研究，2007（7）

[54] 何朝晖．网络学术期刊运作模式研究［J］．图书情报工作，2004（1）

[55] 何惠芬．网络用户信息查找行为模式综述［J］．情报探索，2006（8）：53-55

[56] 何颂华．网络出版中的电子商务平台构建［J］．电子出版，2004（4）

[57] 胡昌平．论网络化环境下的用户信息需求［J］．情报科学，1998.16（1）：16-23

[58] 黄长著．网络时代的语言竞争：文化生态学的思考［J］．国外社会科学，2001（1）：20-25

[59] 黄丽红．影响网络信息检索的用户因素［J］．情报理论与实

践，2005. 28（2）：145-147

[60] 黄亮．网络用户的分析［J］．科技情报开发与经济，2003. 13（9）：225-226

[61] 黄清芬．用户信息需求探析［J］．情报杂志，2004（7）：38-40

[62] 黄晓斌，朱俊卿．数字图书馆用户的心理研究［J］．图书馆学研究，2006（1）：24-28，57

[63] 蒋华．浅析网络出版与著作权［J］．网络安全技术与应用，2007（7）：18-19

[64] 李福坤，刘英华．网络数字作品的侵权与保护研究［J］．图书馆论坛，2006（6）：273-275

[65] 李娟．略论网络著作权保护中的技术措施［J］．山西高等学校社会科学学报，2007（8）：80-81

[66] 李娟娟，叶燕．高校图书馆用户在网络环境下信息需求研究［J］．湖北民族学院学报（哲学社会科学版），2002. 20（5）：117-119

[67] 李军．网络链接与权利人信息网络传播权的保护［J］．网络时代，2001（1）：120-122

[68] 李书宁．网络用户信息行为研究．图书馆学研究，2004（7）：82-84，封三

[69] 李文蕾．高校图书馆信息用户心理分析及服务举措［J］．大学图书情报学刊，2006. 24（2）：55-57

[70] 林秀玉．试论高校专业图书馆的用户研究［J］．学术研究，1994（5）：109-111

[71] 刘芳．关于技术措施法律保护的若干思考［J］．北京化工大学学报（社会科学版），2007（1）：8-12

[72] 刘筠，冯桂欣，查金荣等．网络审稿初探［J］．中国科技期刊研究，2000，11（5）

[73] 刘守义，王一芬，毕树广．数字出版对传统出版业的影响［J］．张家口农专学报，2003. 9（2）

[74] 刘颖等．国内外科技出版差距何在？［N］．中国图书商报，

2004-9-17（11）

[75] 鲁玮，王俊安，李冬，张杰．我国科技期刊网络出版的瓶颈与对策探讨［J］．中国水运（学术版），2007（4）

[76] 陆伟华．网络环境下高校图书馆用户满意度的综合测评［J］．情报理论与实践，2002. 25（5）：363-365

[77] 罗玉兰，陈绍选，刘运飞．科技期刊的网络出版初探［J］．江汉大学学报（社会科学版），2004（4）

[78] 马爱芳，王宝英，姜志静，周晓光．我国纯网络科技期刊发展现状及改进对策探析［J］．编辑学报，2006（3）

[79] 马爱芳，王宝英，赵建梅．我国网络科技期刊出版现状及其改进对策［J］．编辑学报，2005（2）

[80] 莫其强．适应用户需求发展信息服务——2000-2005 年用户信息需求研究述评［J］．科技情报开发与经济，2007. 17（13）：65-68

[81] 牛根义．网络环境下的著作权保护探析［J］．情报杂志，2006（8）：28-30

[82] 牛学理．网络环境下版权的侵权与保护［J］．情报杂志，2004（4）：67-69

[83] 彭玲玲．网络环境下用户信息心理分析［J］．科技情报开发与经济，2007. 17（12）：30-31

[84] 秦都雍．多媒体技术对著作权制度的影响和著作权法的完善［J］．河南大学学报（社会科学版），2000（4）：20-22

[85] 秦珂．多媒体作品的特点与其知识产权保护问题的相关性［J］．河南图书馆学刊，1999（4）：60-61

[86] 任立肖．基于 Web 日志的三大类型图书馆用户信息行为比较研究［J］．图书情报知识，2006（6）：28-32

[87] 阮光页．出版流程模式的重组［J］．中国出版，1994（9）

[88] 沙勇忠，任立肖．网络用户信息查寻行为研究［J］．图书情报工作，2005. 49（1）：128-133

[89] 沙勇忠，阎劲松，苏云．网络环境下科研人员的信息行为分析［J］．情报科学，2006. 24（4）：485-491

[90] 谭九生．网络链接行为中的著作权问题探析［J］．理论与探索，2006（2）：175-178

[91] 田全慧．网络出版中的问题［J］．今日印刷，1998（3）：70

[92] 王春燕．网络环境下高校读者信息需求的变化与特点［J］．渭南师范学院学报，2005.20（5）：89-90

[93] 王槐深．网络环境下图书馆用户信息需求与满足的对策研究［J］．河南图书馆学刊，2001.21（2）：37-43

[94] 王堃．论我国网络著作权的保护［J］．时代经贸，2007（7）：35-36

[95] 王威．网络环境下版权保护之新探［J］．改革与战略，2007（6）：135-137

[96] 王咏．基于 Push 技术的信息获取方式及其应用［J］．情报学报，2000，19（2）

[97] 王远均，赵媛，唐莉．网络环境下的版权构成要素与新著作权法［J］．情报科学，2005（7）：1031-1035

[98] 王志梅，杨玉洁，范超英，张敏．网络环境下用户信息需求研究［J］．图书情报工作，2004.48（7）：90-92，113

[99] 魏力更．高校网络用户信息需求与信息行为研究［J］．情报资料工作，2005（5）：103-105

[100] 吴华．女性网络用户信息活动调查［J］．中华女子学院学报，2002.14（2）：12-17

[101] 吴乃群，史耀军．多媒体网络互动杂志的发展研究［J］．中国科技信息，2007（12）

[102] 吴巧红．学术期刊网络出版模式探讨［J］．编辑之友，2007（1）

[103] 吴伟根，章晓光，周莉花．中国科技期刊国际化研究［J］．中国科技期刊研究，2005.16（4）

[104] 吴晓萍，周显志．创作共用：一种新的鼓励自由创作的版权许可制度［J］．知识产权，2006（3）：69-72

[105] 吴娱．试论情报用户研究中受众理论的引入［J］．情报理论与实践，2003.26（3）：210-212

[106] 肖崇好．网络心理的研究方法问题［J］．心理科学，2004.27（3）：726-728
[107] 肖大成．网络信息查询中的浏览行为研究［J］．图书馆杂志，2004（2）：20-21
[108] 肖信，袁中直．学术论文全文上网技术及学术期刊在线出版系统研究［J］．华南师范大学学报（自然科学版），2002（4）
[109] 肖尤丹．网络环境下多元著作权保护制度的建构——以"Creative Commons"机制与合理使用为视角［J］．图书情报知识，2007（5）：10-14
[110] 熊太纯，郭楠．网络环境下科研用户的信息行为与服务模式［J］．图书馆学刊，2006（1）：91-92
[111] 杨丽君．科技期刊网络版的现状与展望［J］．河北理工学院学报（社会科学版），2002.2（1）
[112] 姚成龙．我国科技出版的国际化及其核心竞争力提升［J］．编辑之友，2006（2）
[113] 姚利民．影响编辑审稿的心理效应［J］．湖南大学学报（社会科学版），1999.13（3）：111-114
[114] 臧国全．网络出版的有关标准研究［J］．图书情报工作，2003（1）
[115] 曾定山．网络环境下的著作权问题探讨［J］．科技信息，2007（3）：7，26
[116] 詹启生，俞智慧．首因效应与近因效应在不同情境下作用的比较［J］．健康心理学杂志，2000.8（3）：251-253
[117] 张国海，张玉玲．论用户情报行为［J］．图书情报工作，1994（1）：23-25
[118] 张健挺，邹夜．值得关注的两种网络出版模式［J］．出版发行研究，2005（7）
[119] 张炯．电子图书的网络出版模式探讨——以方正 Apabi 为例［J］．图书情报知识．2004（3）
[120] 张莲，肖海鸥．网络用户分类及阅读心理特点探讨［J］．